미래와 통하는 책

동양북스 외국어
베스트 도서

700만 독자의 선택!

새로운 도서, 다양한 자료 동양북스 홈페이지에서 만나보세요!

www.dongyangbooks.com
m.dongyangbooks.com

※ 학습자료 및 MP3 제공 여부는 도서마다 상이하므로 확인 후 이용 바랍니다.

홈페이지 도서 자료실에서 학습자료 및 MP3 무료 다운로드

PC

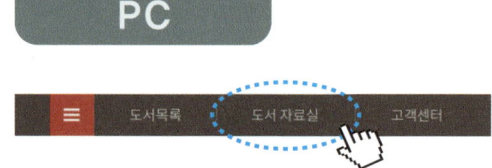

❶ 홈페이지 접속 후 도서 자료실 클릭
❷ 하단 검색 창에 검색어 입력
❸ MP3, 정답과 해설, 부가자료 등 첨부파일 다운로드

* 원하는 자료가 없는 경우 '요청하기' 클릭!

MOBILE

* 반드시 '인터넷, Safari, Chrome' App을 이용하여 홈페이지에 접속해주세요. (네이버, 다음 App 이용 시 첨부파일의 확장자명이 변경되어 저장되는 오류가 발생할 수 있습니다.)

❶ 홈페이지 접속 후 ≡ 터치

❷ 도서 자료실 터치

❸ 하단 검색창에 검색어 입력
❹ MP3, 정답과 해설, 부가자료 등 첨부파일 다운로드

* 압축 해제 방법은 '다운로드 Tip' 참고

중국어뱅크

중국어
간체자 1000

고점복, 김은주, 이신동, 홍현정 지음

동양북스

중국어뱅크
중국어 간체자 1000

초판 6쇄 | 2024년 2월 10일

지은이 | 고점복, 김은주, 이신동, 홍현정
발행인 | 김태웅
책임편집 | 김상현, 김수연
디자인 | 남은혜, 김지혜
마케팅 총괄 | 김철영
온라인 마케팅 | 김은진
제　작 | 현대순

발행처 | (주)동양북스
등　록 | 제 2014-000055호
주　소 | 서울시 마포구 동교로22길 14 (04030)
구입문의 | 전화 (02)337-1737　팩스 (02)334-6624
내용문의 | 전화 (02)337-1762　dybooks2@gmail.com

ISBN　979-11-5703-197-9 13720

▶ 본 책은 저작권법에 의해 보호받는 저작물이므로 무단 전재와 무단 복제를 금합니다.
▶ 잘못된 책은 구입처에서 교환해 드립니다.
▶ 도서출판 동양북스에서는 소중한 원고, 새로운 기획을 기다리고 있습니다.
　　http://www.dongyangbooks.com

이 도서의 국립중앙도서관 출판예정도서목록(CIP)은 서지정보유통지원시스템 홈페이지(http://seoji.nl.go.kr)와
국가자료공동목록시스템(http://www.nl.go.kr/kolisnet)에서 이용하실 수 있습니다.
(CIP제어번호:CIP2016019384)

머리말

간체자가 뭐예요? 번체자는 뭐예요? 이런 질문을 자주 받습니다. 중국어를 처음 접하는 사람에게는 정말 익숙하지 않은 용어입니다.

간체자(簡體字)란 이 책의 「기초 다지기」에 설명되어 있듯 '번체자에서 필획을 줄이고 구조를 간단하게 한 한자'를 말합니다. 번체자(繁體字)란 우리가 '한자'라고 배우고 쓰는 정자(正體字)의 한자를 말합니다. 이 중 필획이 복잡한 글자는 문자를 개혁하며 간단히 바꾸어 쓰게 되었고, 이를 간체자라고 합니다.

그렇다면 왜 굳이 번체자와 간체자를 비교하며 쓰는 연습을 해야 하나요? 그냥 중국어를 배우면 되는 것 아닌가요? 라고 또 질문합니다.

현대 중국어에서는 간체자를 채택하여 사용하지만, 번체자도 홍콩이나 일부 화교 사회에서 쓰이는 정식 문자이며, 고대로부터 있었던 중국의 문자입니다. 번체자와 간체자의 관계와 그 간화(簡化) 과정을 아는 것은 중국어를 시작할 때 글자에 대한 기초를 단단히 다지는 것입니다.

우리나라도 한자의 영향권 아래 있어 수많은 단어들이 한자로 이루어져 있습니다. 그렇기 때문에 한자의 간화 원리만 알면 처음 간체자를 접해도 글자의 원래 글자가 어떤 형태인지 알게 되고, 그 의미 또한 유추할 수 있습니다.

예를 들어 우리가 한자를 배울 때 '飮食'는 '음식'이라고 배웠는데 '飮=饮'이라는 개념을 알고 있다면 간체자인 '饮食'가 나왔을 때 이미 아는 단어가 됩니다. 또한 비슷하게 간화되는 한자는 그 번체자를 유추해 볼 수 있고(예: 饭=飯, 饼=餠), 그 의미도 먹는 것(飠=饣)과 관련된 것이라는 것을 알 수 있습니다. 결국, 원리를 알면 나중에는 좀더 빨리 단어를 습득할 수 있게 됩니다.

무조건 하나를 더 배우는 어렵고 귀찮고 필요 없는 과정이라고 생각하지 말고 중국어를 시작하며 기초를 탄탄히 하는 필수 과정이라고 생각하고 이 책의 처음부터 끝까지 쓰고 읽어 보기를 권합니다. 그러면 여러분의 한자에 관한 베이스가 다져져 이후에 중국어를 학습하는 데 더할 수 없는 좋은 밑거름이 될 것입니다.

지은이

이 책의 특징

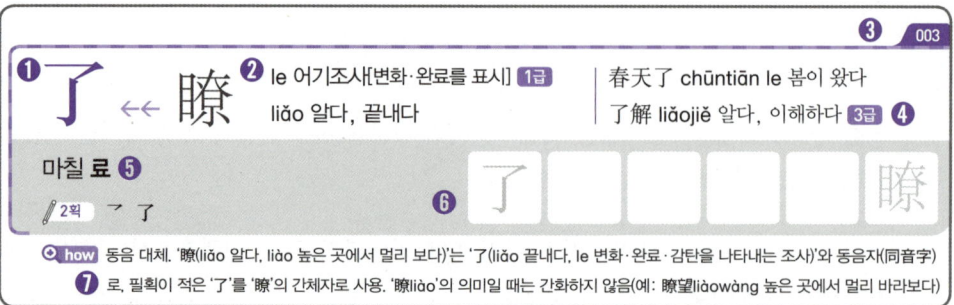

❶ 간체자·번체자 대조
❷ 중국어 발음 및 의미 수록
❸ 자주 쓰이는 한자 순 배열
❹ 신HSK 1~4급 1200단어 수록 및 급수 표시
❺ 한자의 음, 뜻, 획순 수록
❻ 간체자 및 번체자 쓰기 연습 칸
❼ 번체자 → 간체자 간화 원리 설명

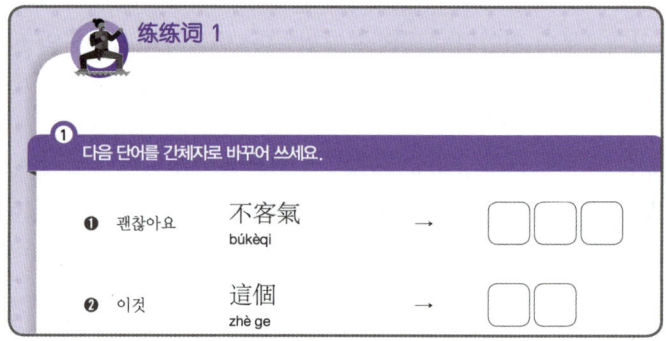

❽ 신HSK 단어 학습 위주의 간체자 연습문제

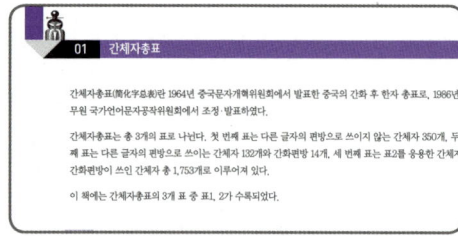

❾ 중국 국무원 발표 〈간체자총표〉
   표1, 2 수록

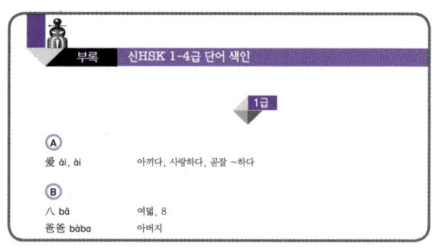

❿ 신HSK 1~4급 급수별 단어 색인
   인터넷 다운로드 제공

 일러두기

01 한자의 기본 순서는 자주 쓰이는 순(중국 출판국 통계 상용한자 1000 근거)이며, 단어 학습의 편리를 위해 신HSK 단어로 묶을 수 있는 한자는 앞뒤로 이어 배열하였습니다.

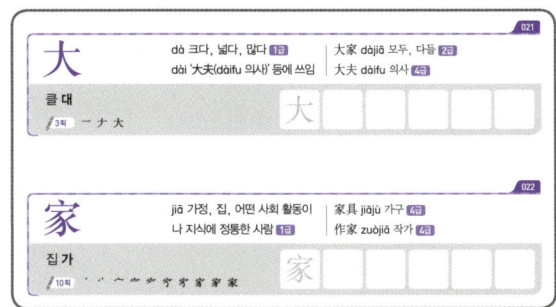

'大'는 18번째, '家'는 42번째 자주 쓰이는 한자이나, '大家(모두, 2급)'라는 단어로 쉽게 외울 수 있도록 연이어 배열하였습니다.

02 발음이 여러 개인 경우, 신HSK에서 언급되는 발음 및 자주 쓰이는 발음 위주로 수록하였습니다.

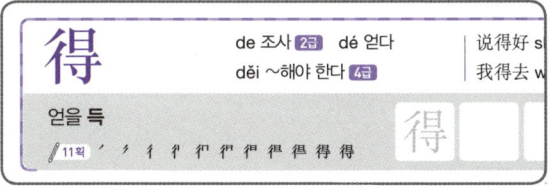

'得'는 여러 가지 발음을 가지고 있는 단어로, 신HSK에서 언급되는 발음(de, děi) 및 자주 쓰이는 발음(dé)을 모두 수록하였습니다.

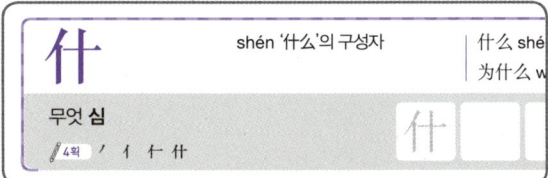

'什'은 'shí'의 발음도 있지만, 신HSK 단어에 나오지 않고, 기초 회화에도 잘 쓰이지 않는 발음이기에 수록하지 않았습니다.

03 더 많은 글자의 수록을 위해 숫자를 나타내는 단어는 '两, 十, 百, 千, 万'만 수록하였습니다.(一, 二, 三, 四, 五, 六, 七, 八, 九 [1~9; 1급 단어]는 수록되지 않음)

용어 설명

- '해서화楷书化'란 반듯한 모양의 글자체를 말하는 '해서楷书'와 같이 썼다는 말입니다.
- '이체자异体字'란 '발음·의미가 같고 모양이 다른 글자'를 말하며 '속자俗字'를 포함하였습니다.
- '편방偏旁'이란 한자를 구성하는 부분을 말합니다.
- '형방形旁'이란 '모양, 즉 뜻을 나타내는 편방'을 말하고 '성방声旁'이란 '소리를 나타내는 편방'을 말합니다.

목차

머리말	3
이 책의 특징	4
일러두기	5
목차	6

기초 다지기

01 한자에 대하여	7
02 간체자 VS 번체자	7
03 중국어란?	8
04 한자의 간화 규칙	9
05 한자의 필순 규칙	10

Ⅰ. 자주 쓰이는 간체자　TOP 001-250	13
练练词 1	64
Ⅱ. 자주 쓰이는 간체자　TOP 251-500	69
练练词 2	120
Ⅲ. 자주 쓰이는 간체자　TOP 501-750	125
练练词 3	176
Ⅳ. 자주 쓰이는 간체자　TOP 751-1000	181
练练词 4	232

정리하기

01 간체자총표	238
02 표제 한자 색인	244

 기초 다지기

01 한자에 대하여

간체자를 배우기 전 먼저 알아야 할 개념이 바로 '한자(漢字)'입니다. 우리나라는 한자문화권이기 때문에 많은 단어들이 한자어(漢字語)로 이루어져 있습니다. 예를 들면,

전화 – 電話
학생 – 學生
한자 – 漢字

왼쪽에 표시한 한글이 우리 문자이듯 오른쪽의 한자는 중국의 문자입니다. 한족(漢族)에 의해 발명되고 발전한 유구한 역사를 가진 중국의 공식 문자로, 그 형태는 수천 년에 걸쳐 갑골문(甲骨文) – 금문(金文) – 전서(篆書) – 예서(隸書) – 해서(楷書: 현재 손글씨체의 표준) – 초서(草書) – 행서(行書)로 발전되어 왔고, 그 구조는 상형(象形), 지사(指事), 형성(形聲), 회의(會意), 전주(轉注), 가차(假借)로 이루어져 있습니다.

갑골문	금문	전서	예서	해서	초서	행서
🚗	🚗	車	車	車	车	車

- 상형(象形): 사물의 형상을 본떠 만든 글자. 예 日, 山
- 지사(指事): 상징적인 부호로 추상적인 개념을 나타낸 글자. 예 上, 下
- 형성(形聲): 모양(뜻)을 나타내는 부분과 음을 나타내는 부분으로 이루어진 글자. 예 情, 期
- 회의(會意): 두 개 이상의 글자가 결합, 의미가 합성된 한 글자로 이루어진 글자. 예 明, 信
- 전주(轉注): 의미상 같거나 비슷하여 서로 해석이 가능한 글자. 예 考, 老
- 가차(假借): 어떤 새로운 사물을 표현하기 위해 빌려온 글자. 예 又, 聞

간단히 이해하자면, 한자는 중국어를 표시하는 문자입니다.

02 간체자 VS 번체자

그런데 이 한자를 자세히 들여다 보면 현대 중국어에서 쓰는 글자 모양과 우리가 익히 알고 있는 글자 모양이 다릅니다. 똑같은 한자일 텐데 말입니다. 위의 단어를 다시 예로 들면,

전화 – 電話 – 电话
학생 – 學生 – 学生
한자 – 漢字 – 汉字

 기초 다지기

왜 그럴까요? 이는 중화인민공화국(中華人民共和國) 성립 후 체제와 문화에 있어 많은 변화가 있었는데 이때 문자 또한 개혁하여 기존에 사용하던 '번체자'를 개조, '간체자'로 만들어 보급하여 쓰기 시작했습니다. 때문에 같은 글자라도 다른 모양이 존재하는 것입니다.

번체자 繁体字
'정자正体字'라고도 하며, 필획이 많고 구조가 복잡한 한자를 말하며, 홍콩, 마카오, 대만 등지에서 씁니다.

간체자 简体字
'간화자简化字'라고도 하며, 번체자에서 필획을 줄이고 구조를 간단하게 한 한자를 말합니다. 중국대륙, 싱가폴 등지에서 씁니다.

03 중국어란?

吃饭了吗?　　　　식사하셨어요?　　　　食咗飯未?
Chīfàn le ma?　　　　　　　　　　　　　sik⁶ zo² faan⁶ mei⁶?

왼쪽 문장은 중국의 공식언어인 보통화이고, 오른쪽은 방언 중 하나인 광동화(廣東話)입니다. 중국은 지역이 광활하여 7대방언[북방방언官话方言, 오방언吳方言, 상방언湘方言, 쟝시방언赣方言, 하카방언客家方言, 월방언粤方言(광동화), 민방언闽方言]이 있을 정도로 여러 언어가 존재하고 있지만, 우리가 '중국어'라고 말하고 배우는 언어는 중국의 공식언어인 '보통화普通话', 즉 현대 표준 중국어입니다. 보통화는 북경 발음을 표준 발음으로 삼고 북방방언을 기초방언으로 하며, 모범적인 현대 백화문(白话文; 현대 중국어 구어의 문어체) 작품을 어법규범으로 삼고 있습니다.
중국 전역에서 보통화를 사용하기 때문에 비록 지역에 따라 방언이 있다 할지라도 보통화로 의사소통이 가능합니다.

다만 지역에 따라 사용하는 한자의 모양이 다른데, 대만, 홍콩, 마카오, 북미 일부 화교사회에서는 번체자를 쓰는 번체중국어繁体中文를 쓰고, 중국대륙과 말레이시아, 싱가폴 및 일부 동남아 화교사회에서는 간체자와 간화(简化; 간략하게 만듦)되지 않은 번체자를 쓰는 간체중국어简体中文를 사용합니다.
일반적으로 '중국어汉语를 배운다'라고 하는 것은 글자는 간체중국어를, 말은 보통화를 배우는 것을 의미합니다.

04 한자의 간화 규칙

「02 간체자 VS 번체자」에서 언급하였듯이 간체자란 번체자에서 필획을 줄이고 구조를 간단하게 만든 한자를 말하는데, 이때 '필획을 줄이고 구조를 간단하게' 하는 데에는 일정한 규칙들이 있습니다.

간화 방법

(1) **기존 글자 차용**

   ❶ **동음 대체**: 동음자(同音字) 혹은 비슷한 발음의 글자(近音字) 차용

   豐 fēng →→ 丰 fēng

   髮 fà →→ 发 fā

   ❷ **동형 대체**: 형태의 일부를 가지고 있는 글자 차용

   廣 guǎng →→ 广 yǎn, ān

   ❸ **옛 글자(古字) 차용**: 이미 폐기되거나 현재까지 사용되고 있는 간단한 필획의 옛 글자 사용

   時 →→ 时

   ❹ **이체자(異體字) 차용**: 필획이 적은 이체자(발음·의미가 같고 형태가 다른 글자)로 필획이 많은 정자(正體字)를 대체

   國 →→ 国

(2) **기존 글자의 개조 또는 새 글자 만들기**

   ❶ **생략법**: 부분 편방을 줄이거나 생략

   兒 →→ 儿

   ❷ **초서체의 해서화**: 원래 글자의 초서(草書)체를 반듯한 모양의 서체인 해서(楷書)체로 쓴 글자를 사용

   貝 →→ 贝

   ❸ **부호법**: 간단한 부호로 복잡한 부분을 대체

   區 →→ 区

기초 다지기

❹ 복잡한 성방 교체: 글자의 복잡한 성방(声旁, 소리를 나타내는 편방) 혹은 부분을 글자의 발음과 비슷한 간단한 성방으로 바꿈

礎 →→ 础

❺ 새 글자 만들기: 복잡한 원래 글자를 형성 혹은 회의의 원칙에 따라 간단한 필획의 새로운 글자를 만들어 대체

畢 →→ 毕

05 한자의 필순 규칙

한자를 쓸 때 어떤 순서로 쓰는지 몰라 '그린다'라는 말을 자주 합니다. 하지만 한자를 쓰는 데에는 몇 가지 기본 규칙이 있습니다. 이 규칙을 잘 숙지해 놓는다면 글자를 '그리는' 것이 아니라 '쓰는' 것이 됩니다. 아래 예시 한자로 한번 그 규칙을 정리해 봅시다.

기본 규칙

다음 한자를 한번 써보세요.

(1) 十 　　　→ ① 가로획 ② 세로획　　十 十

(2) 人 　　　→ ① 왼쪽 삐침 ② 오른쪽 삐침　　人 人

(3) 三 　　　→ ① 위 ② 아래　　三 三 三

(4) 川 　　　→ ① 왼쪽 ② 오른쪽　　川 川 川

(5) 月 　　　→ ① 바깥쪽 ② 안쪽　　月 月 月 月

(6) 日 　　　→ ① 바깥쪽 ② 안쪽 ③ 닫기　　日 日 日 日

(7) 小 ☐ → ① 가운데 ② 양쪽   小 小 小

보충 규칙

다음 한자를 써보세요

(1) 왼쪽 위 혹은 위쪽에 점(、)이 있을 때

门 ☐ → ① 점 ② 나머지   门 门 门

立 ☐ → ① 점 ② 나머지   立 立 立 立 立

(2) 오른쪽 위 혹은 안쪽에 점(、)이 있을 때

犬 ☐ → ① 나머지 ② 점   犬 犬 犬 犬

瓦 ☐ → ① 나머지 ② 점   瓦 瓦 瓦 瓦

(3) 위쪽과 왼쪽이 둘러싸인 구조일 때

厅 ☐ → ① 바깥쪽 ② 안쪽   厅 厅 厅 厅

(4) 위쪽과 오른쪽이 둘러싸인 구조일 때

勺 ☐ → ① 바깥쪽 ② 안쪽   勺 勺 勺

(5) 왼쪽과 아래쪽이 둘러싸인 구조일 때

远 ☐ → ① 안쪽 ② 바깥쪽   远 远 远 远 远 远 远

(6) 위쪽이 뚫린 구조일 때

凶 ☐ → ① 안쪽 ② 바깥쪽   凶 凶 凶 凶

 기초 다지기

(7) 아래쪽이 뚫린 구조일 때

同 □ → ① 바깥쪽 ② 안쪽   同 同 同 同 同 同

(8) 오른쪽이 뚫린 구조일 때

医 □ → ① 위쪽 ② 안쪽 ③ 왼쪽 ④ 아래쪽   医 医 医 医 医 医 医

한자의 필획은 위와 같이 7가지 기본 규칙에 따라 쓰여집니다. 간단히 정리하자면,

위 → 아래 → 좌 → 우

획이 교차할 때는 가로 → 세로, 왼쪽 삐침 → 오른쪽 삐침   干 入

가운데가 돌출한 경우 가운데 먼저,   山 水

오른쪽 위 점은 나중에,   龙 成

위로 둘러싸였을 때는 밖을 먼저,   网 周

아래로 둘러싸였을 때는 안쪽을 먼저,   画 幽

세 면이 둘러싸였을 때는 가로 먼저, 마지막에 꺽기   匹 巨

다 막힌 구조는 마지막에 아래를 닫기   国 回

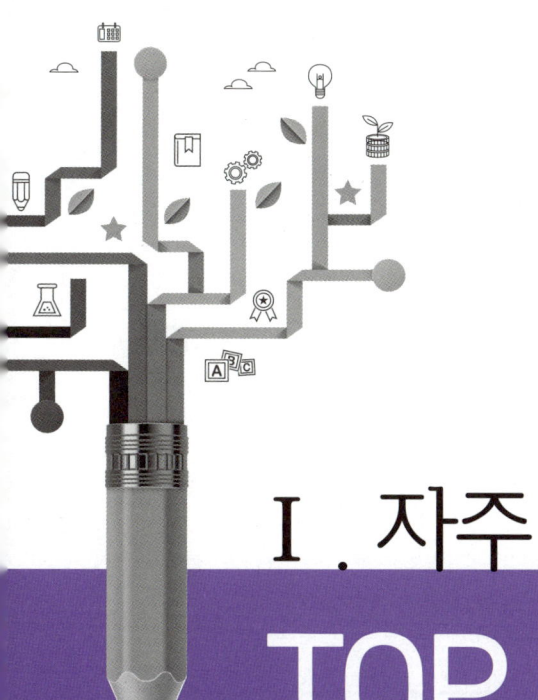

Ⅰ. 자주 쓰이는 간체자
TOP 001-250

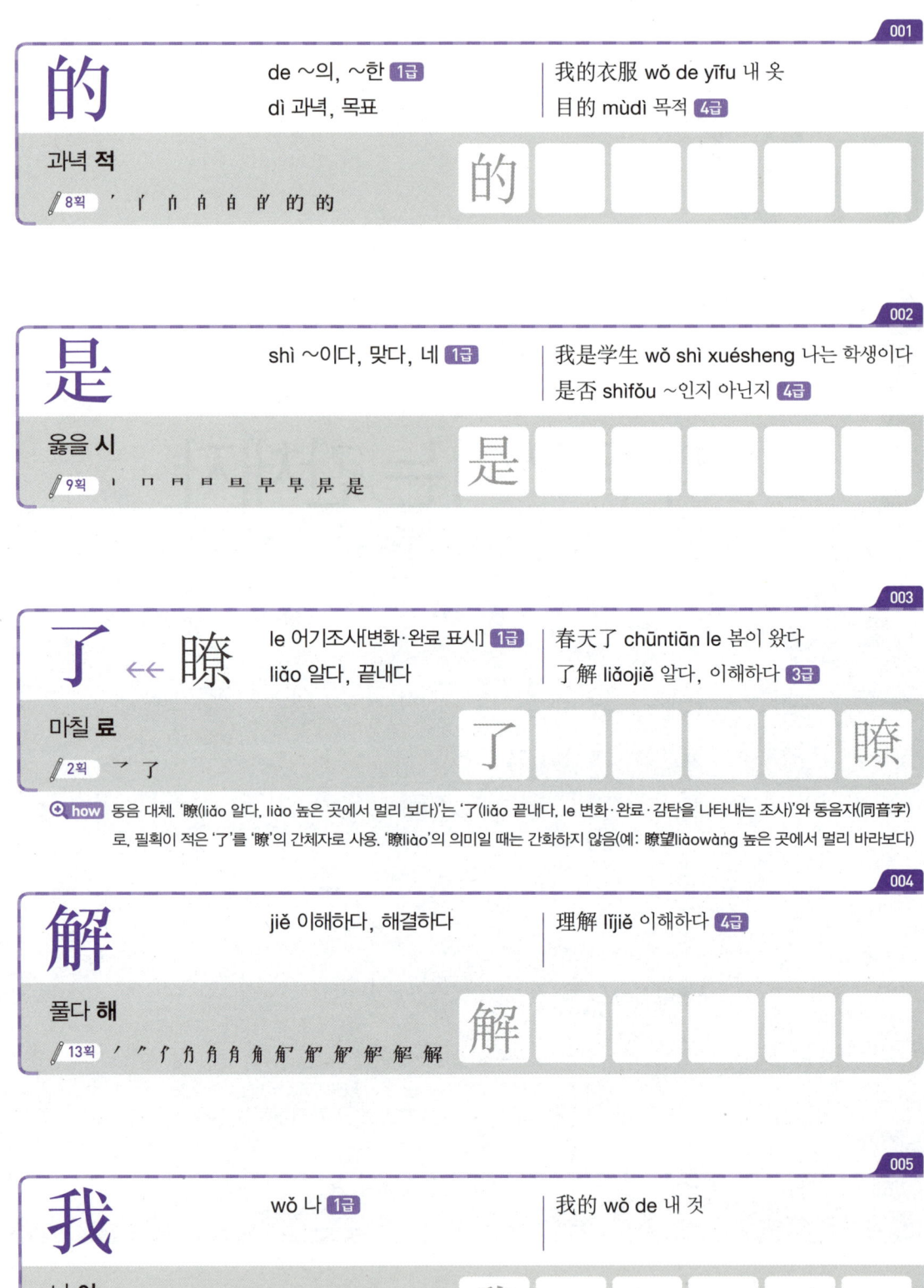

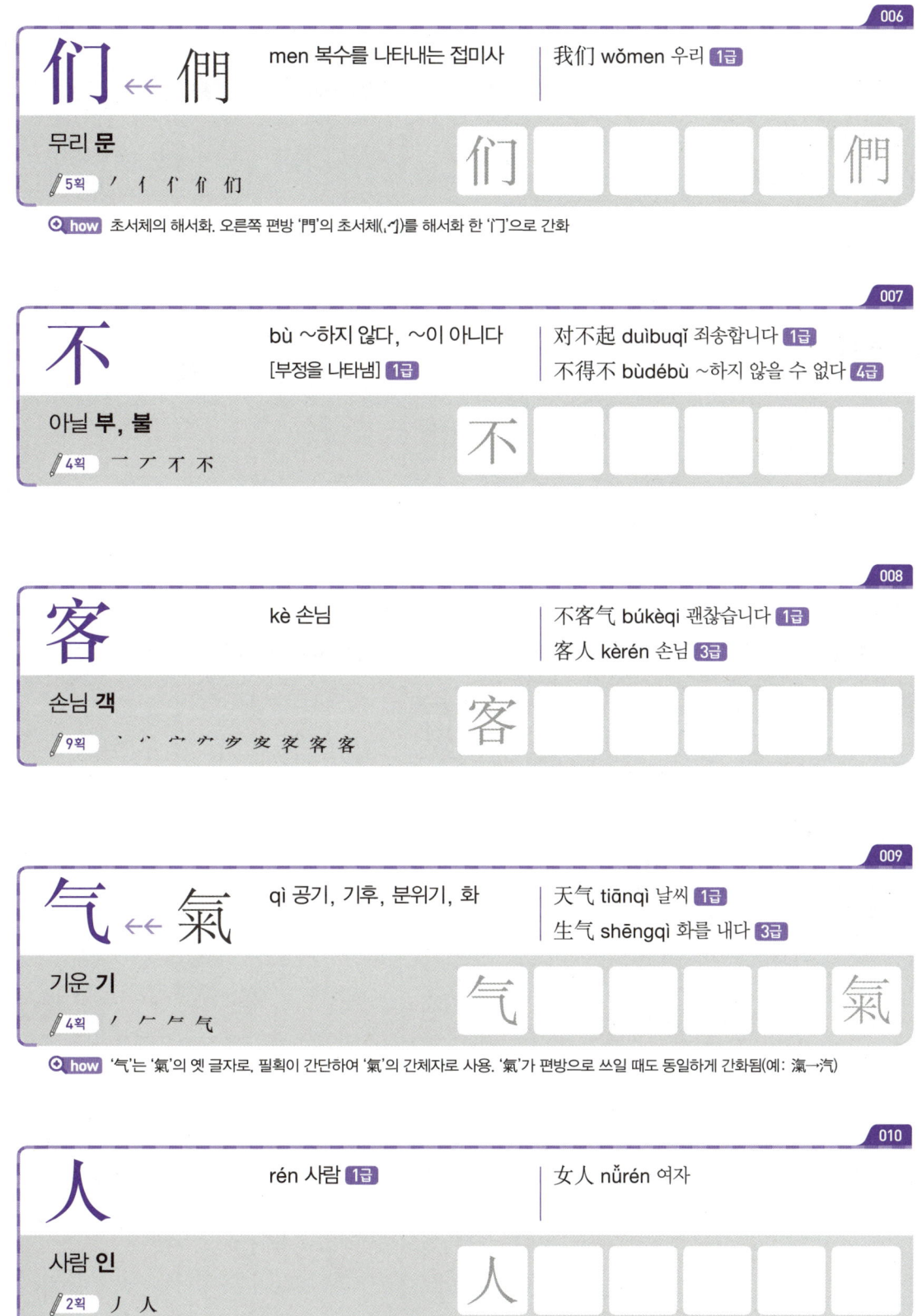

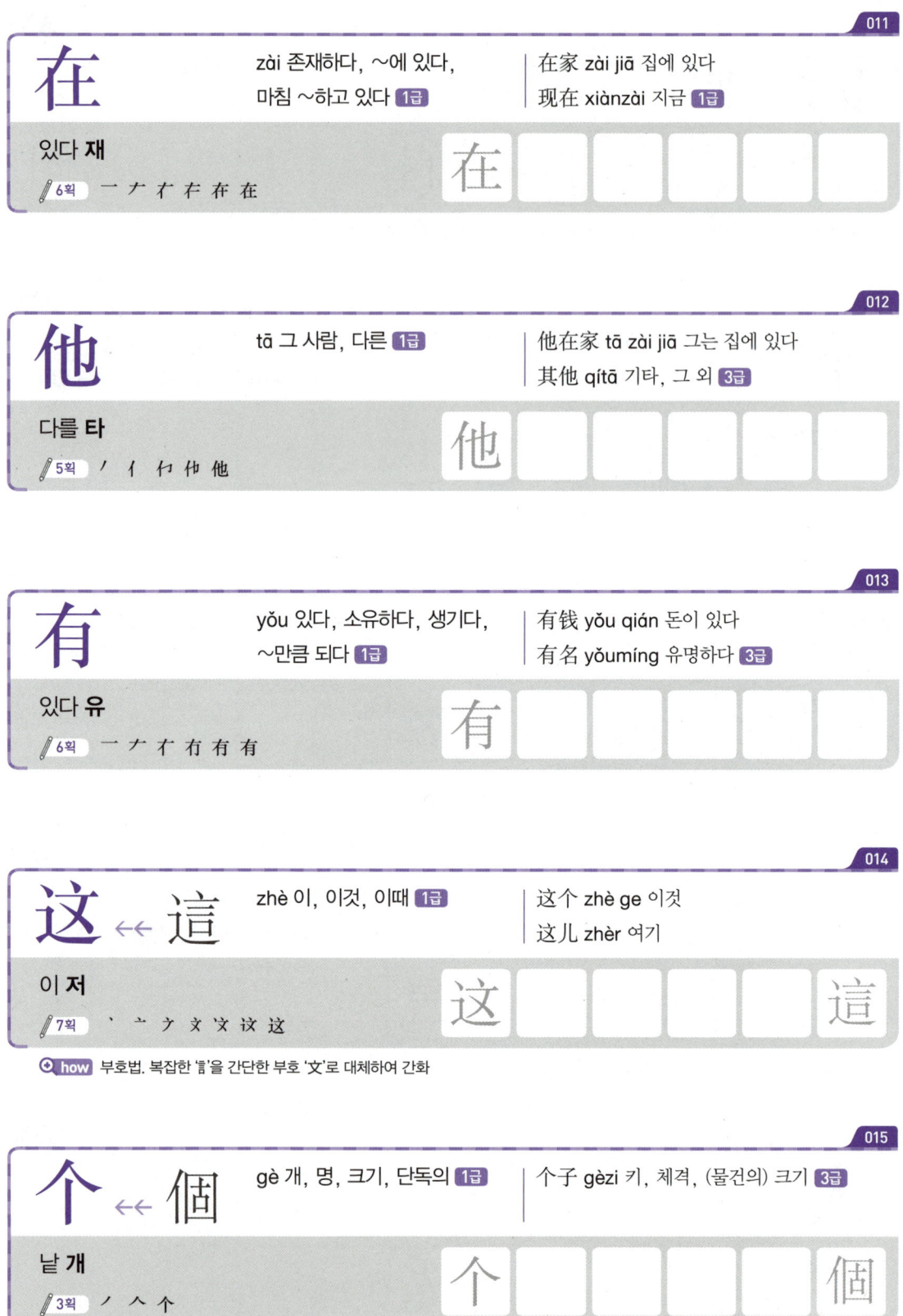

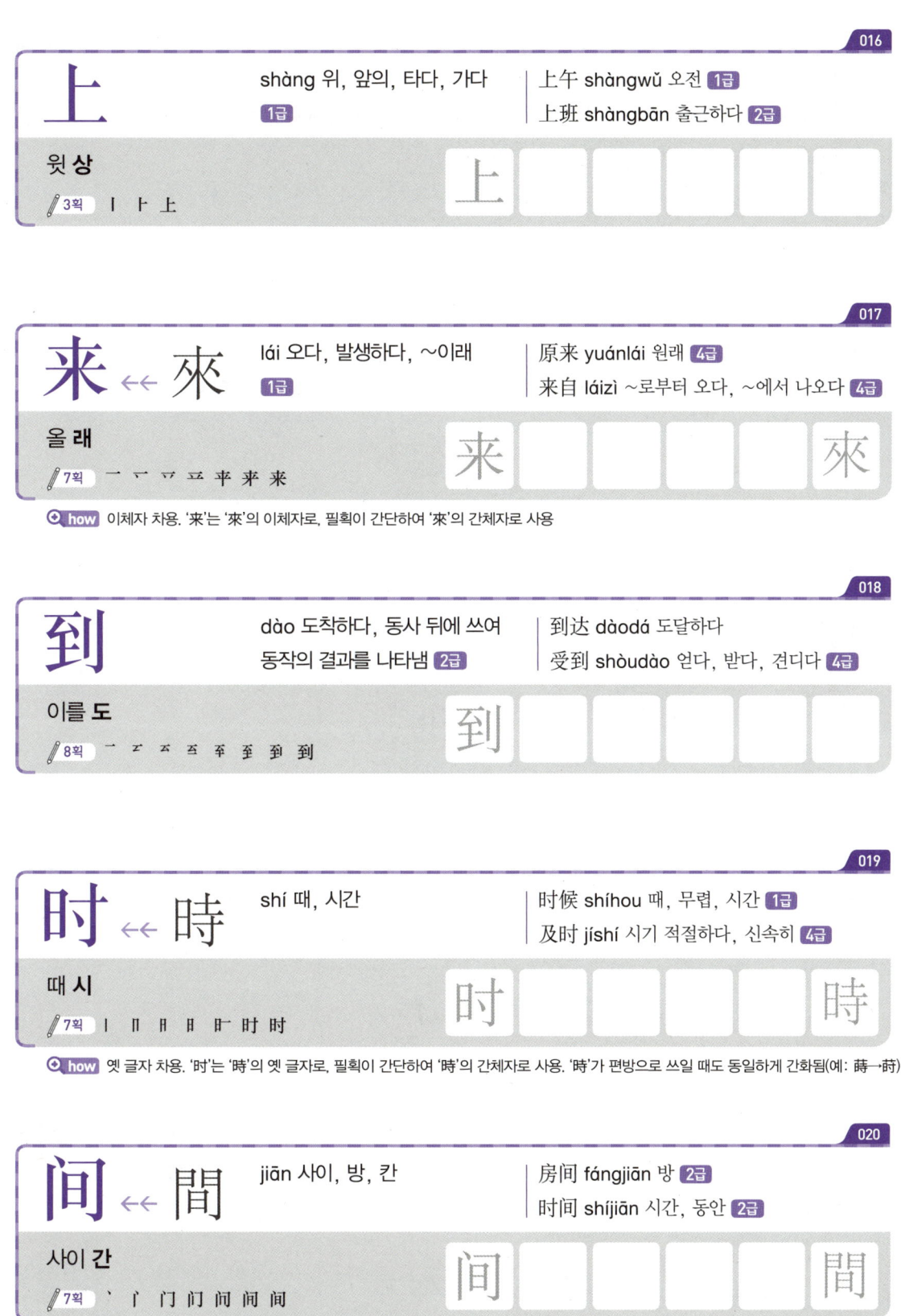

021

大 dà 크다, 넓다, 많다 1급
dài '大夫(dàifu 의사)' 등에 쓰임

大家 dàjiā 모두, 다들 2급
大夫 dàifu 의사 4급

클 대
3획 一 ナ 大

022

家 jiā 가정, 집, 어떤 사회 활동이나 지식에 정통한 사람 1급

家具 jiājù 가구 4급
作家 zuòjiā 작가 4급

집 가
10획 丶 宀 宀 宀 宇 宇 宇 家 家 家

023

地 de 서술어와 수식어 사이에 쓰이는 조사 3급 dì 장소, 곳

慢慢地走 mànman de zǒu 천천히 걷다
地点 dìdiǎn 지점, 장소, 위치 4급

땅 지
6획 一 十 土 圵 地 地

024

方 fāng 방, 곳, 방법

地方 dìfang 부분, 곳 3급
方便 fāngbiàn 편리하다, 편의 3급

모 방
4획 丶 亠 方 方

025

为 ← 爲 wèi ~때문에, ~을 위해 3급
wéi 하다, ~으로 삼다

为了 wèile ~을 위해 3급
以为 yǐwéi 여기다, 간주하다 4급

위할 위
4획 丶 丿 为 为

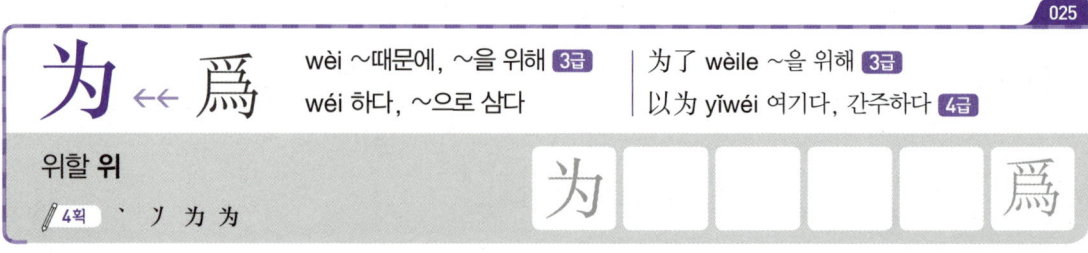

🔵 how 초서체의 해서화. '爲'의 초서체(为)를 해서화 한 '为'를 간체자로 사용, '爲'가 편방으로 쓰일 때도 동일하게 간화됨(예: 僞→伪)

026

什 shén '什么'의 구성자

무엇 **심**　4획　 ノ 亻 仁 什

什么 shénme 무엇, 무슨, 어떤 **1급**
为什么 wèishénme 왜, 어째서 **2급**

027

么 ← 麽 me 지시대사·의문대사·부사 뒤에 쓰이는 접미사

어조사 **마**　3획　 ノ 厶 么

多么 duōme 얼마나, 어느 정도 **3급**

● how 생략법. 윗부분 '麻'를 생략한 '么'를 간체자로 사용

028

儿 ← 兒 ér 어린아이, 남자아이

아이 **아**　2획　 ノ 儿

儿子 érzi 남자아이 **1급**

● how 생략법. 윗부분 '臼'를 생략한 '儿'을 간체자로 사용

029

子 zǐ 자녀, 아들, 사람
zi 명사 접미사

아들 **자**　3획　 ㄱ 了 子

杯子 bēizi 컵, 잔 **1급**

030

中 zhōng 가운데, 중간, 내부, ～의 가운데에

가운데 **중**　4획　 丨 口 口 中

中国 Zhōngguó 중국 **1급**
中间 zhōngjiān 중간, 한가운데 **3급**

19

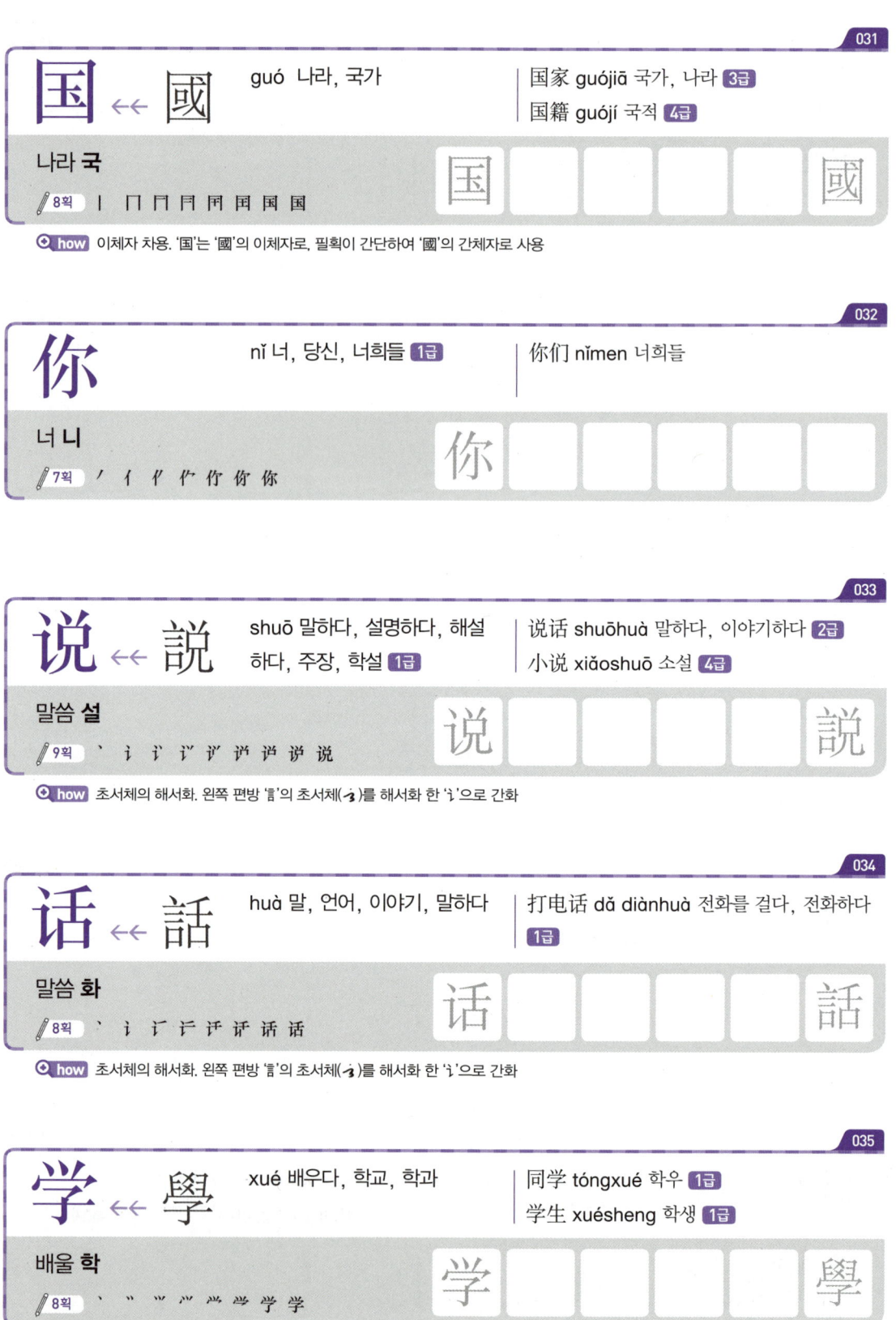

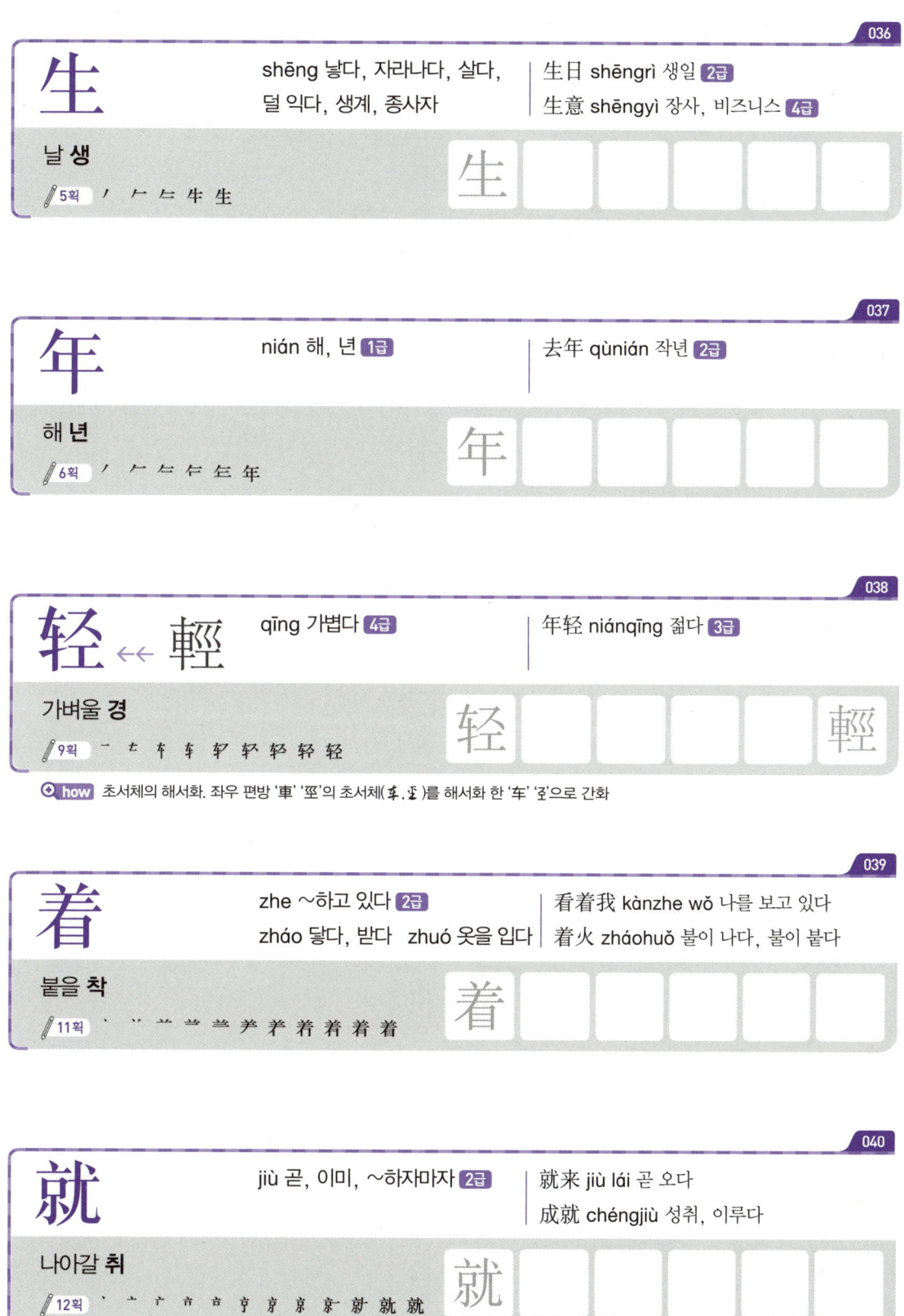

041

那
nà 그, 저, 그때, 그렇다면 **1급** | 那儿 nàr 그곳, 거기

어찌, 그 나
6획 ノ 刀 刃 月 那 那

042

和
hé ~와, ~에게, 조화롭다 **1급** | 他和我 tā hé wǒ 그와 나
huò 섞다, 타다

화할 화
8획 一 二 千 千 禾 利 和 和

043

要
yào 원하다, ~할 것이다, 중요하다, 만약에 **2급** | 重要 zhòngyào 중요하다 **3급**
要是 yàoshi 만약, 만약 ~이라 하면 **4급**

바랄 요
9획 一 一 一 一 西 西 要 要 要

044

她
tā 그녀 **1급** | 她们 tāmen 그녀들

그녀 타
6획 ㄣ 女 女 妒 她 她

045

出
chū 나가다, 나타나다, 생산하다, 발생하다 **2급** | 出发 chūfā 출발하다 **4급**
出生 chūshēng 태어나다 **4급**

날 출
5획 一 凵 中 出 出

22

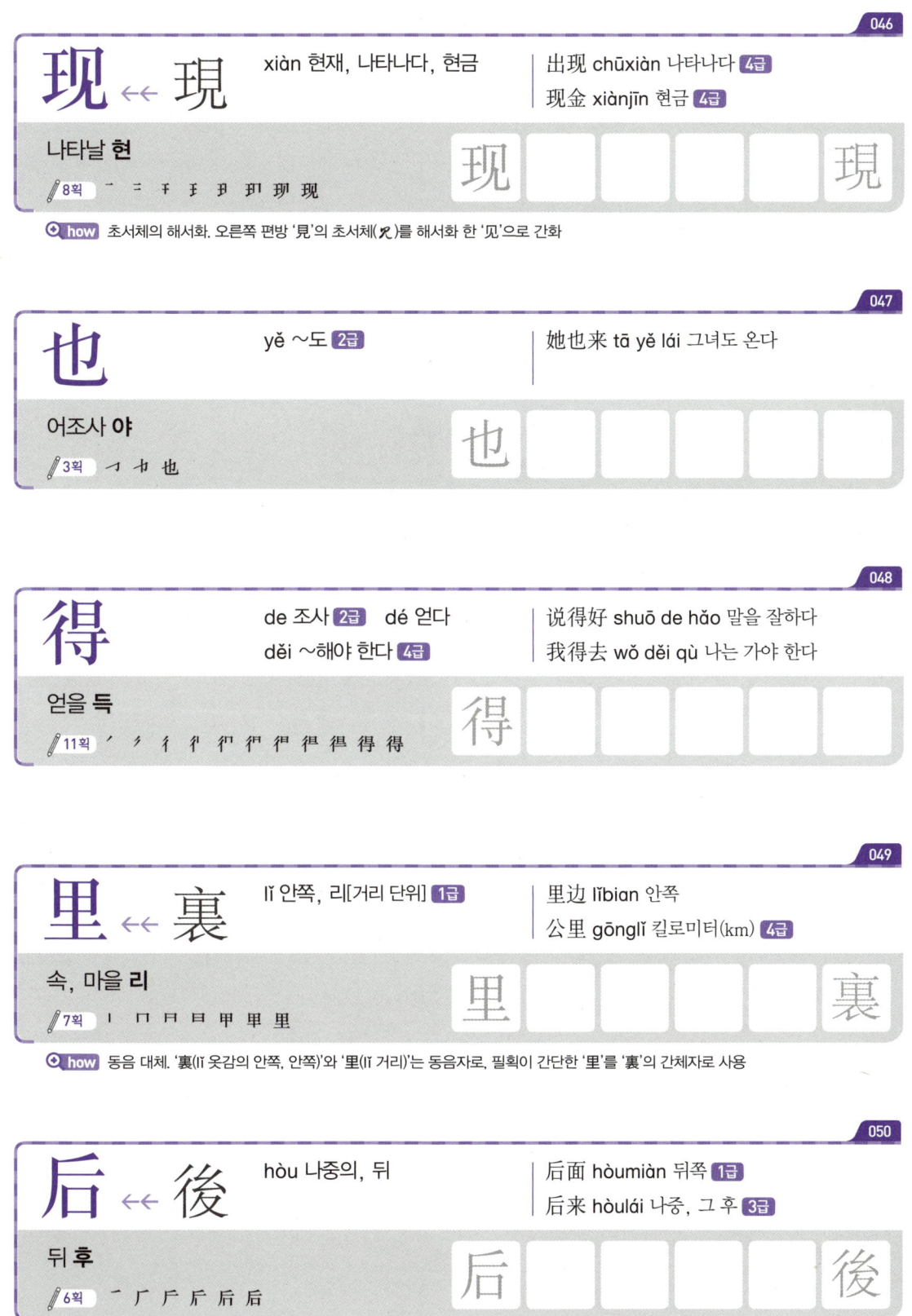

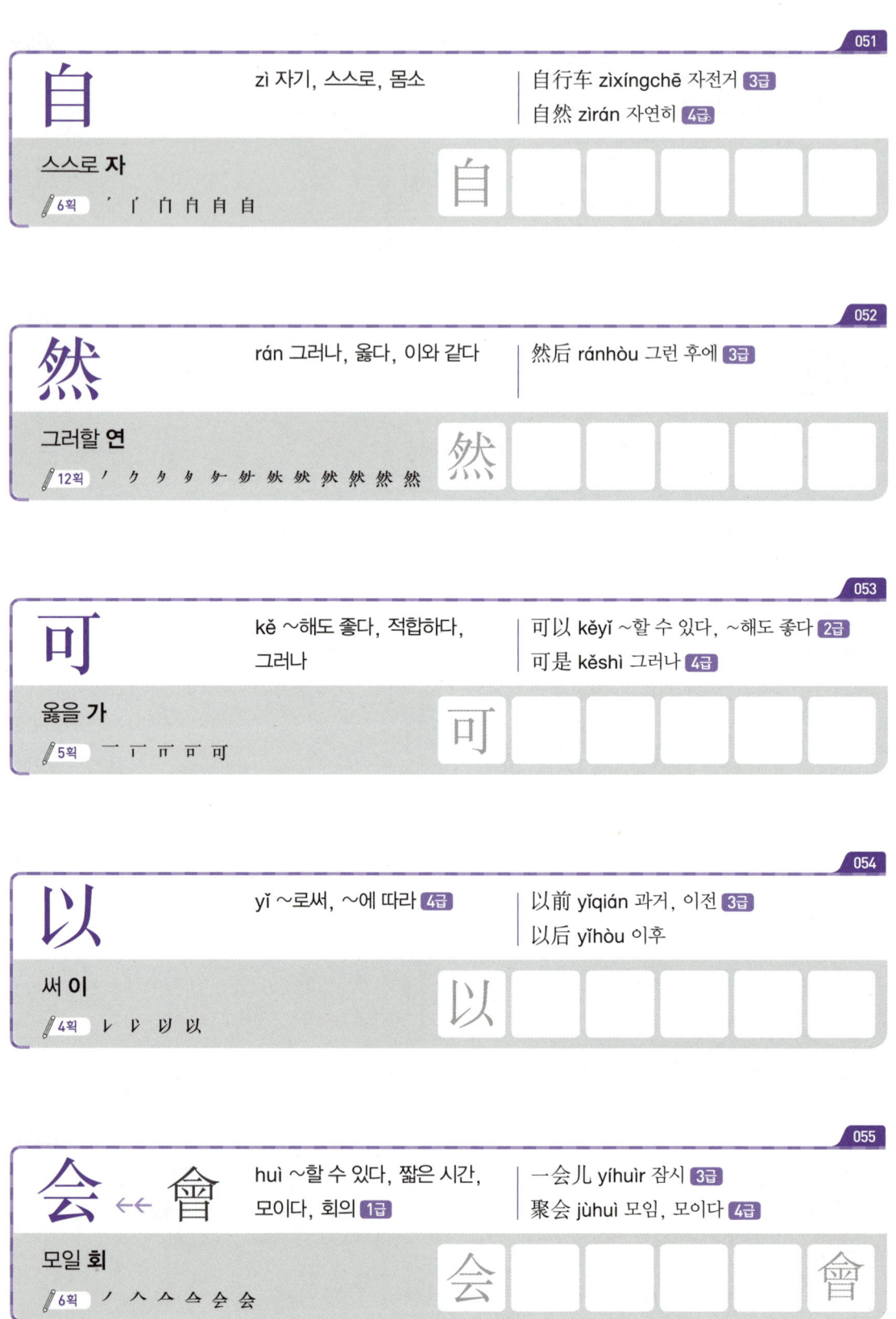

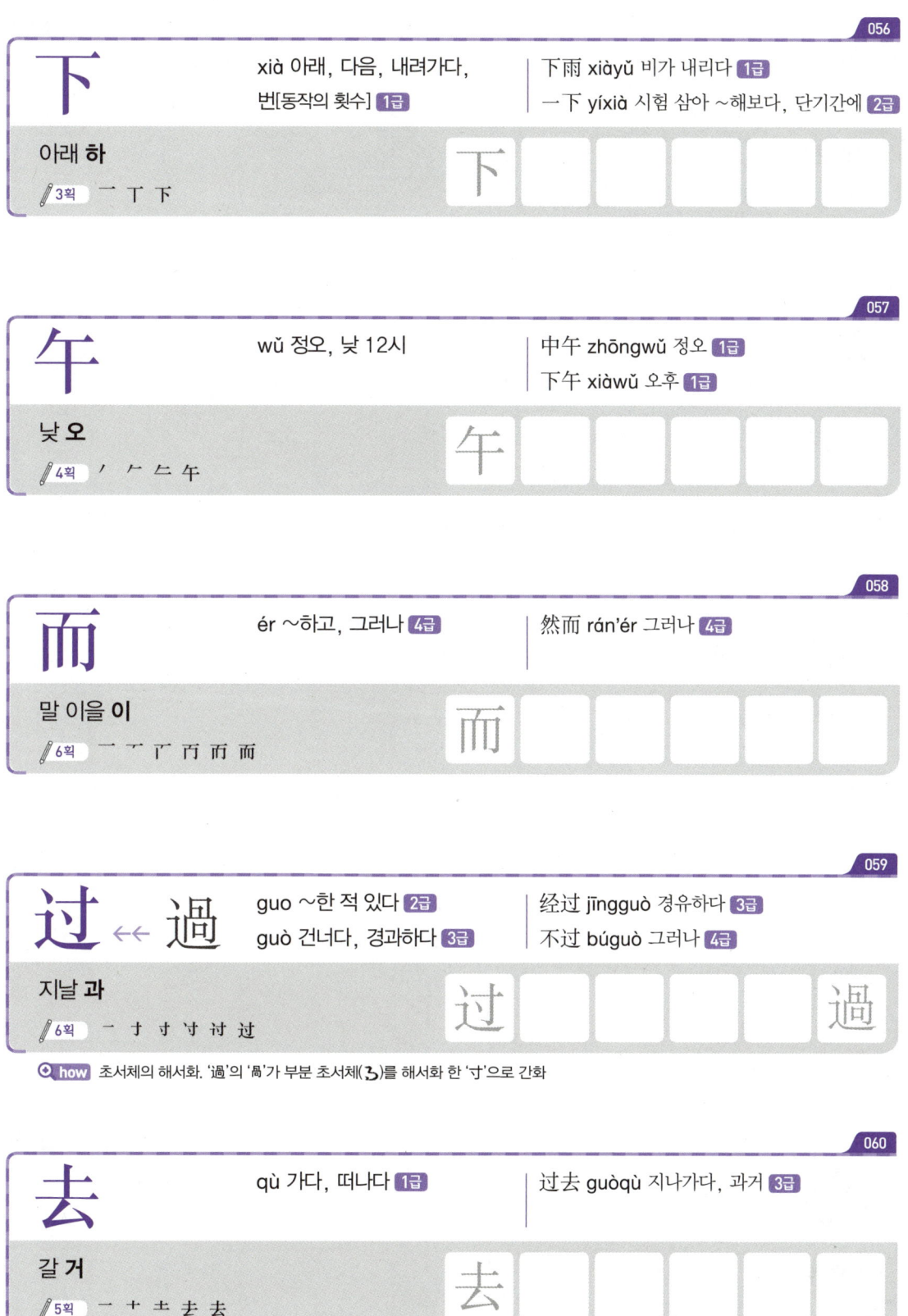

061

天 tiān 하늘, 날 | 明天 míngtiān 내일 1급

하늘 **천**
4획 一 二 チ 天

062

能 néng ~할 수 있다, ~일 수 있다, 유능한, 능력 1급 | 可能 kěnéng 가능하다, 아마도 2급
能力 nénglì 능력 4급

능할 **능**
10획 厶 ㄙ 角 台 台 台 育 能 能 能

063

对 ← 對 duì 맞다, 정상이다, 맞은 편의, ~에게, ~에 대해 2급 | 对话 duìhuà 대화, 대화하다 4급
对面 duìmiàn 반대편 4급

대할 **대**
5획 フ 又 マ 对 对

🔵 how 부호법. 필획이 많은 '對'를 간단한 부호 '又'로 간화, 이때 '又'는 어떤 음·뜻도 나타내지 않는다. '對'가 편방으로 쓰일 때도 동일한 방법으로 간화됨(예: 懟→怼)

064

小 xiǎo 작다, 적다, 어린 1급 | 小时 xiǎoshí 시간 2급
小心 xiǎoxīn 조심하다 3급

작을 **소**
3획 亅 小 小

065

心 xīn 마음, 감정, 중심 | 关心 guānxīn 관심을 갖다 3급
心情 xīnqíng 심정 4급

마음 **심**
4획 ㇀ 心 心 心

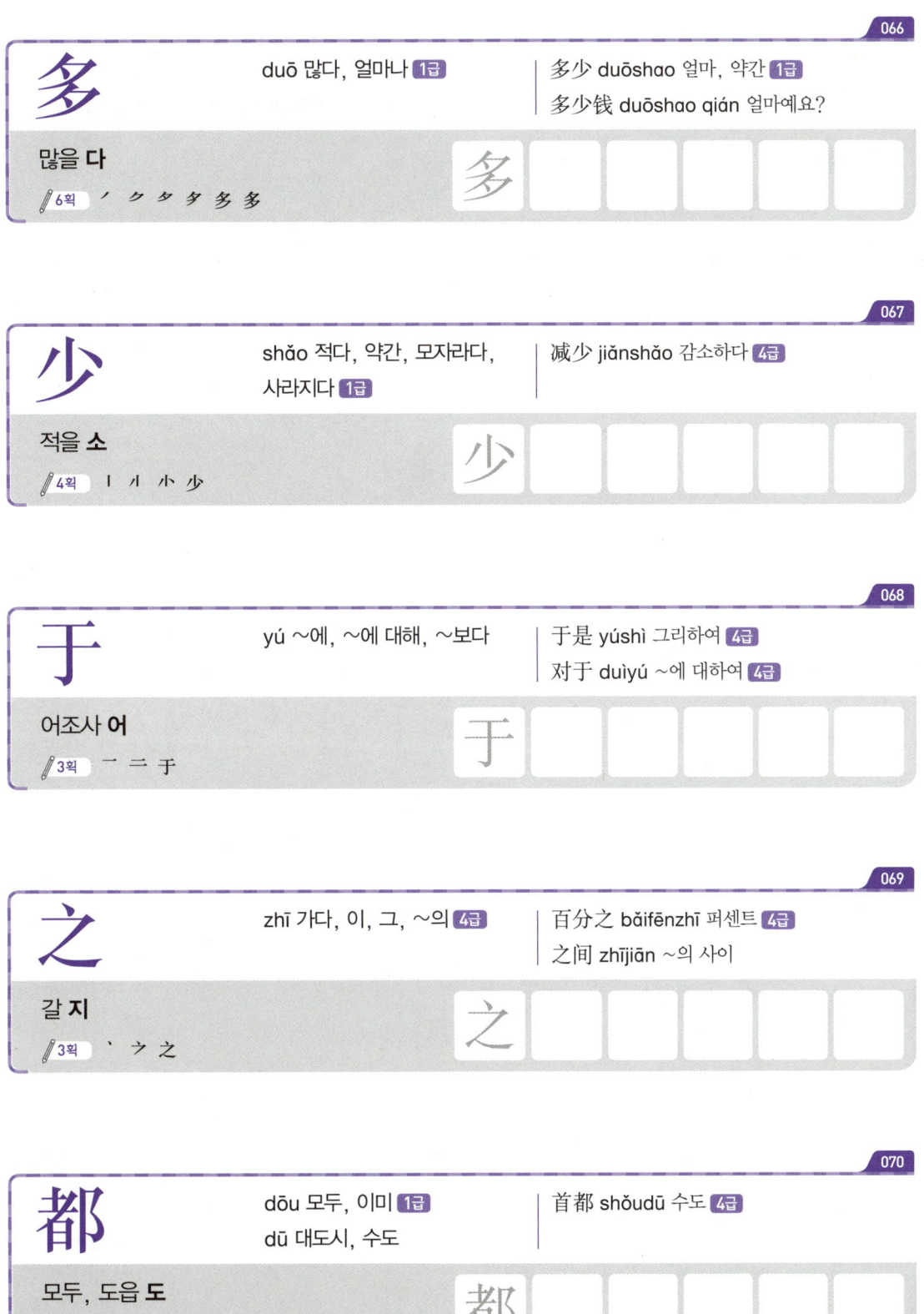

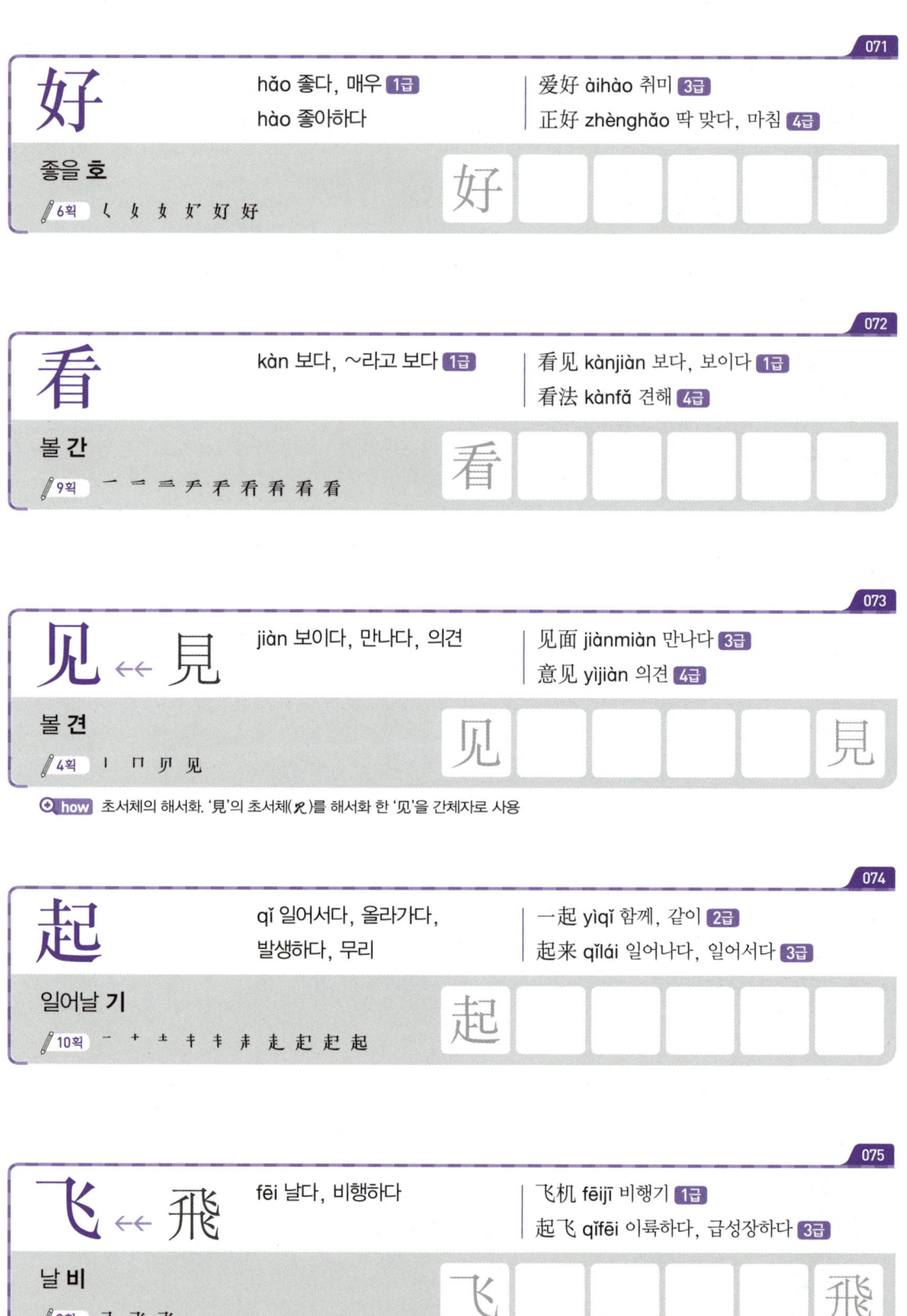

076

机 ← **機** jī 기계, 계기, 기회 | 手机 shǒujī 휴대전화 **2급**, 机会 jīhuì 기회 **3급**, 登机牌 dēngjīpái 탑승권 **4급**

기계 **기**
6획 一 十 才 木 机 机

🔘 how 동음 대체. 오른쪽 편방 '幾(jī 몇, jī 거의)'와 '几(jī 작은 탁자)'는 동음자로, 필획이 간단한 '几'를 '幾'의 간체자로 사용

077

头 ← **頭** tóu 머리, 머리털, 제일의, 처음, 자투리 | 头发 tóufa 머리카락 **3급**

머리 **두**
5획 ᐟ ㆍ 二 头 头

🔘 how 초서체의 해서화. '頭'의 초서체(𠆢)를 해서화 한 '头'로 간화

078

发 ← **發 髮** fā 보내다, 발견하다, 출발하다 **3급** fà 머리카락 | 发现 fāxiàn 발견하다 **3급**, 发生 fāshēng 발생하다 **4급**

쏠, 터럭 **발**
5획 ᐟ ナ 步 发 发

🔘 how 發 fā – 초서체의 해서화. '發'의 초서체(犮)를 해서화 한 '发'로 간화
髮 fà – 동음 대체. '髮'와 발음이 비슷한 글자 '發'의 간체자 '发'로 간화

079

当 ← **當** dāng 담당하다, 마땅히 ~해야 한다, 바로 그 **4급** | 当然 dāngrán 당연하다 **3급**, 当时 dāngshí 당시에 **4급**

마땅 **당**
6획 ㅣ ㅣ ㅛ ㅛ 当 当

🔘 how 초서체의 해서화. '當'의 초서체(𫝀)를 해서화 한 '当'으로 간화

080

没 méi 없다, 부족하다, (아직) ~않다 | 没有 méiyǒu 없다, ~않다 **1급**

없을 **몰**
7획 ㆍ 氵 氵 氿 氿 没 没

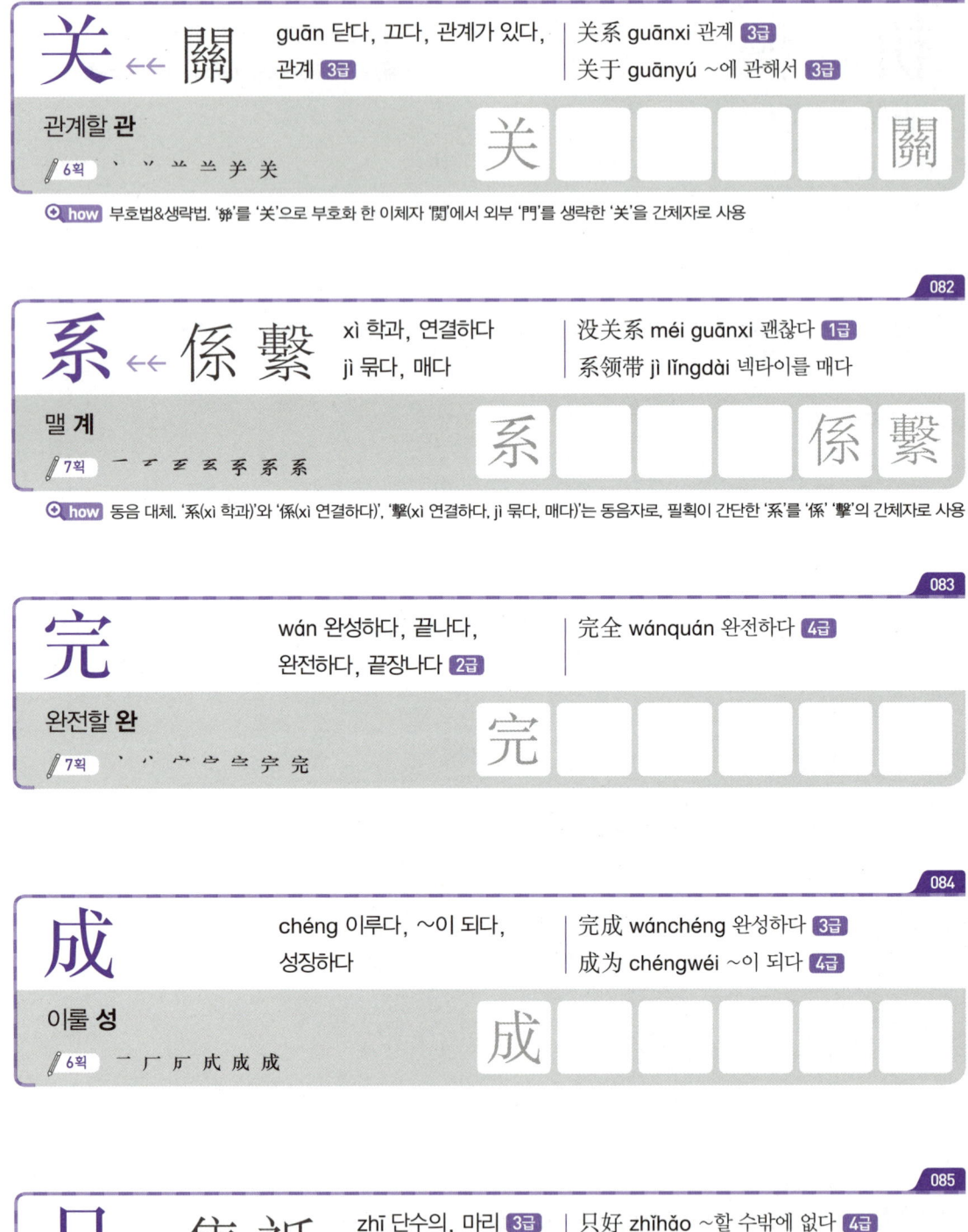

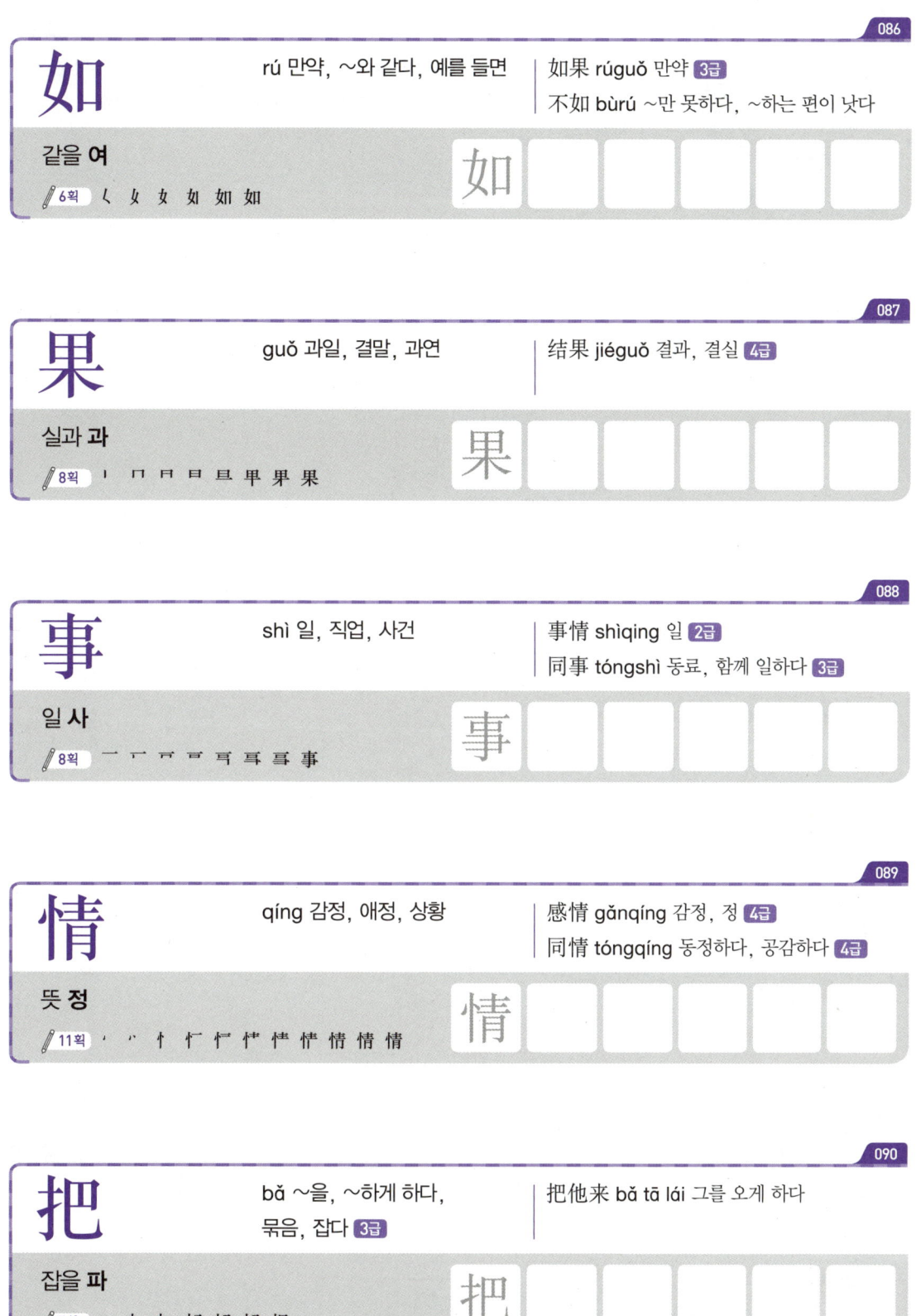

091
还 ← 還
- hái 아직, 게다가, 더욱 [2급]
- huán 돌려주다, 갚다 [3급]
- 还是 háishi 여전히, ~하는 편이 좋다 [3급]
- 归还 guīhuán 돌려주다, 반환하다

돌아올 환
7획 一 ア 才 不 不 乑 还

how 이체자 차용. '还'는 '還'의 이체자로, 필획이 간단하여 '還'의 간체자로 사용

092
工
- gōng 일꾼, 노동, 공업
- 工作 gōngzuò 일하다, 직업 [1급]
- 打工 dǎgōng 아르바이트하다

장인 공
3획 一 丁 工

093
作
- zuò 일하다, 글을 쓰다, 진행하다, ~로 삼다
- 作业 zuòyè 숙제 [3급]
- 动作 dòngzuò 행동하다, 동작 [4급]

지을 작
7획 丿 亻 亻 仁 仁 作 作

094
用
- yòng 사용하다, 필요하다, 용도 [3급]
- 作用 zuòyòng 작용, 역할 [4급]

쓸 용
5획 丿 冂 月 月 用

095
第
- dì 순서, 차례, 제[수사 앞]
- 第一 dìyī 첫 번째, 제일이다 [2급]

차례 제
11획 丿 丷 丷 竹 竹 竺 竺 笁 笁 第 第

32

096

怎 zěn 어떻게, 왜

怎么 zěnme 어떻게, 어째서 [1급]
怎么样 zěnmeyàng 어떠하다 [1급]

어찌 즘
9획 ノ 一 ケ 仁 乍 怎 怎 怎 怎

097

样 ← 樣 yàng 모양, 샘플, 종류, 추세

一样 yíyàng 같다 [3급]
样子 yàngzi 모양, 표정 [4급]

모양 양
10획 一 十 才 木 术 栏 栏 样

🔁 **how** 동음 대체. '樣(yàng 모양, 샘플)'과 '样(yáng 누에채반을 거는 나무 기둥; 현재 사용되지 않는 의미)'는 발음이 비슷한 글자로, 필획이 간단한 '样'을 '樣'의 간체자로 사용

098

知 zhī 알다, 알게 하다, 지식

通知 tōngzhī 통지하다, 알림 [4급]
知识 zhīshi 지식, 지적인 [4급]

알 지
8획 ノ 一 ヒ 午 矢 知 知 知

099

道 dào 길, 도, 방법, 도덕, ~라고 여기다

知道 zhīdao 알다 [2급]
难道 nándào 설마 ~하겠는가 [4급]

길 도
12획 丶 丷 丷 广 䒑 䒑 首 首 首 渞 渞 道

100

理 lǐ 정리하다, 관리하다, 이치

管理 guǎnlǐ 관리하다 [4급]
理发 lǐfà 이발하다 [4급]

다스릴 리
11획 一 二 千 王 刋 刋 刋 珊 理 理

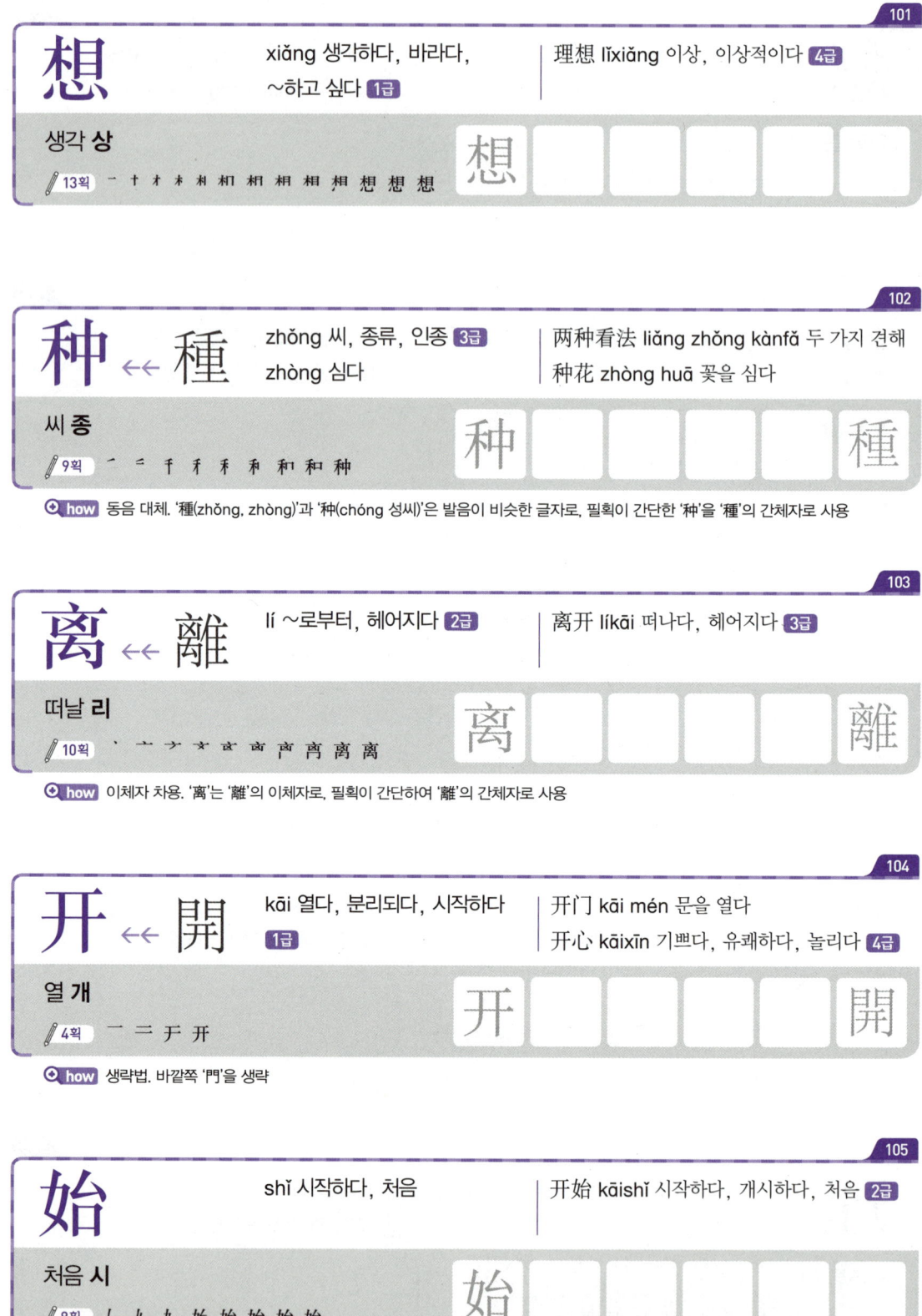

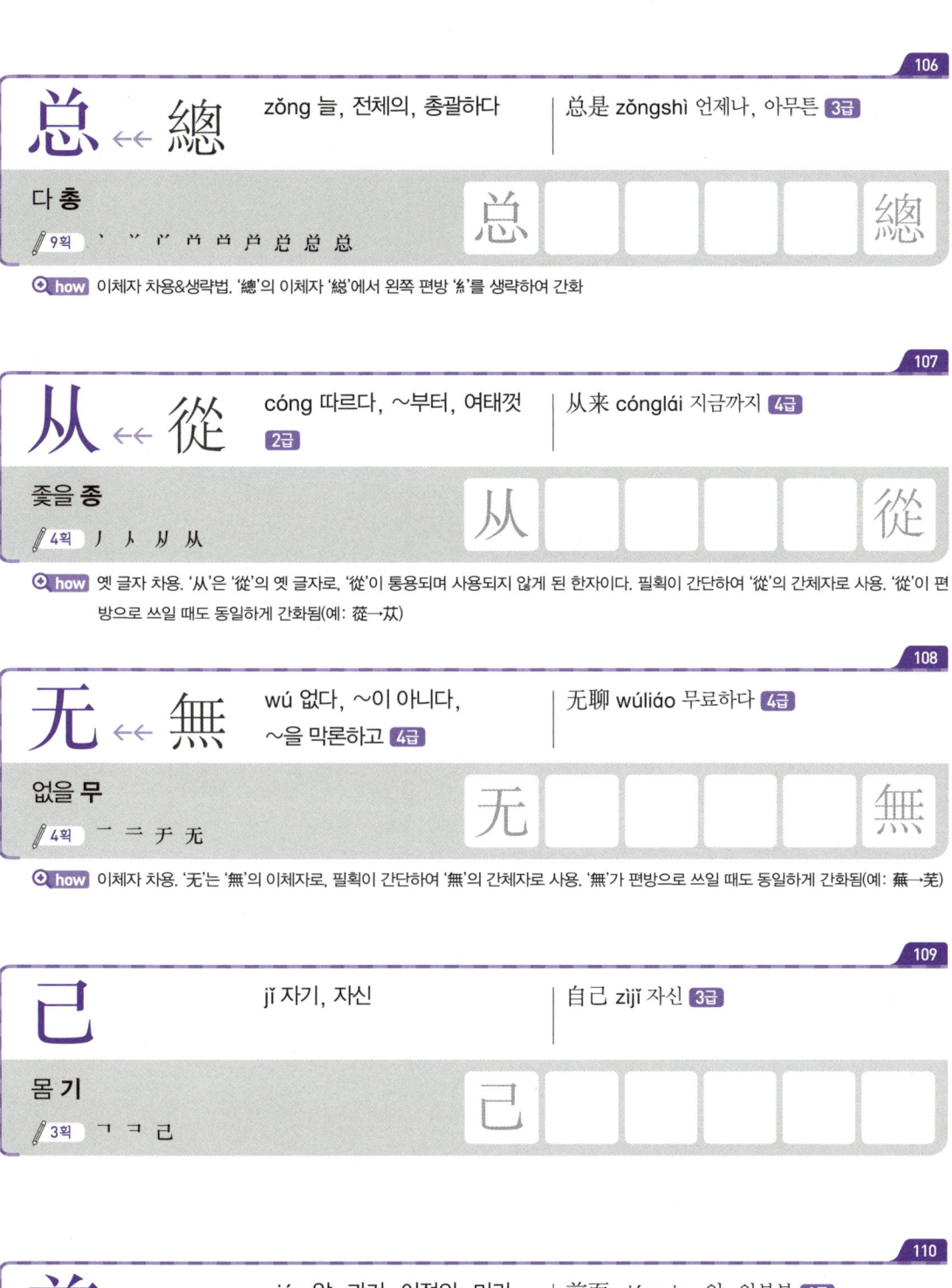

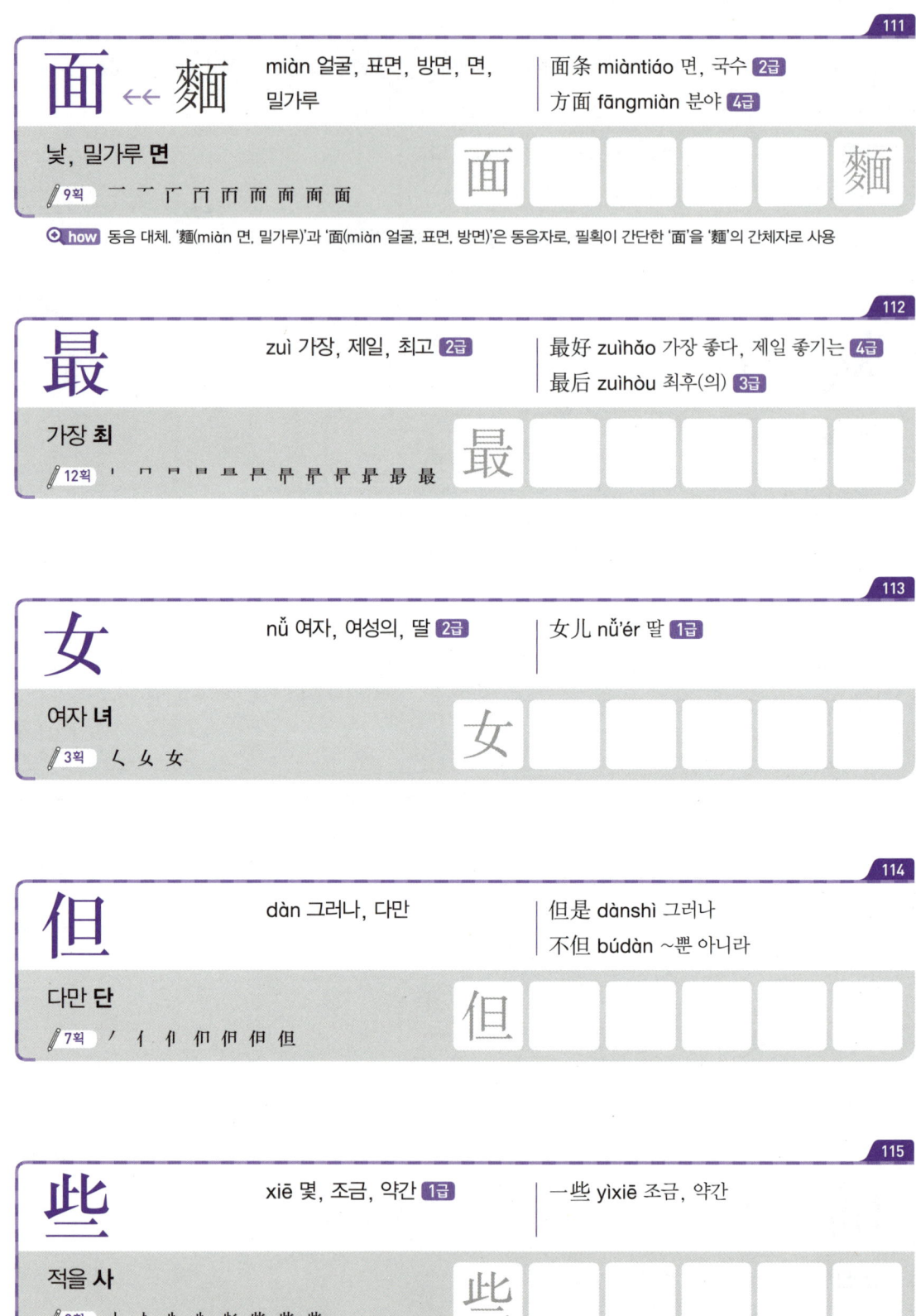

111
面 ← 麵 miàn 얼굴, 표면, 방면, 면, 밀가루
- 面条 miàntiáo 면, 국수 **2급**
- 方面 fāngmiàn 분야 **4급**

낯, 밀가루 **면**
9획 一 一 丆 丆 丌 而 而 面 面

💡 **how** 동음 대체. '麵(miàn 면, 밀가루)'과 '面(miàn 얼굴, 표면, 방면)'은 동음자로, 필획이 간단한 '面'을 '麵'의 간체자로 사용

112
最 zuì 가장, 제일, 최고 **2급**
- 最好 zuìhǎo 가장 좋다, 제일 좋기는 **4급**
- 最后 zuìhòu 최후(의) **3급**

가장 **최**
12획 一 冂 冂 日 日 旦 甲 帚 帚 帚 最 最

113
女 nǚ 여자, 여성의, 딸 **2급**
- 女儿 nǚ'ér 딸 **1급**

여자 **녀**
3획 〈 夕 女

114
但 dàn 그러나, 다만
- 但是 dànshì 그러나
- 不但 búdàn ~뿐 아니라

다만 **단**
7획 丿 亻 亻 但 但 但 但

115
些 xiē 몇, 조금, 약간 **1급**
- 一些 yìxiē 조금, 약간

적을 **사**
8획 丨 ト 止 止 此 此 些 些

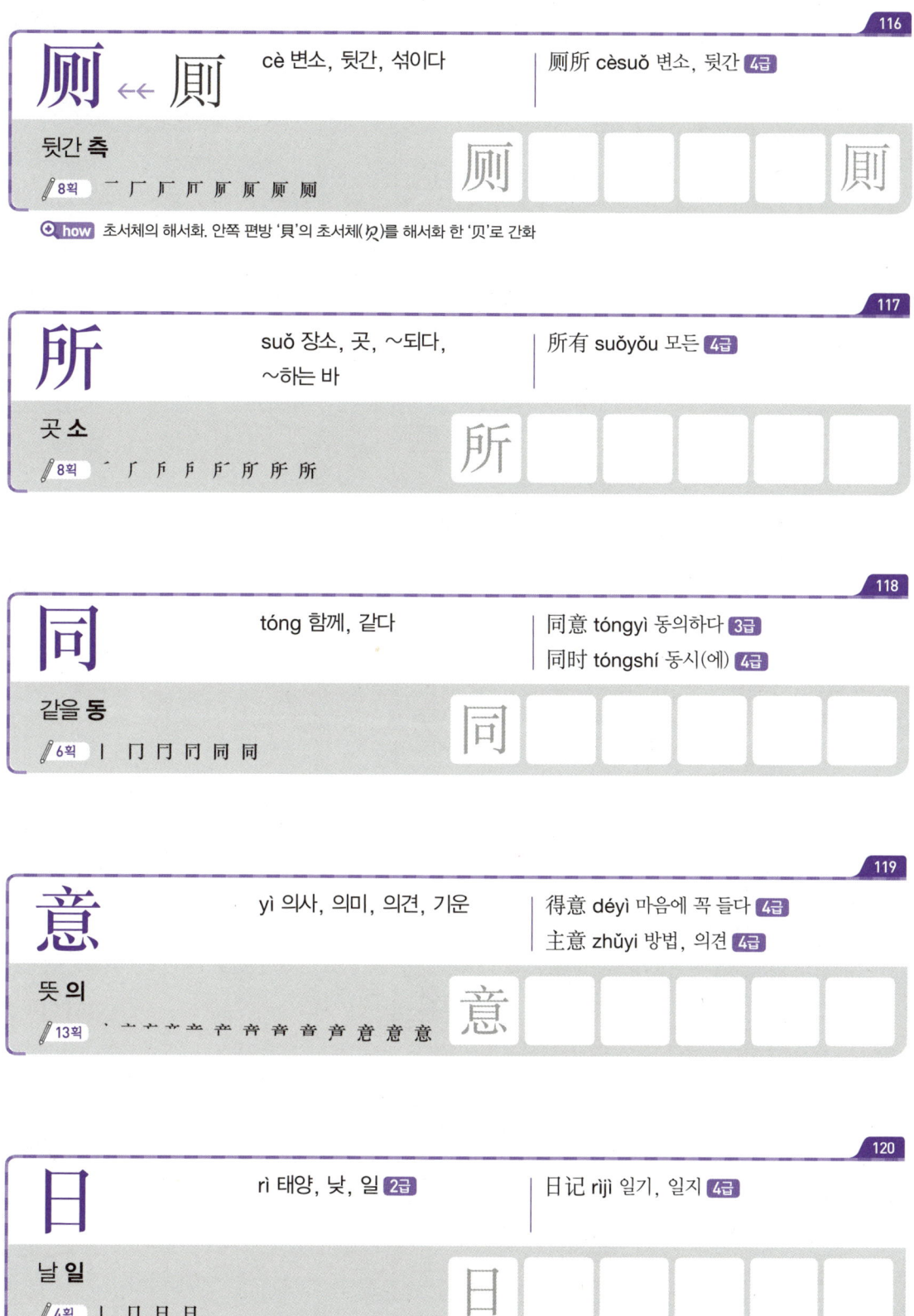

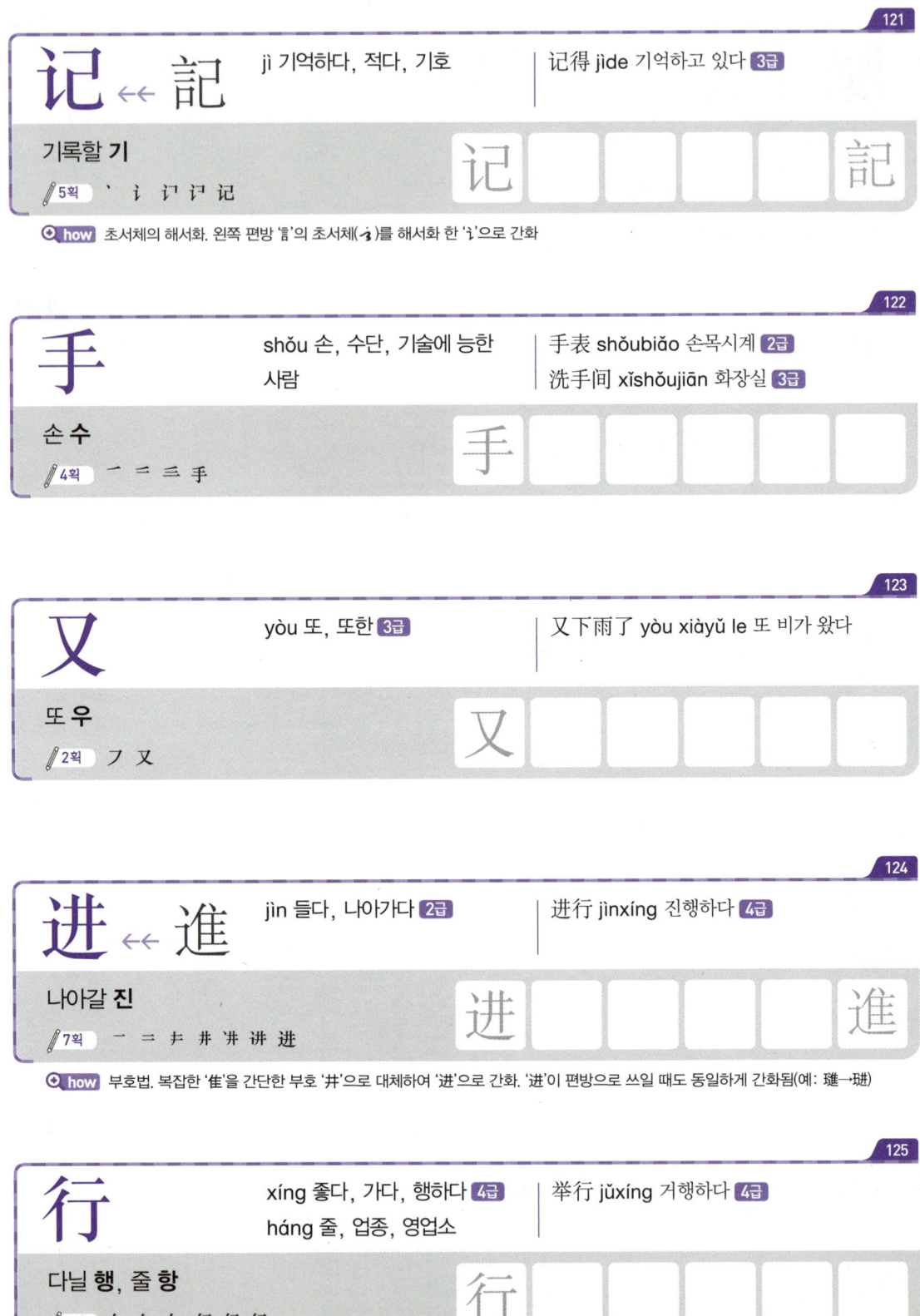

121
记 ← 記 jì 기억하다, 적다, 기호 | 记得 jìde 기억하고 있다 3급

기록할 기
5획 `、 讠 亇 记 记`

how 초서체의 해서화. 왼쪽 편방 '言'의 초서체(讠)를 해서화 한 '讠'으로 간화

122
手 shǒu 손, 수단, 기술에 능한 사람 | 手表 shǒubiǎo 손목시계 2급
| 洗手间 xǐshǒujiān 화장실 3급

손 수
4획 `一 二 三 手`

123
又 yòu 또, 또한 3급 | 又下雨了 yòu xiàyǔ le 또 비가 왔다

또 우
2획 `フ 又`

124
进 ← 進 jìn 들다, 나아가다 2급 | 进行 jìnxíng 진행하다 4급

나아갈 진
7획 `一 二 キ 井 井 讲 进`

how 부호법. 복잡한 '隹'을 간단한 부호 '井'으로 대체하여 '进'으로 간화. '进'이 편방으로 쓰일 때도 동일하게 간화됨(예: 璡→琎)

125
行 xíng 좋다, 가다, 행하다 4급 | 举行 jǔxíng 거행하다 4급
háng 줄, 업종, 영업소

다닐 행, 줄 항
6획 `、 ⺈ 彳 彳 行 行`

38

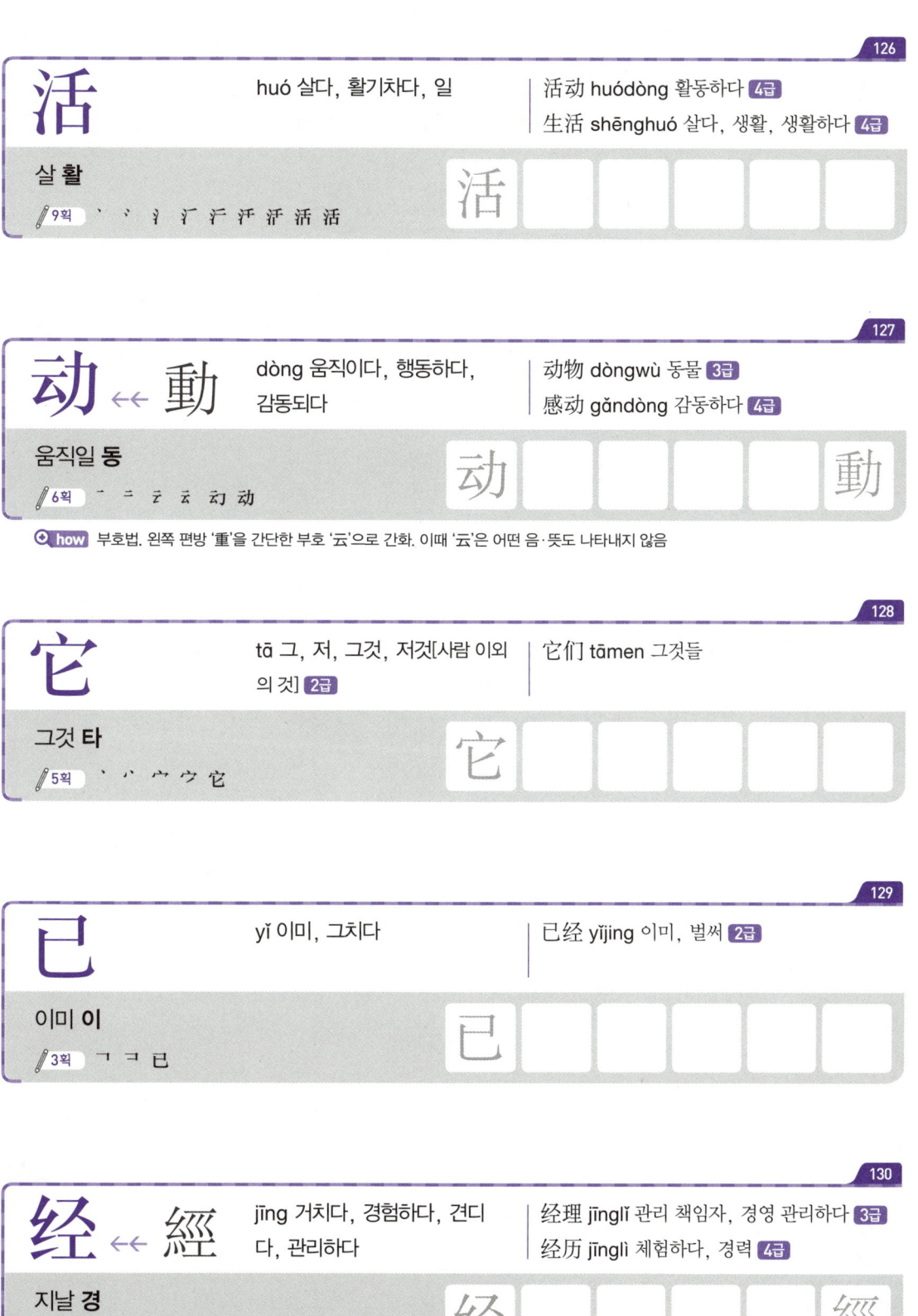

131
长 ← 長

cháng 길다, 잘하다 [2급]
zhǎng 자라다, 우두머리 [3급]

长城 Chángchéng 만리장성 [4급]
校长 xiàozhǎng 학교장 [3급]

길 **장**
4획 ` ー 匕 长

how 초서체의 해서화. '長'의 초서체(𠤎)를 해서화 한 '长'으로 간화. '長'이 편방으로 쓰일 때도 동일하게 간화됨(예: 帳→帐)

132
回

huí 되돌아가다, 대답하다 [1급]

回答 huídá 대답하다 [3급]
回来 huílái 되돌아오다

돌아올 **회**
6획 丨 冂 冂 回 回 回

133
答

dá 대답하다, 보답하다

答案 dá'àn 답안 [4급]

대답 **답**
12획 ノ ト 广 ⺮ ⺮ 笊 筌 筌 筌 答 答 答

134
案

àn 사건, 기록, 문서, 문건

方案 fāng'àn 방안, 표준 양식, 규칙

책상 **안**
10획 丶 丶 宀 宀 安 安 安 宰 案 案

135
位

wèi 자리, 직위, 분, 명 [3급]

座位 zuòwèi 좌석 [4급]
位置 wèizhi 위치, 지위

자리 **위**
7획 ノ 亻 亻 伫 位 位 位

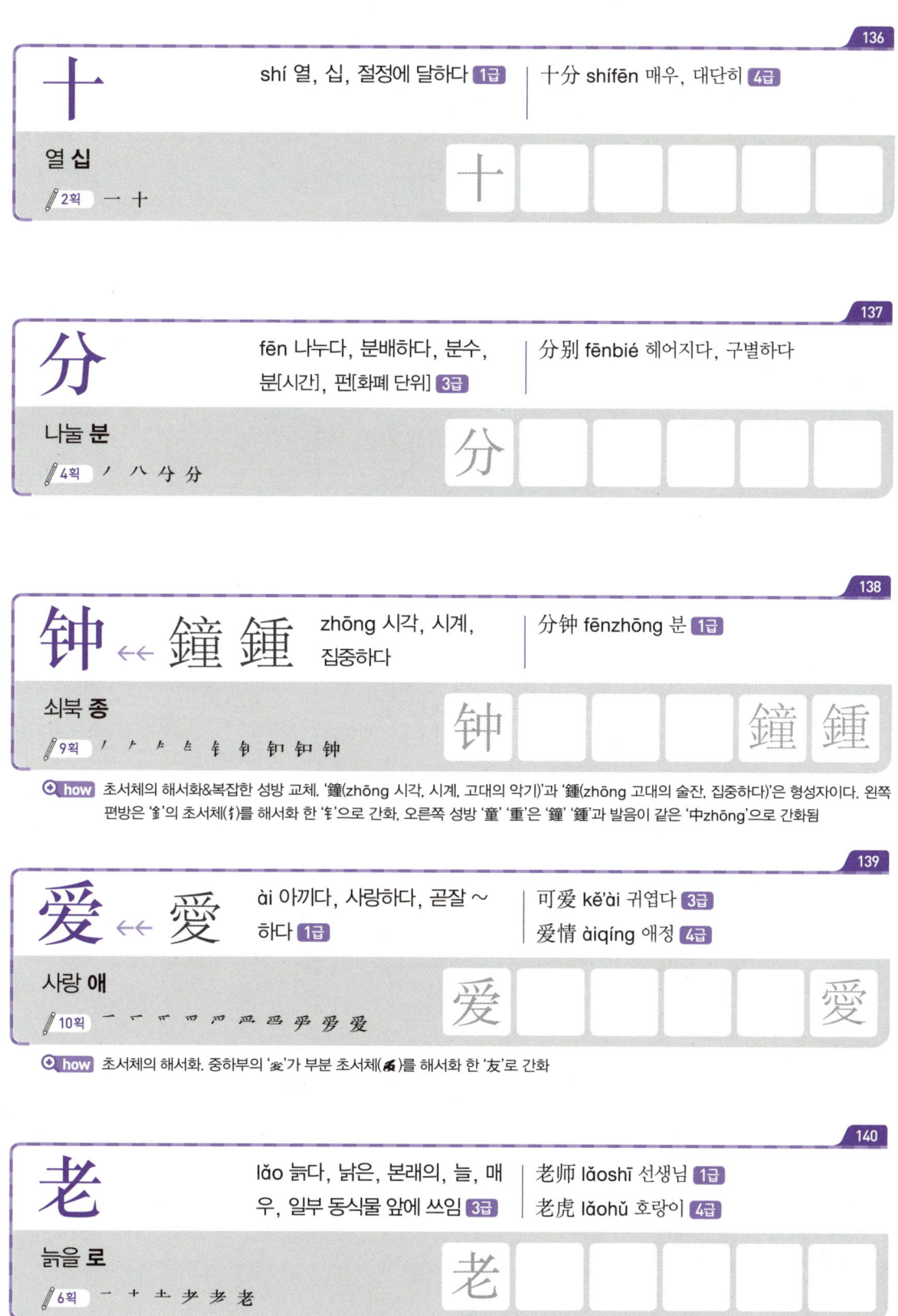

141
师 ← 師 shī 스승, 전문적인 학술이나 기예를 가진 사람 | 律师 lǜshī 변호사 4급

스승 사 6획 丨 刂 丨 ㇉ 师 师

how 초서체의 해서화. 왼쪽 편방 '帥'가 부분 초서체(丨)를 해서화 한 '刂'로 간화

142
因 yīn 원인, ~때문에 | 因为…所以… yīnwèi…suǒyǐ… ~때문에 ~하다 2급

인할 인 6획 丨 冂 冂 因 因 因

143
此 cǐ 이, 이렇게, 이 때, 이 곳 | 因此 yīncǐ 이 때문에 4급

이 차 6획 丨 ㅏ 止 止 此 此

144
很 hěn 대단히, 매우 1급 | 很好 hěn hǎo 아주 좋다

몹시 흔 9획 ノ ㇀ 彳 彳丨 彳丨 彳㇀ 很 很

145
给 ← 給 gěi 주다, ~에게 2급 / jǐ 공급하다 | 给你 gěi nǐ 너에게 주다 / 给予 jǐyǔ 주다

줄 급 9획 ㄥ ㄠ ㄠ 纟 纟 纟 纟 给 给

how 초서체의 해서화. 왼쪽 편방 '糸'의 초서체(纟)를 해서화 한 '纟'로 간화

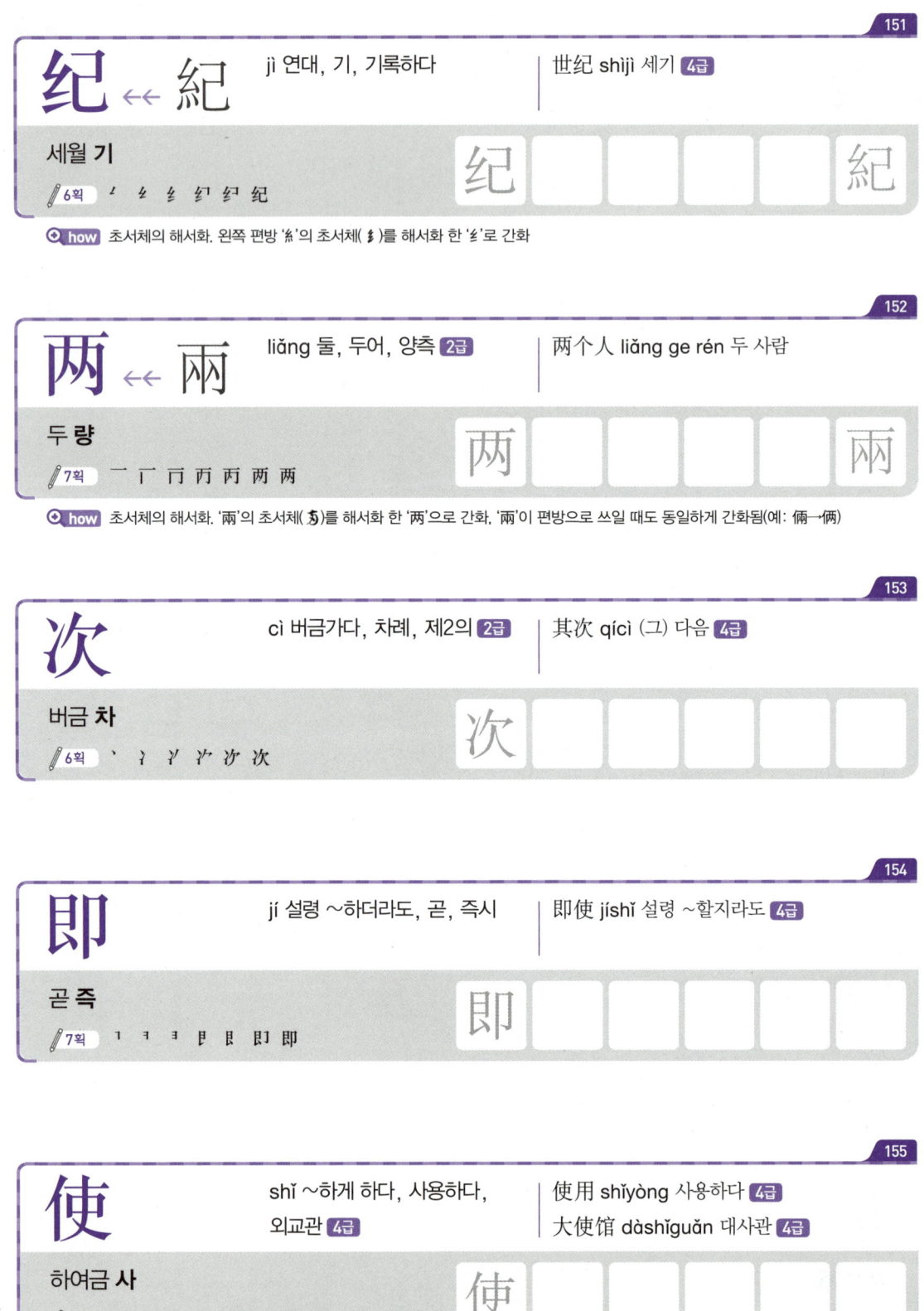

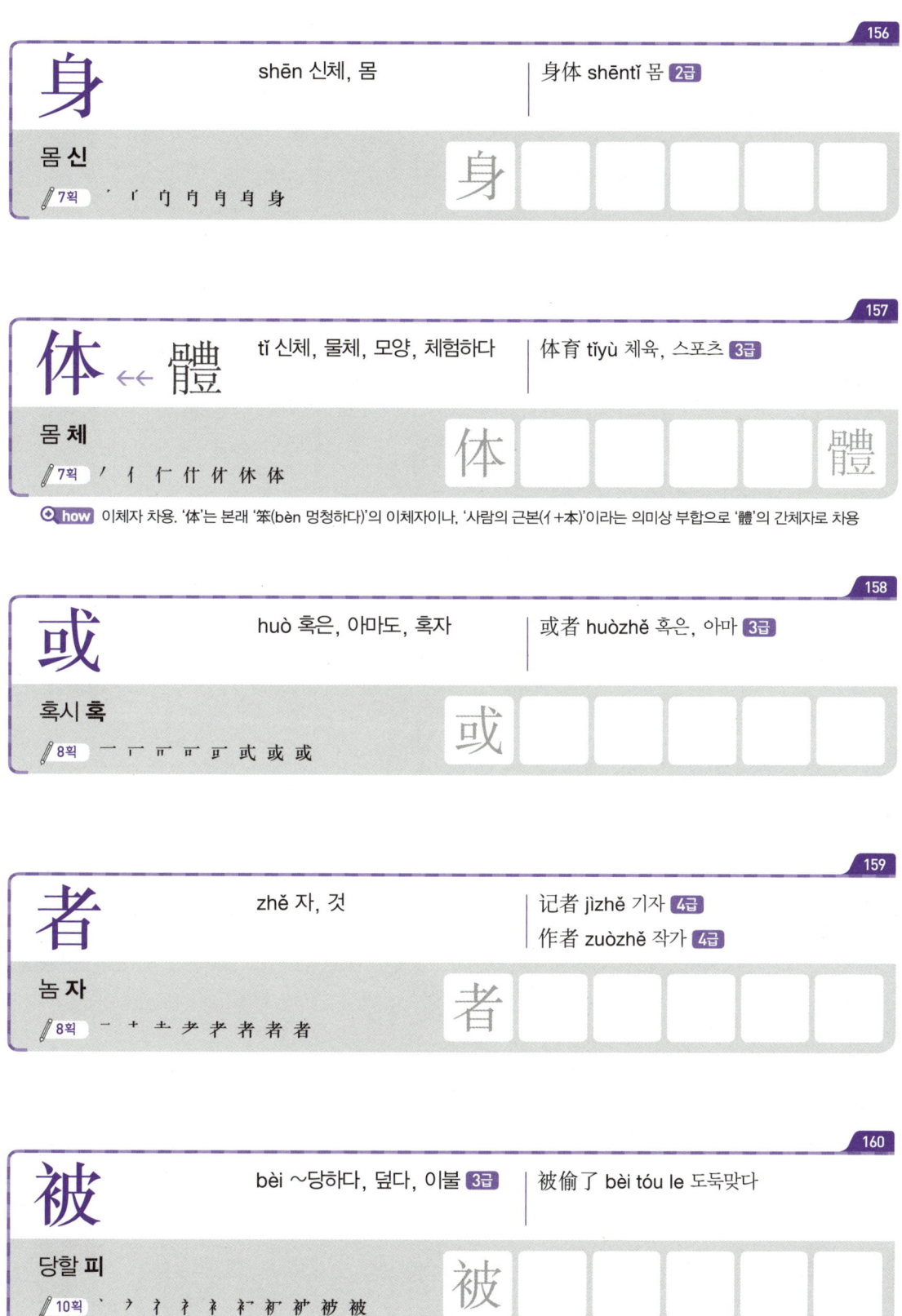

161

提

tí 끌어올리다, 꺼내다, 앞당기다 4급

提高 tígāo 향상시키다 3급

끌 **제**

12획 一 丨 扌 扌 扫 押 押 捍 捍 捍 提 提

提

162

高

gāo 높다, 높이 2급

高兴 gāoxìng 기쁘다 1급

高级 gāojí 고급의

높을 **고**

10획 丶 亠 亠 亡 亩 产 高 高 高 高

高

163

母

mǔ 어머니

母亲 mǔqīn 어머니 4급

어머니 **모**

5획 𠃊 𠃋 母 母 母

母

164

父

fù 아버지

父亲 fùqīn 아버지 4급

아버지 **부**

4획 丿 八 ク 父

父

165

亲 ←← 親

qīn 같은 혈통의, 가깝다, 입맞추다, 직접

亲戚 qīnqi 친척 4급

亲自 qīnzì 직접, 친히

친할 **친**

9획 丶 亠 亠 立 立 亲 亲 亲 亲

亲 親

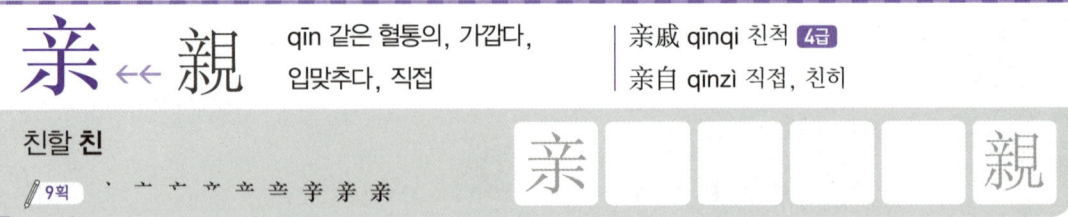

how 생략법. '親'은 형성자로, 형방(形旁; 뜻을 나타내는 편방) '見'을 생략하여 '亲'으로 간화

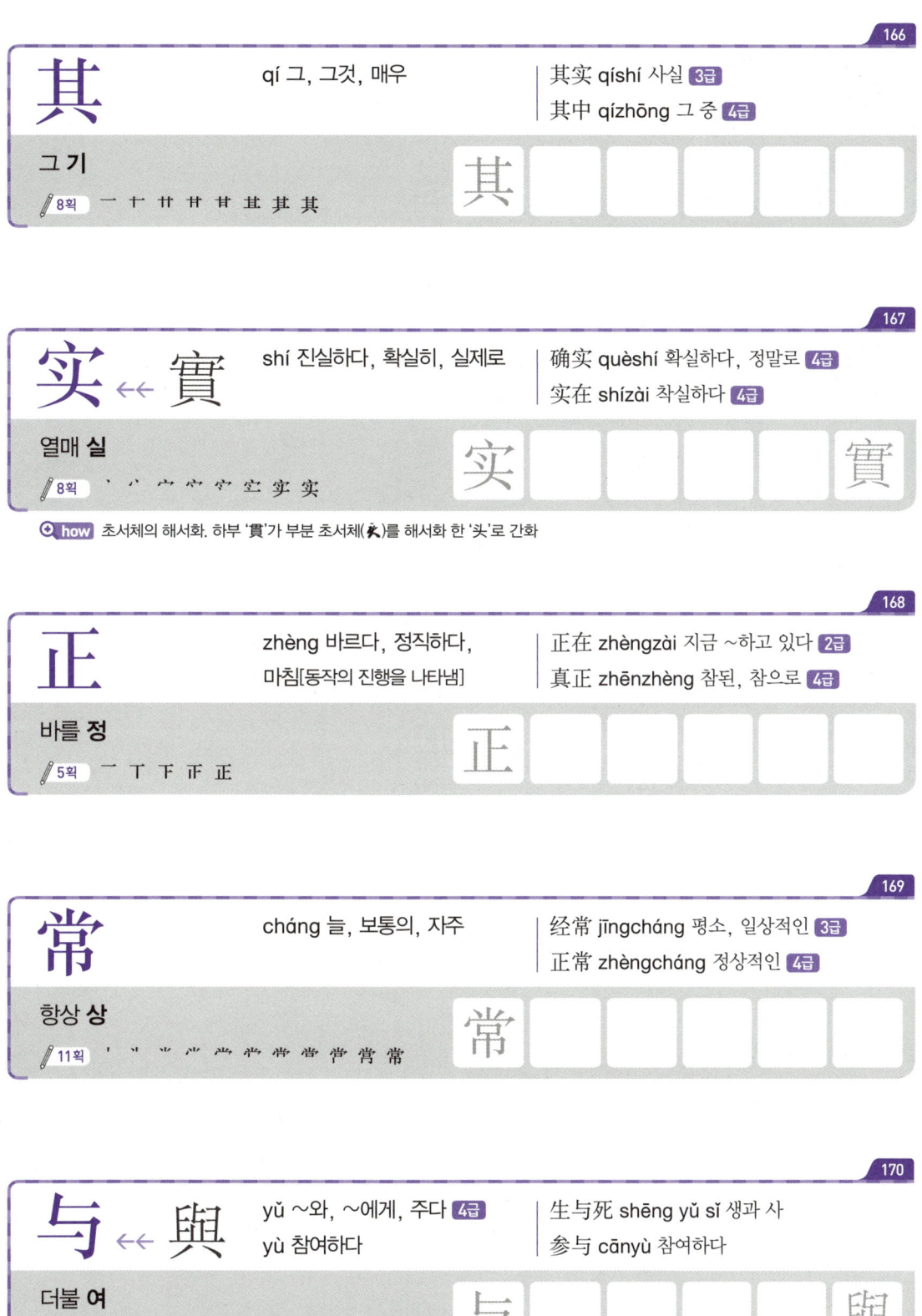

171

感 gǎn 느끼다, 느낌, 감동하다 | 感觉 gǎnjué 느낌, 느끼다, 여기다 **4급**

느낄 **감**
13획 一厂厂厂后后咸咸咸感感感

172

谢 ← **謝** xiè 감사하다 | 谢谢 xièxie 감사합니다 **1급**
感谢 gǎnxiè 고맙다, 감사하다 **4급**

사례할 **사**
12획 丶讠讠讠讠讠讠讠讠讠谢谢谢

⊕ how 초서체의 해서화. 왼쪽 편방 '言'이 초서체(⻈)를 해서화 한 '讠'으로 간화

173

明 míng 밝다, 내일의, 명백하다, 이해하다 | 说明 shuōmíng 설명하다 **4급**
证明 zhèngmíng 증명하다 **4급**

밝을 **명**
8획 丨冂日日旷明明明

174

白 bái 하얗다, 밝다, 명백하다, 공짜로, 헛되이 **2급** | 明白 míngbai 알다, 이해하다 **3급**

흰 **백**
5획 丿丨白白白

175

问 ← **問** wèn 질문하다, 안부를 묻다 **2급** | 学问 xuéwen 학문
问好 wènhǎo 안부를 묻다

물을 **문**
6획 丶亠门问问问

⊕ how 초서체의 해서화. 바깥쪽 '門'이 초서체(门)를 해서화 한 '门'으로 간화

181

特 tè 특별하다, 유달리, 일부러

特别 tèbié 특별히 `3급`
特点 tèdiǎn 특징 `4급`

특별할 **특**
10획 ノ 一 ナ 牛 牛 ヰ 牫 牫 特 特

182

点 ← 點 diǎn 점, 흔적, 소수점, 약간, 시[양사] `1급`

一点儿 yìdiǎnr 조금, 약간, 극소량 `1급`

점 **점**
9획 ㅣ ト 片 卢 占 占 点 点 点

ⓗow 생략법. 왼쪽 위 '黑'를 생략하고, 아래 점(灬)은 '占' 아래로 이동

183

文 wén 문자, 문화, 글, 언어

中文 Zhōngwén 중국어 `3급`
文件 wénjiàn 문서, 파일

글월 **문**
4획 丶 一 ナ 文

184

化 huà 변하다, 융화되다

文化 wénhuà 문화 `3급`

될 **화**
4획 ノ 亻 化 化

185

几 ← 幾 jǐ 몇 `1급`
jī 작은 탁자, 거의

几岁 jǐ suì 몇 살

몇 **기**
2획 ノ 几

ⓗow 동음 대체. '幾(jǐ 몇, jī 거의)'와 '几(jī 작은 탁자)'는 동음자로, 필획이 간단한 '几'를 '幾'의 간체자로 사용, '幾'가 편방으로 쓰일 때도 동일하게 간화됨(예: 機→机)

191
外 wài 밖, ~외에, 따로 **2급** | 外边 wàibiān 밖, 바깥, 표면

바깥 **외**
5획 ノ ク タ 外 外

192
左 zuǒ 왼쪽, 근방 | 左边 zuǒbian 왼쪽 **2급**
左右 zuǒyòu 가량, 왼쪽과 오른쪽, 주위 **4급**

왼쪽 **좌**
5획 一 ナ ナ 左 左

193
右 yòu 오른쪽 | 右边 yòubian 오른쪽 **2급**

오른쪽 **우**
5획 一 ナ 才 右 右

194
旁 páng 옆, 가, 다른 | 旁边 pángbiān 옆, 근처 **2급**

곁 **방**
10획 ' 亠 亡 圡 产 产 产 咅 旁 旁

195
边 ↔ 邊 biān 변두리, 가, 쪽, ~하면서 ~하다 | 一边 yìbiān 한쪽, ~하면서 ~하다 **3급**

가 **변**
5획 フ カ 力 边 边

🔎 **how** 부호법. 복잡한 '臱'를 간단한 부호 '力'로 대체하여 '边'으로 간화. '邊'이 편방으로 쓰일 때도 동일하게 간화됨(예: 邉→笾)

52

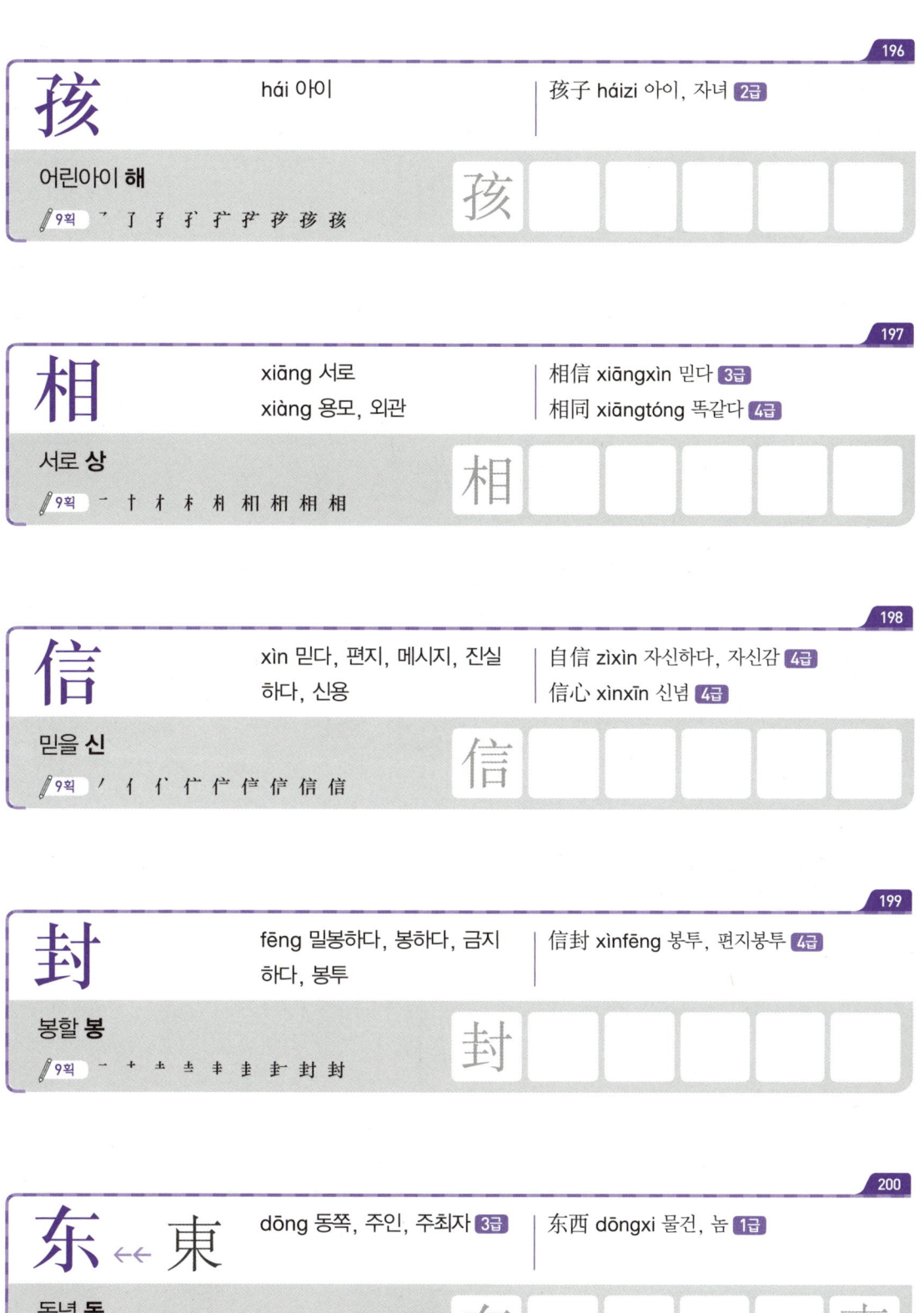

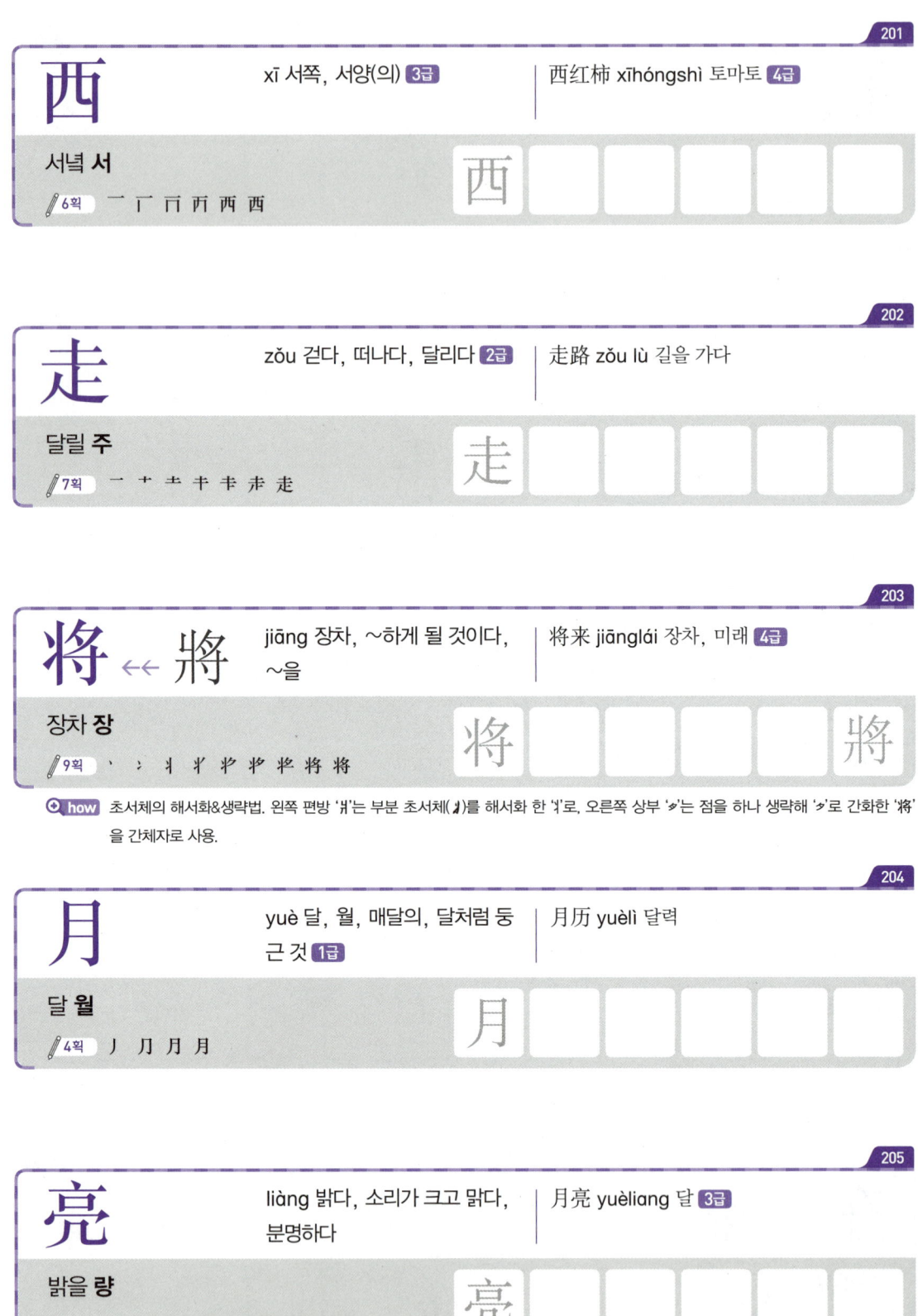

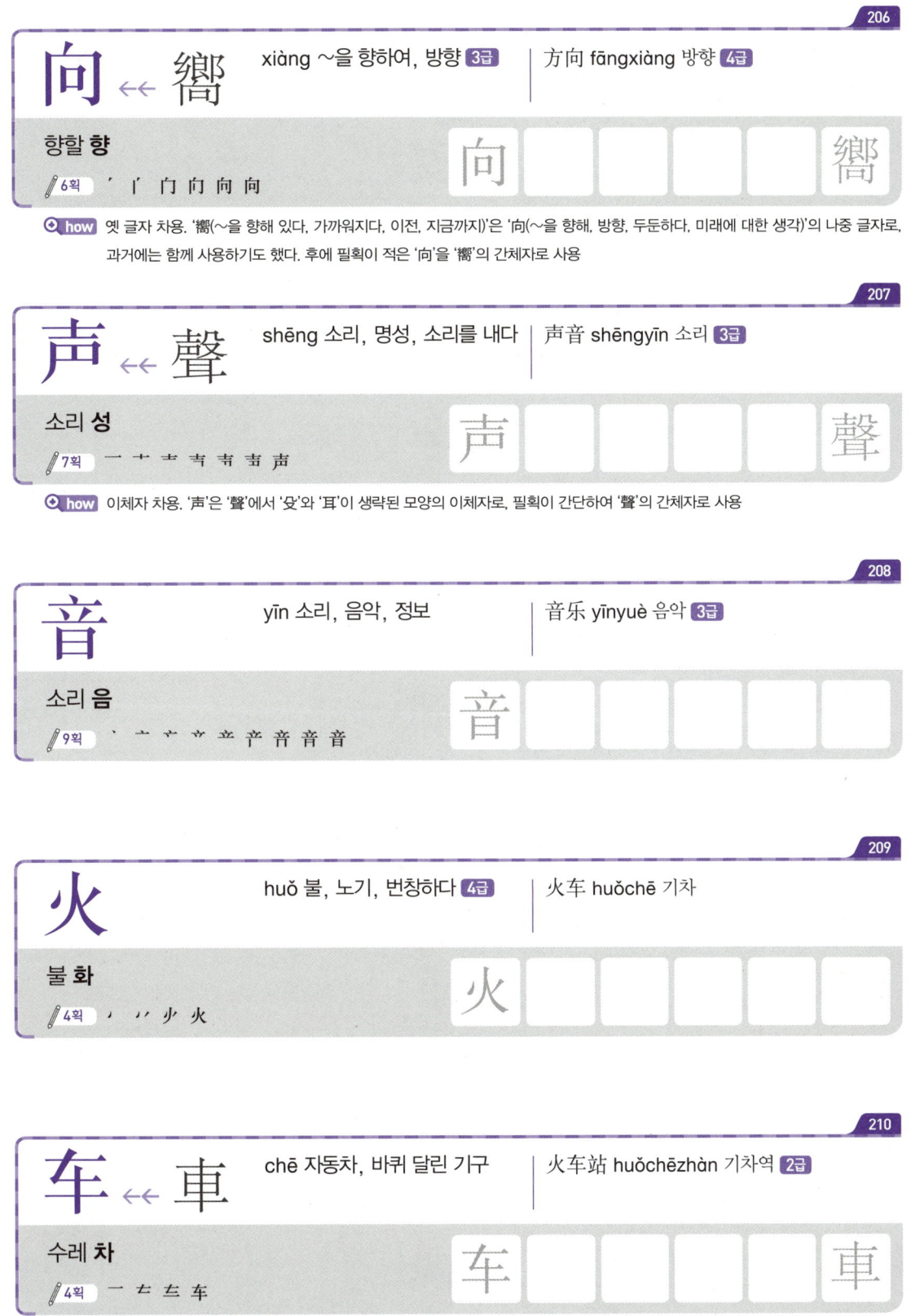

211
安 편안할 안 / 6획 ` ｀ ´ 宀 灾 安 安

ān 편안하다, 안전하다, 안정시키다

安静 ānjìng 조용하다, 안정되다 [3급]
安全 ānquán 안전하다 [4급]

212
全 온전할 전 / 6획 ノ 人 𠆢 仐 全 全

quán 전부의, 완비하다, 완전히

全部 quánbù 전부, 전체의 [4급]

213
部 분류 부 / 10획 ` 一 亠 宀 立 产 咅 音 部 部

bù 부분, 부, 부문

部分 bùfen 부분, 일부 [4급]

214
重 무거울 중 / 9획 ノ 一 亻 亼 宀 宁 审 重 重

zhòng 무겁다, 중요하다 [4급]
chóng 중복하다, 다시

重点 zhòngdiǎn 중점, 주요한 [4급]
重新 chóngxīn 다시, 재차 [4급]

215
视 ← 視 볼 시 / 8획 ` ｀ ｚ ネ ネ ネ! 和 和 视 视

shì 보다, 살피다, 시력

电视 diànshì 텔레비전 [1급]
重视 zhòngshì 중시하다 [4급]

how 초서체의 해서화. 오른쪽 편방 '見'의 초서체(见)를 해서화 한 '见'으로 간화

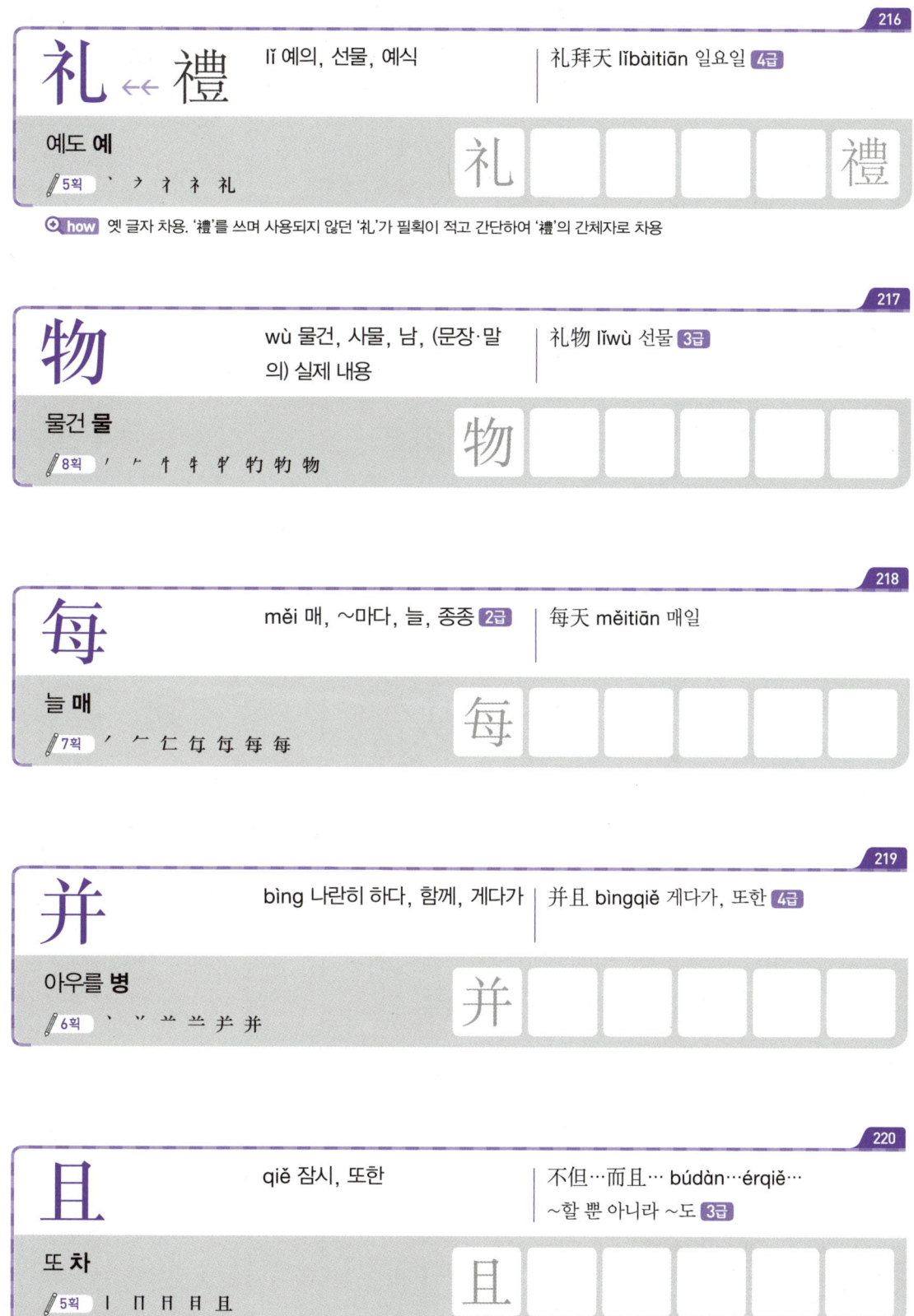

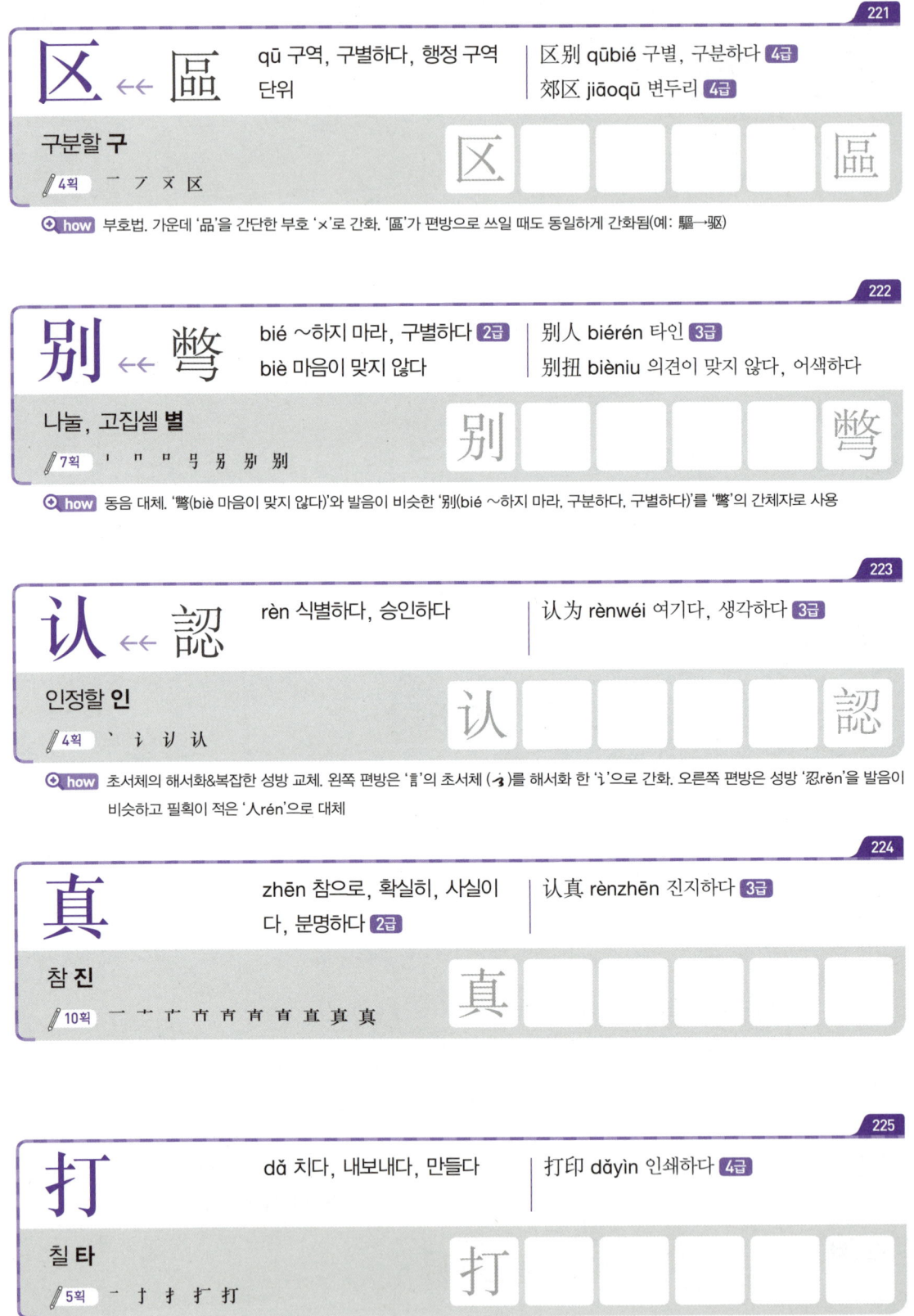

226
算 suàn 계산하다, 계획하다, ~인 셈이다 | 打算 dǎsuan ~할 생각이다, 계획하다, 계획, 생각 3급

셈 산 / 14획 / ノ ノ ノ ゲ ゲ ゲ ゲ ゲ 竺 笪 笪 算 算

227
太 tài 대단히, 너무, 그다지, 크다 1급 | 太累了 tài lèi le 너무 피곤하다 / 太阳 tàiyáng 태양, 해 3급

클 태 / 4획 / 一 ナ 大 太

228
阳 ← 陽 yáng 햇빛, 양지 | 阳光 yángguāng 햇빛, 공개적인 4급

볕 양 / 6획 / ヌ 阝 阝 阳 阳 阳

💡 **how** 이체자 차용. '阳'은 '陽'의 이체자로, 필획이 간단하여 '陽'의 간체자로 사용

229
光 guāng 빛, 영광, 풍경, 하나도 없이 텅 비다, 단지 4급 | 用光 yòngguāng 다 써버리다 / 光说 guāng shuō 말만 하다

빛 광 / 6획 / ㅣ ㅛ ㅛ ᆇ 氺 光

230
新 xīn 새롭다, 새롭게 하다, 신혼의 2급 | 新郎 xīnláng 신랑

새 신 / 13획 / ㆍ ㅗ ㅗ 亠 立 辛 辛 亲 亲 新 新 新 新

231
闻 ← 聞 wén 냄새를 맡다, 듣다, 소식 | 新闻 xīnwén 뉴스 **3급**

들을 문
/ 9획　`丨门门门闸闻闻闻`

how 초서체의 해서화. 바깥쪽 '門'이 초서체(冂)를 해서화 한 '门'으로 간화

232
比 bǐ 비교하다, 겨루다, ~보다, 예를 들다 **2급** | 他比你高 tā bǐ nǐ gāo 그가 너보다 크다
比如 bǐrú 예를 들어, 예컨대 **4급**

견줄 비
/ 4획　`一ヒ比比`

233
赛 ← 賽 sài 경기하다, 대회, 이기다 | 比赛 bǐsài 경기 **3급**

굿할, 우열을 겨룰 새
/ 14획　`丶丶宀宀宀宀宁宾宾寒寒赛赛`

how 초서체의 해서화. 아래쪽 편방 '貝'가 초서체(叒)를 해서화 한 '贝'로 간화

234
刚 ← 剛 gāng 방금, 마침, 겨우, ~하자마자 곧, 굳세다 **4급** | 刚才 gāngcái 방금 **3급**

굳셀 강
/ 6획　`丨冂冈冈刚刚`

how 부호법. 왼쪽 편방 안쪽 'ㄩ'를 간단한 부호 'x'로 간화

235
才 ← 纔 cái 재주, 겨우, 이제서야 | 只有…才… zhǐyǒu…cái… ~해야만 ~하다 **3급**

겨우, 재주 재
/ 3획　`一十才`

how 동음 대체. '纔(cái 이제서야, 막, 겨우)'와 '才(cái 재주, 재주꾼)'는 뜻이 다른 동음자로, 필획이 적은 '才'를 '纔'의 간체자로 사용

60

236
随 ← 隨

suí 따르다, ~에 달려 있다, 마음대로 하게 하다, ~에 따라

随便 suíbiàn 마음대로, 편한 대로 (하다) 4급
随着 suízhe ~에 따라 4급

따를 **수**
11획 ㇇ 阝 阝⁻ 阝ᵀ 阝ᵀ 阾 陏 陏 陏 随 随

随　　　　　　随

○ how 생략법. 오른쪽 편방 가운데 '工'을 생략하여 간화

237
便

biàn 편리하다, 간단한, 편한 때
pián '便宜(piányi 싸다)'의 구성자

顺便 shùnbiàn ~하는 김에, 겸사겸사 4급

편할 **편**
9획 ノ 亻 亻⁻ 亻ᵀ 佢 便 便 便 便

便

238
宜

yí 적당하다, 부합하다, 마땅하다

便宜 piányi 싸다 2급

마땅할 **의**
8획 ㇔ ㇀ 宀 宀 宜 宜 宜 宜

宜

239
功

gōng 공로, 성과, 솜씨

成功 chénggōng 성공하다, 성공적이다 4급
功夫 gōngfu 시간, 재주, 솜씨 4급

공 **공**
5획 一 丅 工 功 功

功

240
夫

fū 성인 남자, 남편

丈夫 zhàngfu 남편 2급

지아비 **부**
4획 一 二 ヺ 夫

夫

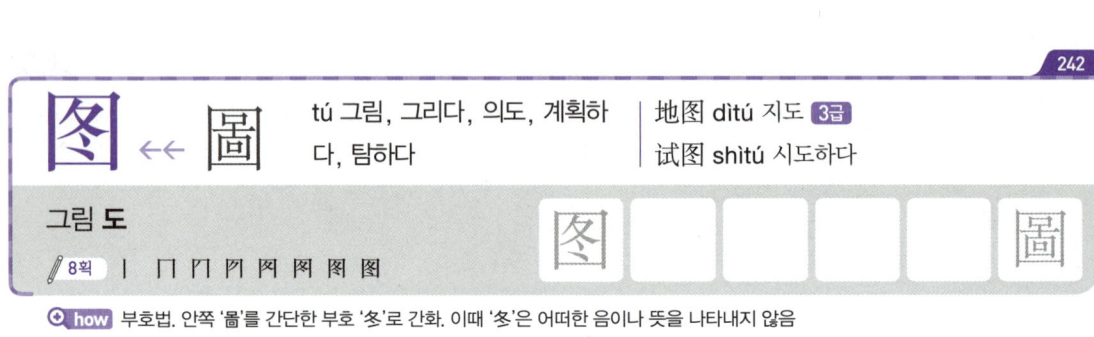
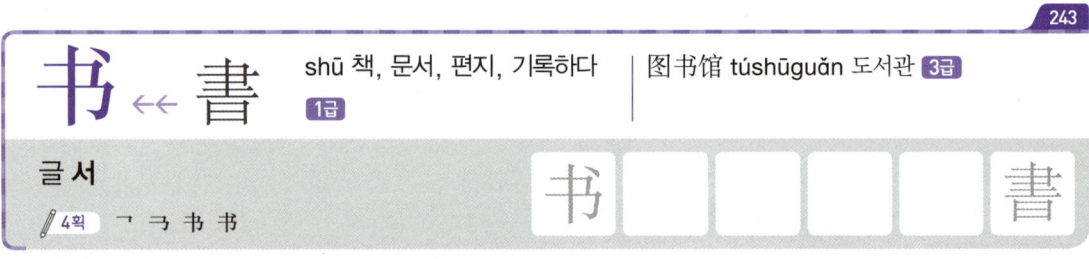

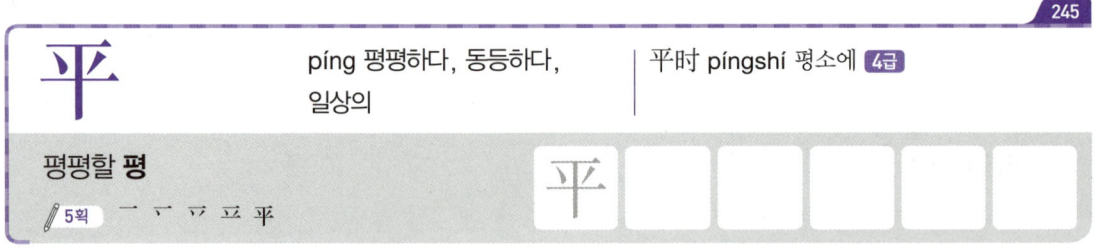

246

像 xiàng 닮다, ~와 같다, 마치 `3급`

好像 hǎoxiàng 마치 ~와 같다, 닮다, 유사하다 `4급`

모양, 닮을 **상**

13획 丿 亻 亻 俨 俨 俨 俨 俨 像 像 像

247

眼 yǎn 눈, 안목, 구멍

眼镜 yǎnjìng 안경 `4급`

눈 **안**

11획 丨 冂 冂 日 日 日 盯 盯 盯 眼 眼

248

睛 jīng 눈동자

眼睛 yǎnjing 눈 `2급`

눈동자 **정**

13획 丨 冂 冂 日 日 盯 盯 盯 睛 睛 睛

249

等 děng 기다리다 `2급`, 등등, 따위 `4급`

等待 děngdài 기다리다, 北京、上海等 Běijīng、Shànghǎi děng 베이징, 상하이 등

무리 **등**

12획 丿 亻 亼 竺 竺 竺 笁 笁 等 等

250

却 què 후퇴하다, ~하지만 `4급`

我来了，他却走了 wǒ lái le, tā què zǒu le 내가 왔는데, 그는 갔다

물리칠 **각**

7획 一 十 土 去 去 却 却

练练词 1

1 다음 단어를 간체자로 바꾸어 쓰세요.

❶ 괜찮아요　不客氣 búkèqi → ☐☐☐

❷ 이것　這個 zhè ge → ☐☐

❸ 시간　時間 shíjiān → ☐☐

❹ 상관없다　沒關係 méi guānxi → ☐☐☐

❺ 귀엽다　可愛 kě'ài → ☐☐

❻ 특징, 장점　特點 tèdiǎn → ☐☐

❼ 소리　聲音 shēngyīn → ☐☐

❽ 경기　比賽 bǐsài → ☐☐

答案
1 ①不客气 ②这个 ③时间 ④没关系 ⑤可爱 ⑥特点 ⑦声音 ⑧比赛

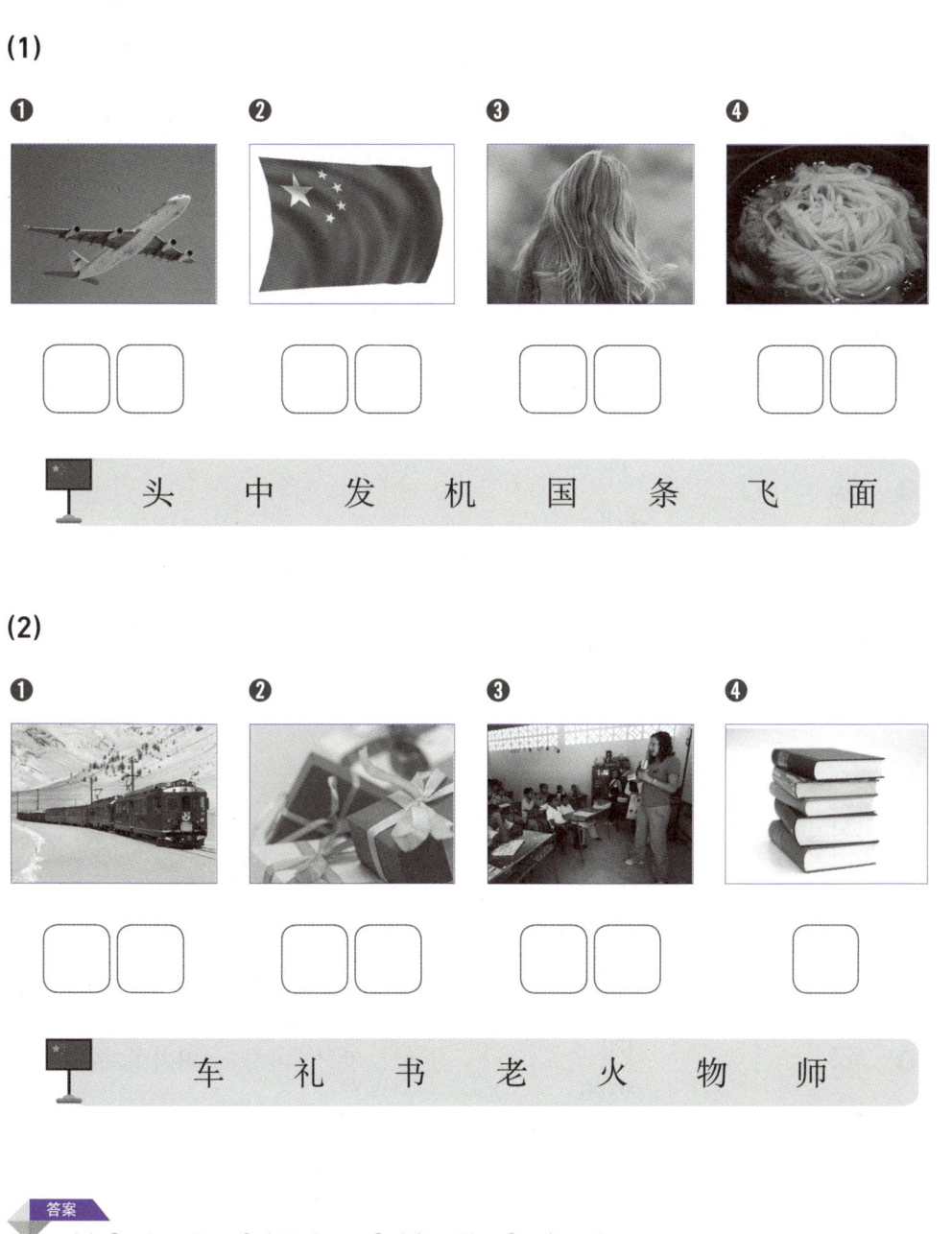

练练词 1

3 다음 글자의 간체자와 의미를 올바르게 연결하세요.

(1)

❶ 隻　　ⓐ 当 dāng　　㉠ 마리, 단지

❷ 樣　　ⓑ 只 zhī, zhǐ　　㉡ 모양, 샘플, 종류, 추세

❸ 當　　ⓒ 样 yàng　　㉢ 담당하다, 마땅히 ~해야 한다

❹ 幾　　ⓓ 几 jǐ, jī　　㉣ 몇, 거의

(2)

❶ 與　　ⓐ 两 liǎng　　㉠ 둘, 두어

❷ 兩　　ⓑ 与 yǔ　　㉡ ~와, ~에게

❸ 剛　　ⓒ 刚 gāng　　㉢ ~을 향하여, 방향

❹ 嚮　　ⓓ 向 xiàng　　㉣ 방금, 마침, ~하자마자

答案
3 (1) ❶-ⓑ-㉠　❷-ⓒ-㉡　❸-ⓐ-㉢　❹-ⓓ-㉣
　(2) ❶-ⓑ-㉡　❷-ⓐ-㉠　❸-ⓒ-㉣　❹-ⓓ-㉢

4 다음 글자의 간체자를 쓰고, 뜻에 맞는 단어를 쓰세요.

❶ 爲 wéi, wèi ☐
1) _____ 왜
2) _____ ~을 위해
3) _____ 여기다

❷ 學 xué ☐
1) _____ 학우
2) _____ 학생

❸ 現 xiàn ☐
1) _____ 나타나다
2) _____ 현금

❹ 動 dòng ☐
1) _____ 활동하다
2) _____ 동물
3) _____ 감동하다

❺ 實 shí ☐
1) _____ 사실은
2) _____ 확실하다
3) _____ 착실하다

❻ 邊 biān ☐
1) _____ 옆
2) _____ 한쪽, ~하면서 ~하다

❼ 認 rèn ☐
1) _____ 여기다
2) _____ 진지하다

❽ 隨 suí ☐
1) _____ 마음대로
2) _____ ~에 따라

答案

4 ① 为, 1) 为什么 2) 为了 3) 认为   ② 学, 1) 同学 2) 学生
　③ 现, 1) 出现 2) 现金   ④ 动, 1) 活动 2) 动物 3) 感动
　⑤ 实, 1) 其实 2) 确实 3) 实在   ⑥ 边, 1) 旁边 2) 一边
　⑦ 认, 1) 认为 2) 认真   ⑧ 随, 1) 随便 2) 随着

练练词 1

5 다음 번체자와 간체자가 맞으면 ○, 틀리면 × 표시하고 올바르게 고쳐보세요.

❶ 太陽　　　太阳 tàiyáng　　　☐

❷ 長城　　　长城 Chángchéng　☐

❸ 身體　　　身偺 shēntǐ　　　☐

❹ 兒子　　　儿子 érzi　　　☐

❺ 報名　　　报名 bàomíng　　☐

❻ 語法　　　语法 yǔfǎ　　　☐

❼ 進　　　　近 jìn　　　☐

❽ 還　　　　还 hái　　　☐

❾ 輕　　　　铿 qīng　　　☐

❿ 重視　　　重视 zhòngshì　　☐

答案

5 ①×, 太阳　②○　③×, 身体　④○　⑤○　⑥○　⑦×, 进　⑧○　⑨×, 轻　⑩○

68

Ⅱ. 자주 쓰이는 간체자
TOP 251-500

251

参 ← 參　cān 참가하다, 참조하다　|　参加 cānjiā 참가하다 [3급]
　　　　　　　　　　　　　　　　参观 cānguān 참관하다 [4급]

참여할 참
8획　 ㄥ ㅅ ㅆ 숯 숯 参 参

ⓘ how 초서체의 해서화. 윗부분 '쯔'을 부분 초서체(ㄙ)를 해서화 한 'ㅆ'로 간화, '參'이 편방으로 쓰일 때도 동일하게 간화됨(예: 慘→惨)

252

加　jiā 더하다, 첨가하다, 가하다, 증가하다　|　加油 jiāyóu 파이팅, 응원하다, 기름을 넣다
　　　　　　　　　　　　　　　　　　加油站 jiāyóuzhàn 주유소 [4급]

더할 가
5획　 フ カ 加 加 加

253

电 ← 電　diàn 전기, 번개, 전보　|　电影 diànyǐng 영화 [1급]

번개 전
5획　 丨 冂 冃 日 电

ⓘ how 옛 글자 차용. '电'은 상형자로 나중에 '雨'가 붙어 '電'이 되고 '电'은 폐기되었으나, 간체자를 만들 때 필획이 간단한 옛 글자 '电'을 '電'의 간체자로 차용

254

影　yǐng 영상, 그림자, 영화　|　影响 yǐngxiǎng 영향을 주다, 영향 [3급]

그림자 영
15획　 丨 冂 冃 日 昱 昷 暑 昙 景 景 景 影 影 影

255

主　zhǔ 주인, 주관하다, 주장하다, 가장 중요한　|　主要 zhǔyào 주요한, 주로 [3급]

주인 주
5획　 丶 亠 亍 主 主

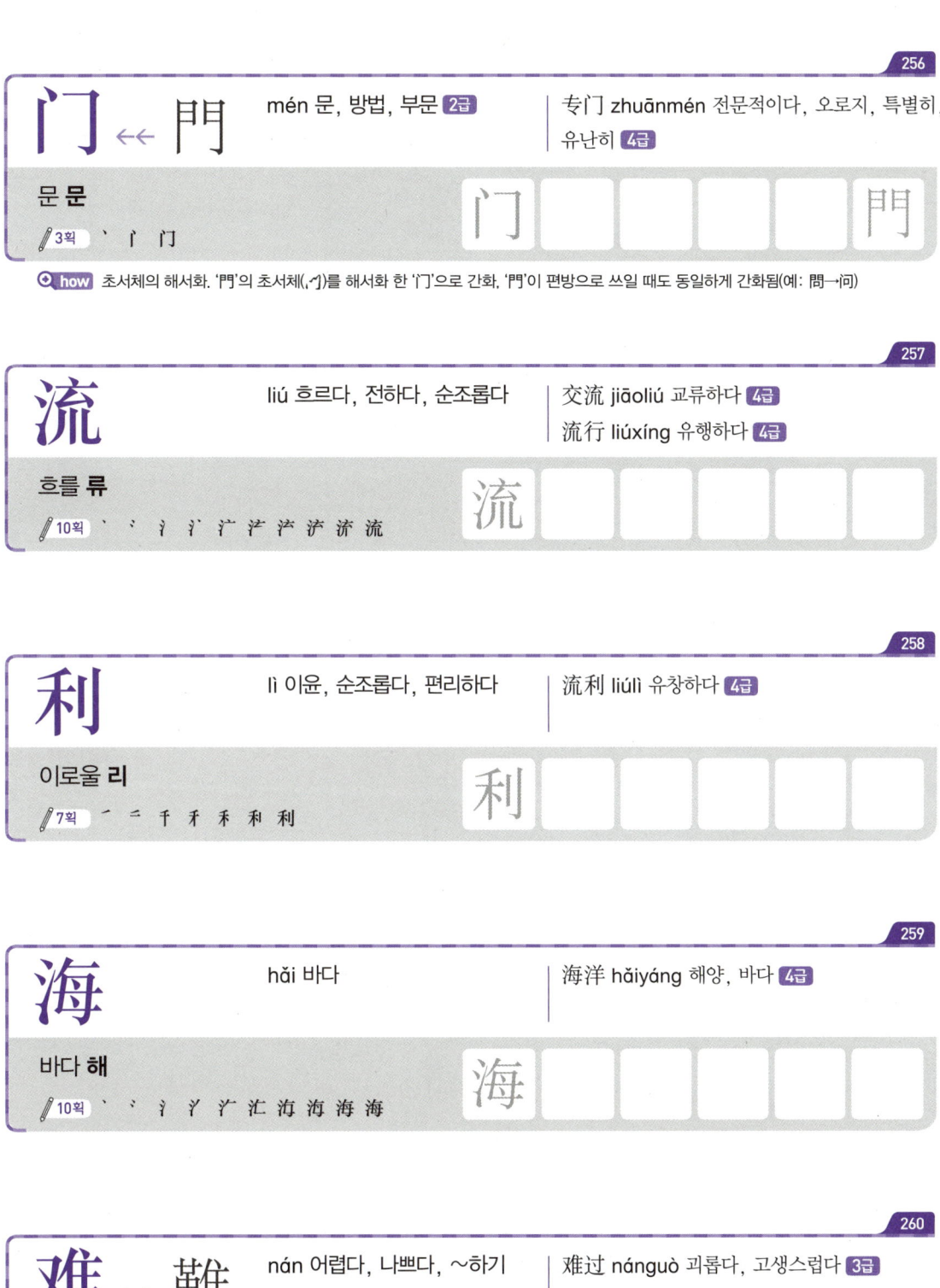

261

受 shòu 받다, 견디다, 당하다

难受 nánshòu 불편하다, 답답하다 [4급]
受不了 shòubuliǎo 견딜 수 없다 [4급]

받을 수
/ 8획　一 ⺧ ⺤ ⺥ ⺭ 爫 皿 受 受

262

听 ← **聽** tīng 듣다, 따르다, 마음대로 하게 하다, 캔[양사] [1급]

听力 tīnglì 듣기

들을 청
/ 7획　丨 口 口 口 吖 听 听

🔵 how 이체자 차용. '听'은 '聽'의 이체자로, 필획이 간단하여 '聽'의 간체자로 사용

263

表 ← **錶** biǎo 시계, 겉면, 나타내다, 모범, 계량기

表演 biǎoyǎn 공연하다 [4급]
表格 biǎogé 표, 양식 [4급]

겉 표
/ 8획　一 二 丰 丰 丰 耒 耒 表

🔵 how 동음 대체. '錶(biǎo 시계)'와 '表(biǎo 겉면, 표시하다)'는 동음자로, 필획이 간단한 '表'를 '錶'의 간체자로 사용

264

演 yǎn 공연하다, 연습하다, 전개하다

演出 yǎnchū 공연하다, 공연 [4급]
演员 yǎnyuán 연기자 [4급]

펼 연
/ 14획　丶 丶 氵 氵 氵 沪 沪 沪 渲 渲 渲 演 演 演

265

克 ← **剋** kè 그램(g), 정복하다, 극복하다

巧克力 qiǎokèlì 초콜릿 [4급]

이길 극
/ 7획　一 十 古 古 古 丆 克

🔵 how 동음 대체. '剋(kè 극복하다. kēi 싸우다)'와 '克(kè 그램(g))'은 동음자로, 필획이 간단한 '克'를 '剋(kè 극복하다)'의 간체자로 사용. '剋(kēi 싸우다)'는 간화하지 않고 그대로 쓰임

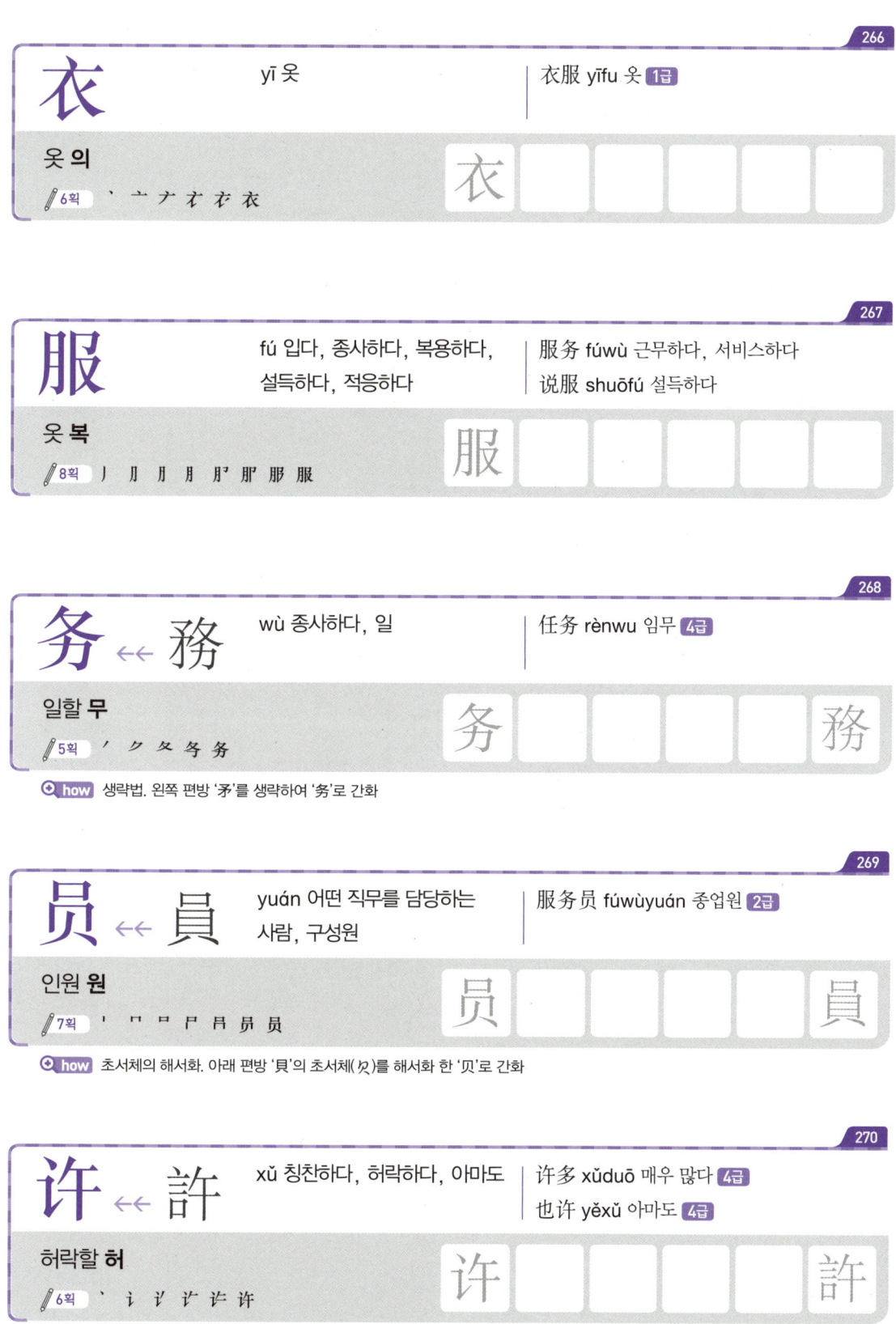

271
首 shǒu 시작, 머리, 우두머리, 최초의

首先 shǒuxiān 가장 먼저, 우선 [4급]

머리 **수** / 9획 丶 䒑 䒑 产 产 首 首 首

272
先 xiān 처음, 앞, 앞서 가다 [3급]

先生 xiānsheng 선생, 씨 [1급]
事先 shìxiān 미리

먼저 **선** / 6획 丿 一 土 生 步 先

273
收 shōu 받다, 거두다, 얻다 [4급]

收拾 shōushi 치우다, 정리하다 [4급]
收获 shōuhuò 수확하다, 소득

거둘 **수** / 6획 丨 丨 丩 丩 收 收

274
入 rù 들어가다, 가입하다, 수입

收入 shōurù 수입, 수록하다 [4급]
入学 rùxué 입학하다

들 **입** / 2획 丿 入

275
口 kǒu 출입구, 입, 말씨, 식구 [3급]

入口 rùkǒu 입구, 수입하다, 입으로 들어가다 [4급]

입구 / 3획 丨 冂 口

276

由 yóu 원인, ~로부터, ~로 인해 4급

由于 yóuyú ~때문에 4급
理由 lǐyóu 이유

말미암을 **유**
5획 ｜ 冂 日 由 由

277

死 sǐ 죽다, ~해 죽겠다, 사라지다, 융통성이 없다 4급

累死了 lèi sǐ le 피곤해 죽겠다

죽을 **사**
6획 一 厂 歹 歹 死 死

278

写 ← **寫** xiě 글씨를 쓰다, 묘사하다, (문학 작품을) 짓다 1급

写作 xiězuò 글을 짓다
描写 miáoxiě 묘사하다

베낄 **사**
5획 冖 宀 写 写

> **how** 초서체의 해서화. '寫'의 초서체('与')를 해서화 한 '写'로 간화. '寫'가 편방으로 쓰일 때도 동일하게 간화됨(예: 瀉→泻)

279

性 xìng 본성, 성별, 성질

性别 xìngbié 성별 4급
性格 xìnggé 성격, 개성 4급

성품 **성**
8획 丶 丷 忄 忄 忄 性 性 性

280

格 gé 격식, 품성, 네모 칸

合格 hégé 규격에 맞다, 합격이다 4급

격식 **격**
10획 一 十 木 木 杉 杉 柊 格 格

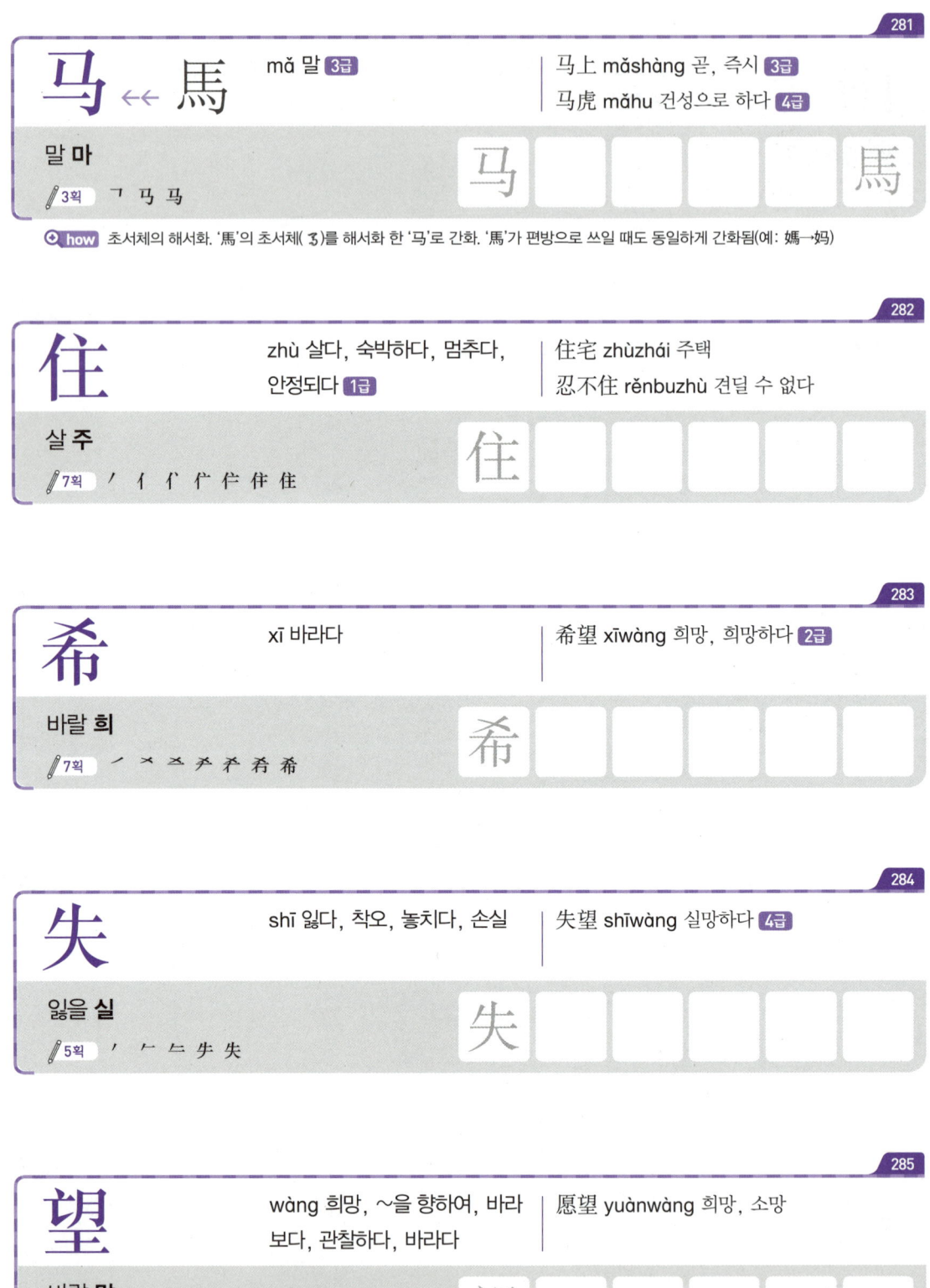

286

教 jiāo 가르치다 [3급]
jiào 가르치다, ~시키다, 종교

教唱歌 jiāo chàng gē 노래를 가르치다
请教 qǐngjiào 가르침을 청하다

가르칠 **교**
11획 一 + 土 耂 乄 孝 孝 孝 教 教

287

室 shì 집, 실, 방

教室 jiàoshì 교실 [2급]
卧室 wòshì 침실

집 **실**
9획 丶 宀 宀 宀 宀 宏 宓 室 室

288

命 mìng 생명, 수명, 운명, (제목 등을) 붙이다

生命 shēngmìng 생명, 목숨, 생동감 있다 [4급]

목숨 **명**
8획 丿 人 人 合 合 合 命 命

289

花 huā 꽃, 소비하다 [3급]

开花 kāihuā 꽃이 피다
花钱 huāqián (돈을) 쓰다, 소비하다

꽃, 쓸 **화**
7획 一 艹 艹 艹 艹 花 花

290

园 ← **園** yuán 밭, 유람 장소

公园 gōngyuán 공원 [3급]
花园 huāyuán 화원

동산 **원**
7획 丨 冂 冂 冂 冃 园 园

🔎 **how** 복잡한 성방 교체. '園'은 형성자로, 복잡한 소리 편방인 '袁yuán'을 필획이 적고 음이 같은 '元yuán'으로 교체

291

结 ← 結 jié 매다, 맺다, 결합하다, 끝맺다

总结 zǒngjié 총정리하다, 총결산 [4급]
结账 jiézhàng 계산하다

맺을 **결**

9획 ` 乚 幺 纟 纟 纟 结 结 结 `

ⓗ how 초서체의 해서화. 왼쪽 편방 '糹'의 초서체(纟)를 해서화 한 '纟'로 간화

292

婚 hūn 결혼하다, 혼인

结婚 jiéhūn 결혼하다 [3급]
离婚 líhūn 이혼하다

혼인할 **혼**

11획 ` ㄑ 乂 女 女 妒 妒 妒 婚 婚 婚 `

293

愉 yú 기쁘다, 즐겁다

愉快 yúkuài 기쁘다, 유쾌하다 [4급]

즐거울 **유**

12획 ` ㄑ ㆍ ㆍ 忄 忄 忄 忄 愉 愉 愉 愉 愉 `

294

快 kuài 빠르다, 민첩하다, 곧, 유쾌하다 [2급]

快递 kuàidì 택배

빠를 **쾌**

7획 ` ㆍ ㆍ 忄 忄 忄 快 快 `

295

乐 ← 樂 lè 즐겁다
yuè 음악

快乐 kuàilè 즐겁다 [2급]
乐器 yuèqì 악기

즐거울 **락**, 노래 **악**

5획 ` 一 ⺄ 乐 乐 乐 `

ⓗ how 초서체의 해서화. '樂'의 초서체(𰃮)를 해서화 한 '乐'로 간화, '樂'가 편방으로 쓰일 때도 동일하게 간화됨(예: 櫟→栎)

78

296 更
gèng 더욱, 한층, 다시 [3급]
gēng 변경하다

다시 갱, 고칠 경
7획 一 丆 亓 百 亘 更 更

更好 gèng hǎo 더 좋다
更新 gēngxīn 새롭게 바꾸다

297 拉
lā 끌다, 연주하다, 운송하다, 연결하다 [4급]

끌 랍
8획 一 十 扌 扌 扩 扩 拉 拉

拉客 lā kè 손님을 실어나르다

298 精
jīng 훌륭하다, 정통하다, 정밀하다, 영리하다, 정신

정할 정
14획 丶 丷 爫 半 米 米 米 籵 籵 精 精 精 精 精

精彩 jīngcǎi 뛰어나다, 멋지다 [4급]

299 彩
cǎi 색, 여러 가지 모양

채색 채
11획 一 亠 丆 ㅉ 쯔 罒 平 采 采 彩 彩 彩

彩虹 cǎihóng 무지개
色彩 sècǎi 색채, 색깔

300 处 ← 處
chǔ 처하다, 살다, 교제하다
chù 곳, 장소, 사물의 방면

곳 처
5획 丿 夂 夂 处 处

到处 dàochù 도처 [4급]
好处 hǎochu 장점 [4급]

ⓗ how 생략법. 윗부분 '虍'를 생략, 아랫부분 '几'는 'ㅏ'로 바꾸어 간화

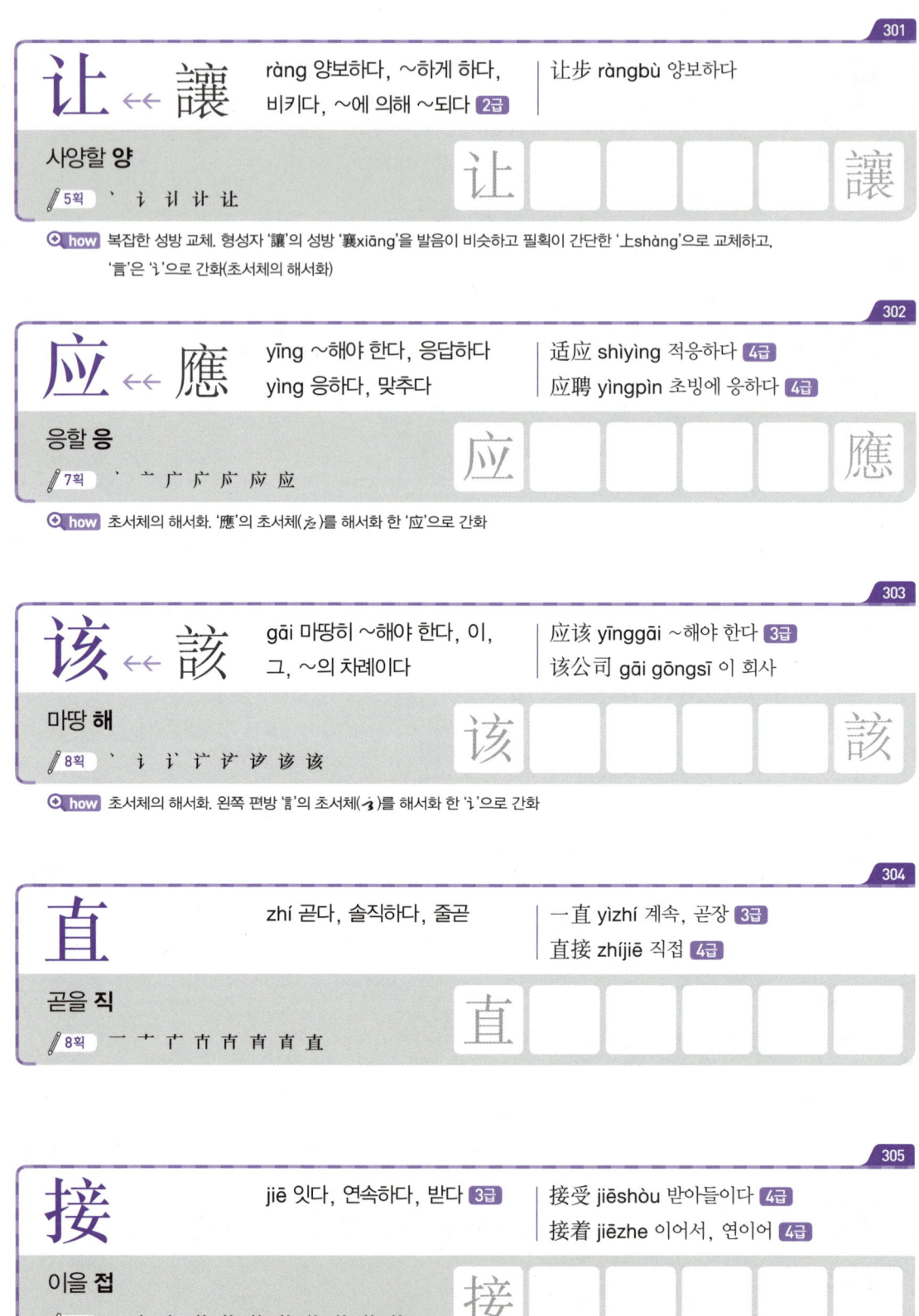

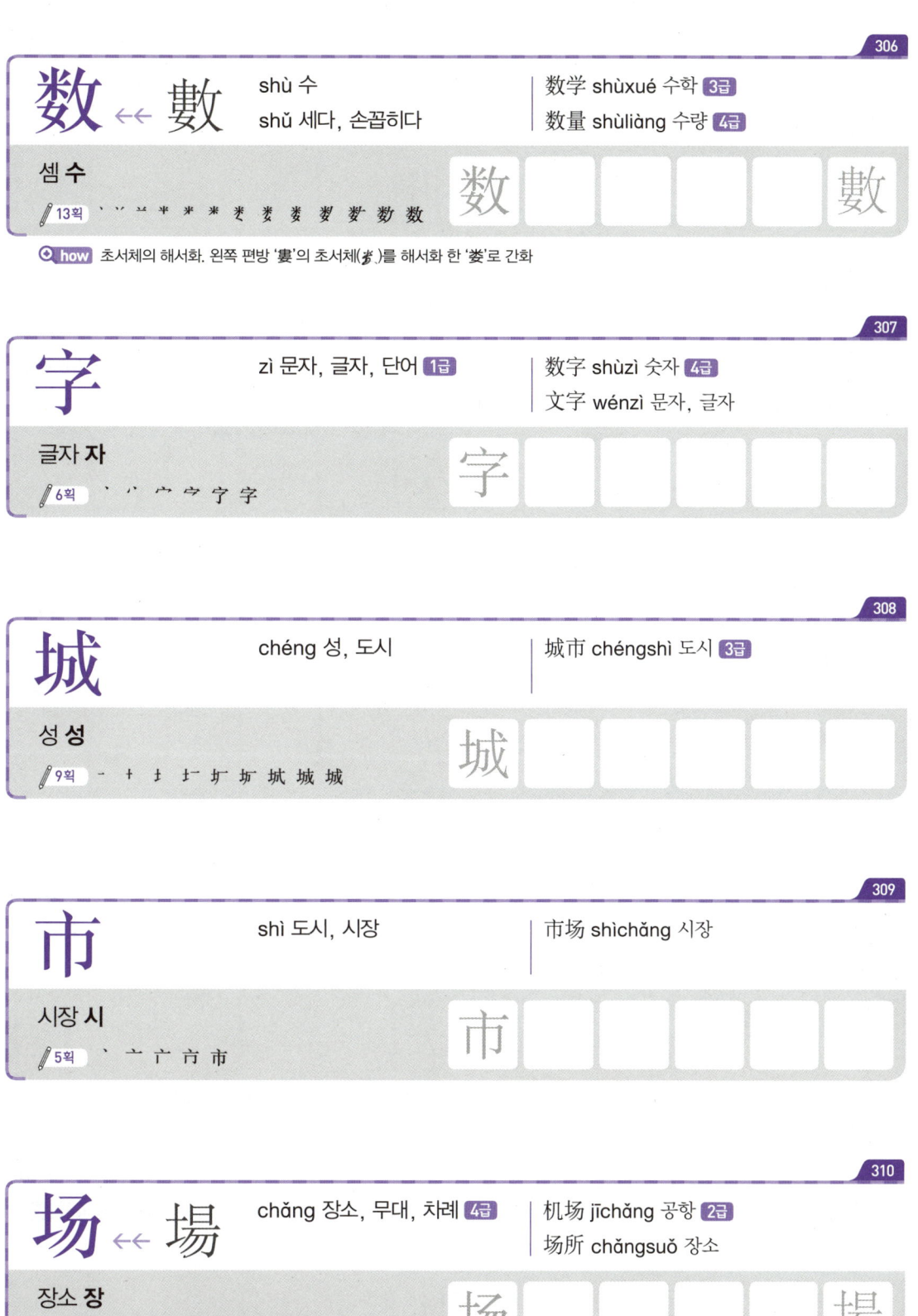

311

朋 péng 친구 | 朋友 péngyou 친구, 벗 **1급**

벗 **붕**
8획) 刀 月 月 肘 朋 朋 朋

312

友 yǒu 친구, 사이가 좋다 | 友好 yǒuhǎo 우호적이다, 절친한 친구 **4급**
校友 xiàoyǒu 교우

벗 **우**
4획 一 ナ 方 友

313

放 fàng 놓아주다, 쉬다, 제멋대로 하다, 넣다 **3급** | 放心 fàngxīn 마음을 놓다 **3급**
放松 fàngsōng 늦추다, 느슨하게 하다 **4급**

놓을 **방**
8획 丶 一 亠 方 方 方 放 放

314

松 ← 鬆 sōng 소나무, 느슨하게 하다, 여유가 있다 | 轻松 qīngsōng 가볍다, 홀가분하다 **4급**

풀다, 소나무 **송**
8획 一 十 才 木 朴 朴 松 松

🔵 **how** 동음 대체. '松(sōng 소나무)'과 '鬆(sōng 느슨하다, 여유가 있다)'은 동음자로, 필획이 간단한 '松'을 '鬆'의 간체자로 사용

315

甚 shèn 매우, 몹시 | 甚至 shènzhì 심지어 ~까지도, 더욱이 **4급**

심할 **심**
9획 一 十 卄 廿 甘 其 其 其 甚

82

316

至 zhì 이르다, ~에 이르다, 최고의, 대단히

至少 zhìshǎo 적어도, 최소한 4급
至今 zhìjīn 지금까지, 오늘까지

이를 지
6획 一 乙 至 至 至 至

317

紧 ← **緊** jǐn 바짝 죄다, 긴급하다, 빠듯하다

紧张 jǐnzhāng 긴장해 있다, 빠듯하다 4급

긴할 긴
10획 丨 丨 丨 丨 丨 丨 丨 丨 紧 紧

how 초서체의 해서화. 윗부분 '臤'이 부분 초서체(⺍)를 해서화 한 '⺍'로 간화

318

张 ← **張** zhāng 개, 장[양사], 펴다, 긴장하다 3급

一张纸 yì zhāng zhǐ 종이 한 장
主张 zhǔzhāng 주장하다

넓힐 장
7획 一 丁 弓 弓 张 张 张

how 초서체의 해서화. 오른쪽 편방 '長'이 초서체(长)를 해서화 한 '长'으로 간화

319

告 gào 알리다, 설명하다, 신고하다, 나타내다

广告 guǎnggào 광고 4급
报告 bàogào 보고서, 리포트

고할 고
7획 ノ 匕 止 生 生 告 告

320

诉 ← **訴** sù ~에게 알리다, 하소연하다, 고소하다

告诉 gàosu 말하다, 알리다 2급
投诉 tóusù 고발하다, 신고하다

하소연할 소
7획 丶 讠 讠 讠 诉 诉 诉

how 초서체의 해서화. 왼쪽 편방 '言'이 초서체(讠)를 해서화 한 '讠'으로 간화

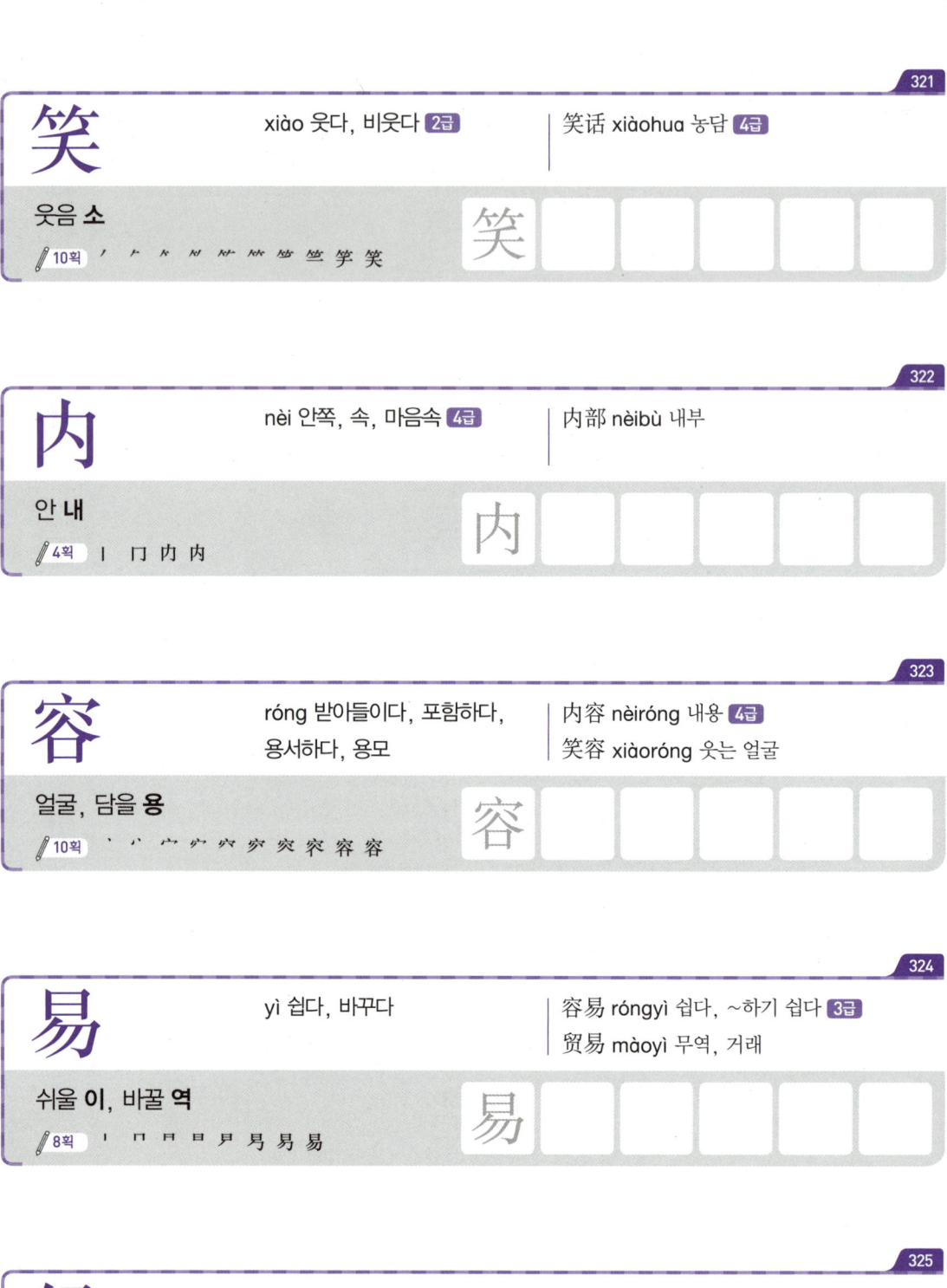

326

民

mín 백성, 대중, 어떤 직업에 종사하는 사람

农民 nóngmín 농부
民间 mínjiān 민간

백성 **민**
5획 ㄱ ㄱ ㄫ ㄫ 民

民

327

族

zú 가족, 민족, 족[어떤 특성을 가진 사람이나 사물의 무리]

民族 mínzú 민족 **4급**

겨레 **족**
11획 ` ㅗ ㅜ 方 方 扩 扩 扩 於 族 族

族

328

岁 ← **歲**

suì 살, 세, 세월 **1급**

岁月 suìyuè 세월

해 **세**
6획 ㅣ ㅗ 屮 屮 岁 岁

岁 歲

how 부호법. '歲'의 이체자 '嵗'에서 아래쪽 '戌'을 간단한 부호 '夕'로 간화. '歲'가 편방으로 쓰일 때도 동일하게 간화됨(예: 穢→秽)

329

往

wǎng ~로 향하다, ~쪽으로, 이전의, 가다 **2급**

往往 wǎngwǎng 때로, 왕왕 **4급**
往前走 wǎng qián zǒu 앞으로 가다

갈 **왕**
8획 ㆍ ㆍ 彳 彳 彳 ⺈ 往 往

往

330

任

rèn 임명하다, 맡다, 감당하다

任何 rènhé 어떠한, 무슨 **4급**
担任 dānrèn 맡다, 담당하다

맡길 **임**
6획 ㆍ 亻 亻 仁 任 任

任

341

千 ← 鞦

qiān 천(1,000), 아주 많다 **2급**, '秋千(qiūqiān 그네)'의 구성자

千万 qiānwàn 제발, 부디 **4급**

일천, 그네 **천**
/ 3획   一 二 千

how 동음 대체. '千(qiān 천)'과 '鞦(qiān 그네)'은 동음자로, 필획이 간단한 '千'을 '鞦'의 간체자로 사용

342

万 ← 萬

wàn 만(10,000), 대단히, 매우 많다 **3급**

万一 wànyī 만일, 혹시라도

일만 **만**
/ 3획   一 丁 万

how 이체자 차용. '万'은 '萬'의 이체자로, 필획이 적은 '万'을 복잡한 '萬'의 간체자로 사용

343

男

nán 남자 **2급**

男孩儿 nánháir 사내아이, 아들

사내 **남**
/ 7획   丨 冂 冂 円 田 甲 男

344

刮 ← 颳

guā 긁어내다, 바람이 불다

刮风 guā fēng 바람이 불다 **3급**

바람 불, 긁을 **괄**
/ 8획   一 二 千 子 舌 舌 刮 刮

how 동음 대체. '刮(guā 긁어내다)'와 '颳(guā 바람이 불다)'는 동음자로, 필획이 적은 '刮'를 '颳'의 간체자로 사용

345

风 ← 風

fēng 바람, 풍속, 풍문, 풍경

风景 fēngjǐng 풍경

바람 **풍**
/ 4획   丿 几 凡 风

how 부호법. 안쪽 '虫'를 간단한 부호 'x'로 간화, '風'이 편방으로 쓰일 때도 동일하게 간화됨(예: 瘋→疯)

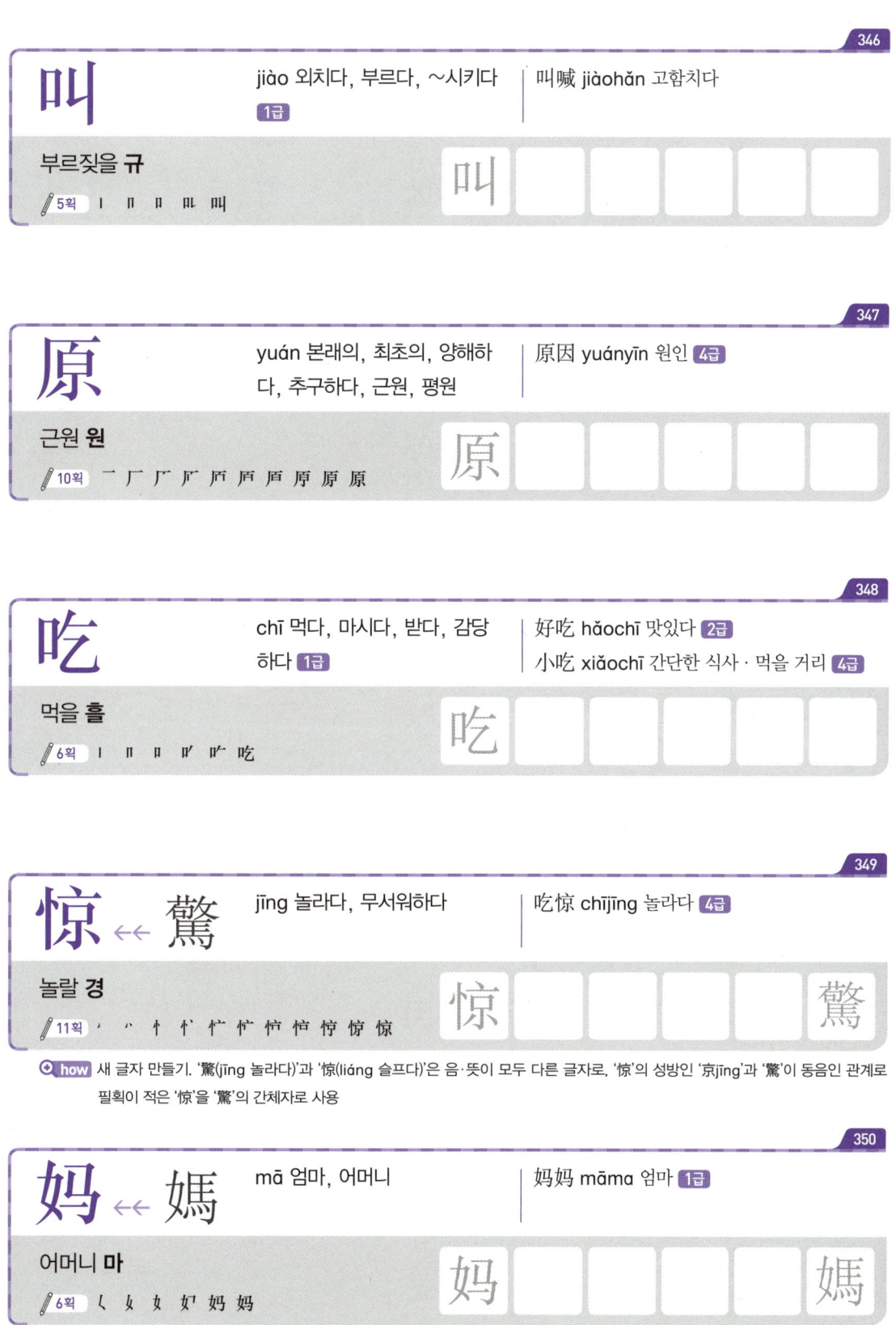

351

改 găi 바꾸다, 바로 잡다, 수정하다, 개혁하다 | 改变 găibiàn 변하다, 고치다 [4급]

고칠 개
7획 ｀ ｺ ｺ 己 改 改 改

352

变 ← 變 biàn 변하다, 변화시키다 | 变化 biànhuà 변화하다 [3급]

변할 변
8획 ｀ ｰ ｳ ｳ 亦 亦 变 变

○ how 초서체의 해서화&부호법. 윗부분 '織'은 부분 초서체(๒)를 해서화 한 '亦'로 대체, 아랫부분 '夂'는 간단한 부호 '又'로 간화

353

交 jiāo 서로 교차하다, 건네다, 교제하다 [4급] | 交通 jiāotōng 교통, 교통하다 [4급]

사귈 교
6획 ｀ ｰ ｳ 六 亦 交

354

通 tōng 통하다, 순탄하다, 일반적인, 이해하다 | 通过 tōngguò 건너다, 통과되다 [4급]

통할 통
10획 ｀ ｱ ｧ ｧ 甬 甬 甬 诵 通 通

355

复 ← 復 複 fù 대답하다, 다시, 중복되다, 번잡하다 | 复习 fùxí 복습하다 [3급]

회복할 복, 다시 부
9획 ｀ ｰ ｲ ｲ 乍 乍 复 复 复

○ how 생략법. '復(fù 되돌아오다, 대답하다, 회복하다)' '複(fù 중복되다, 번잡하다)'는 형성자로, 왼쪽 편방 'ㄔ' 'ㄟ'를 생략하여 '复'로 간화

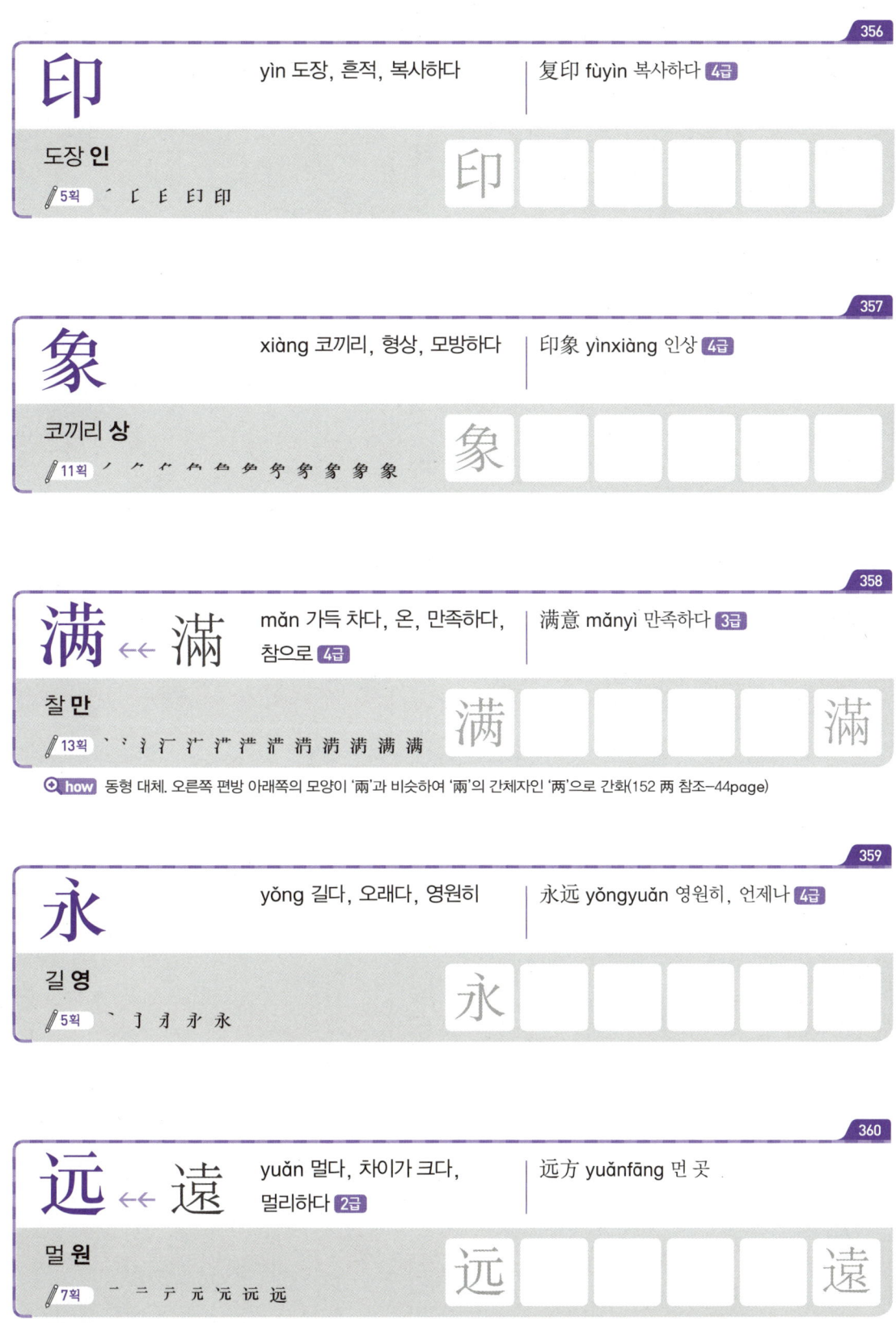

366
深 shēn 깊다, 진하다, 매우 **4급** | 深红 shēnhóng 진홍색

깊을 심
11획 丶 丶 氵 氵 宀 宀 罙 深 深 深 深

367
今 jīn 현재, 지금, 현대 | 今天 jīntiān 오늘 **1급**

이제 금
4획 丿 人 亼 今

368
求 qiú 부탁하다, 찾다, 요구하다 | 要求 yāoqiú 요구, 요구하다 **3급**

구할 구
7획 一 十 寸 扌 求 求 求

369
清 qīng 깨끗하다, 분명하다, 정리하다 | 清楚 qīngchu 분명하다, 이해하다 **3급**

맑을 청
11획 丶 丶 氵 氵 宀 冫 沣 浐 清 清 清

370
空 kōng 비다, 헛되이, 하늘 **4급** kòng 틈 | 空气 kōngqì 공기, 분위기 **4급**

빌 공
8획 丶 丶 宀 宀 宊 空 空 空

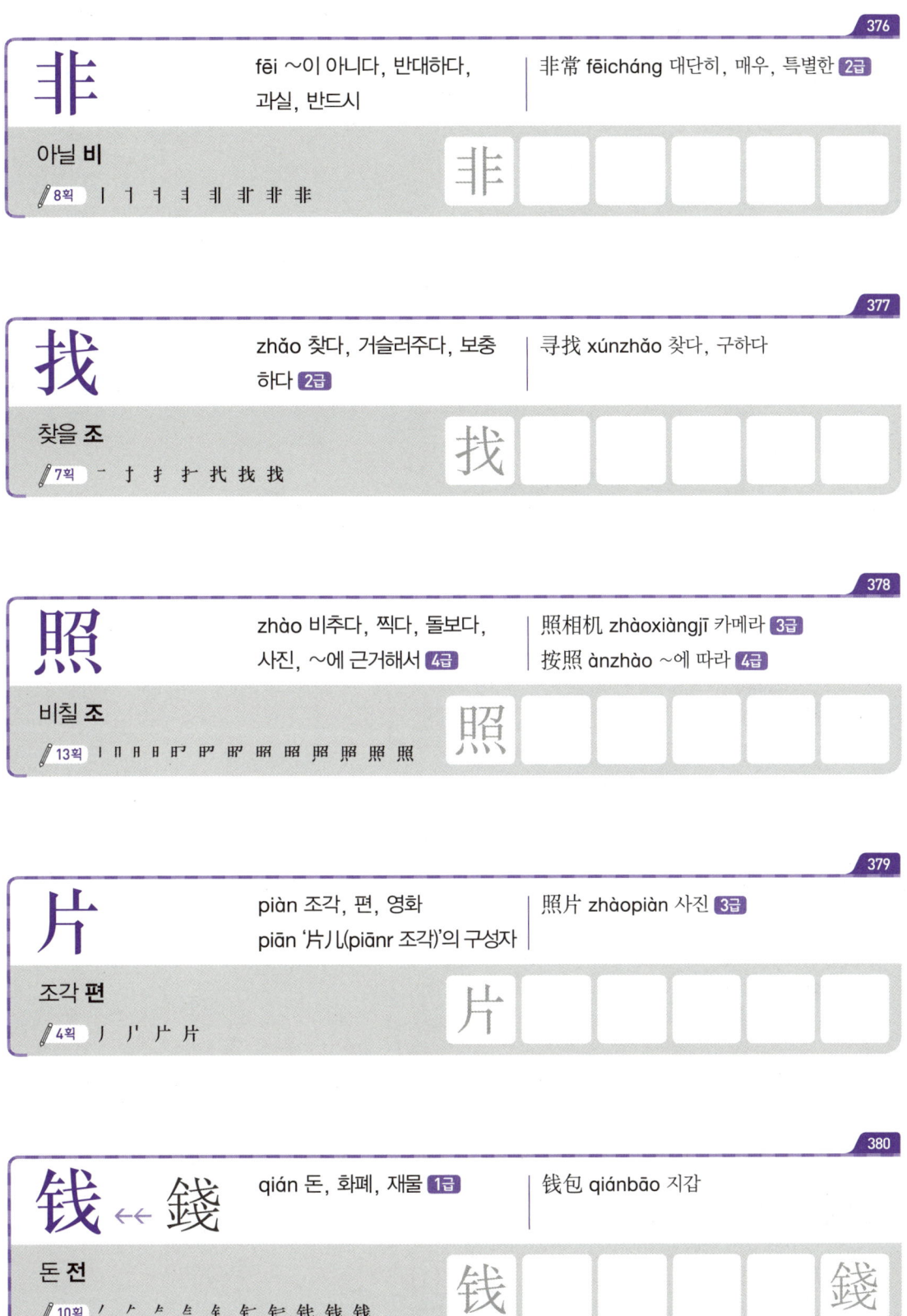

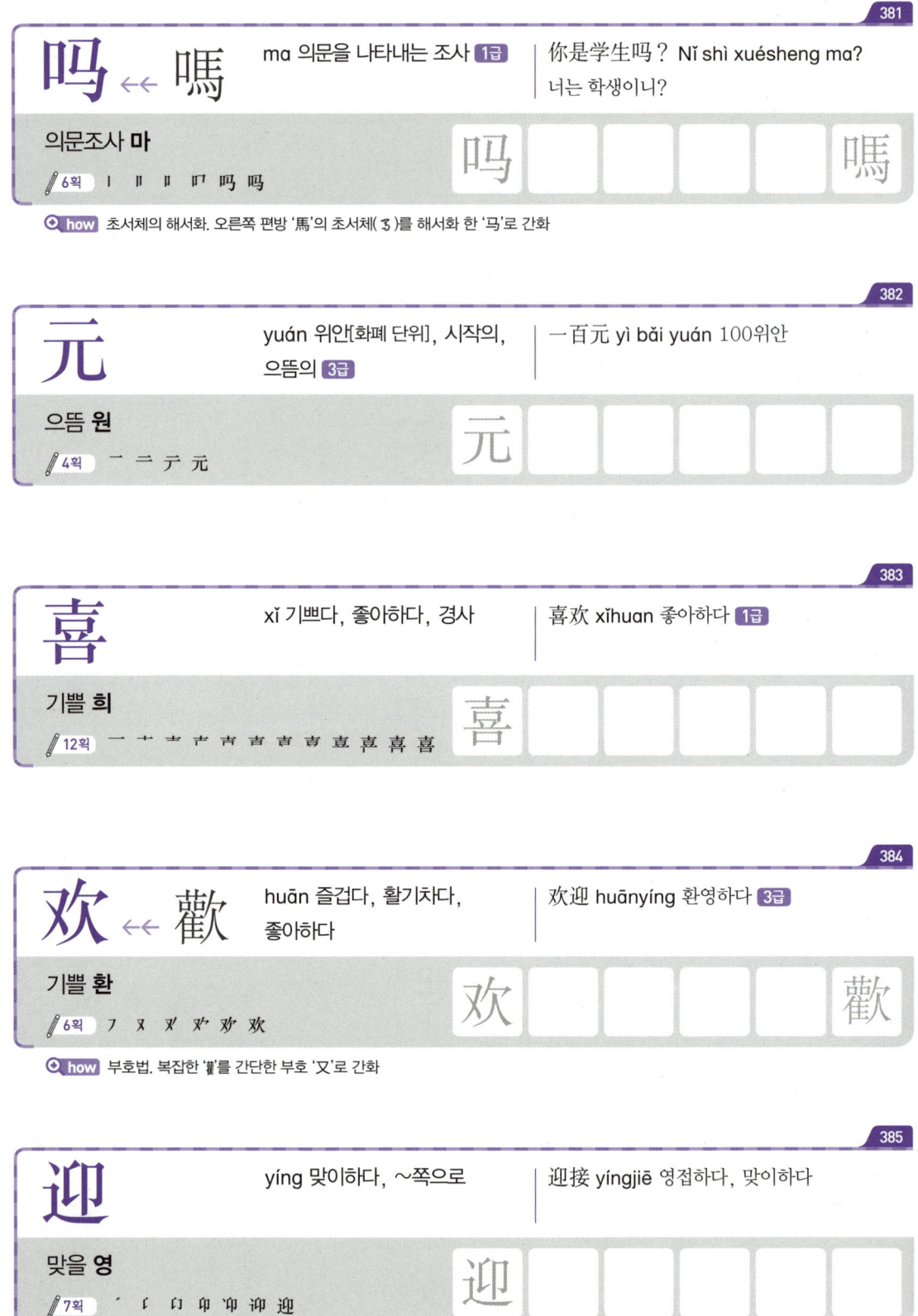

386
科 kē 과, 과학, 항목 | 科学 kēxué 과학, 과학적이다 [4급]

과목 **과** / 9획 一 二 千 千 千 禾 禾 科 科

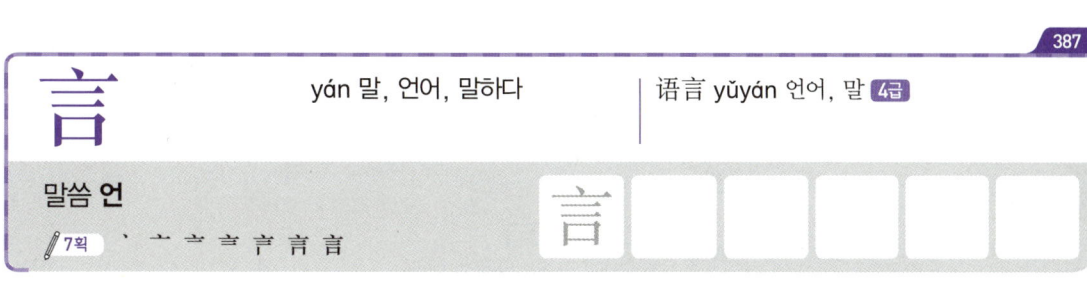

387
言 yán 말, 언어, 말하다 | 语言 yǔyán 언어, 말 [4급]

말씀 **언** / 7획 丶 亠 二 亖 言 言 言

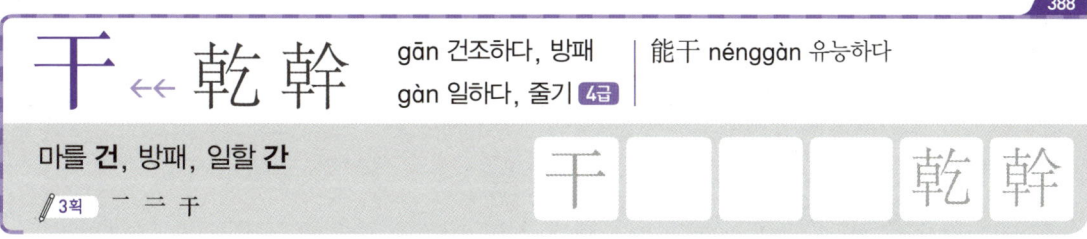

388
干 ← 乾 幹 gān 건조하다, 방패 | 能干 nénggàn 유능하다
gàn 일하다, 줄기 [4급]

마를 건, 방패, 일할 간 / 3획 一 二 干

how 乾gān— 동음 대체. '乾(고갈되다)' '干(방패)'은 동음자로, 필획이 적은 '干'을 '乾'의 간체자로 사용. '乾(qián 하늘)'은 간화하지 않음
幹gàn— 동음 대체. '幹(일하다, 능력 있다, 줄기)'은 발음이 비슷하고 필획이 간단한 '干gān'을 간체자로 사용

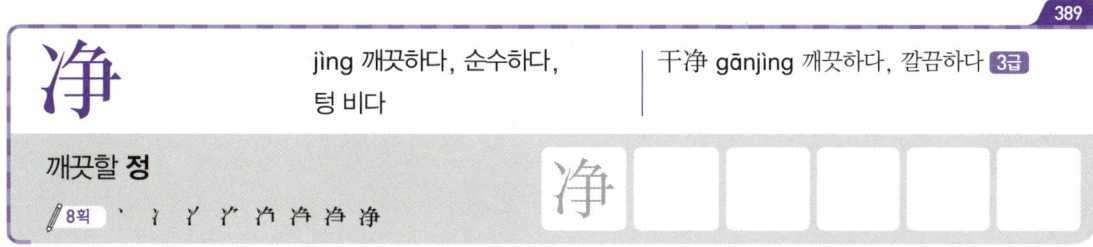

389
净 jìng 깨끗하다, 순수하다, 텅 비다 | 干净 gānjìng 깨끗하다, 깔끔하다 [3급]

깨끗할 **정** / 8획 丶 丬 丬 氵 汣 浐 浄 净

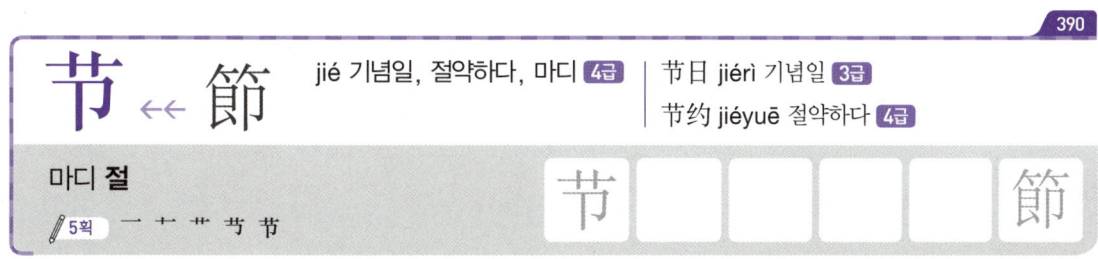

390
节 ← 節 jié 기념일, 절약하다, 마디 [4급] | 节日 jiérì 기념일 [3급]
节约 jiéyuē 절약하다 [4급]

마디 **절** / 5획 一 十 艹 节 节

how 새 글자 만들기. 형성자 '節'에서 뜻을 나타내는 '⺮'는 '艹'로 바꾸고, 소리를 나타내는 '即jí'는 왼쪽 부분 '皀'을 생략하여 새 글자 '节'를 만들어 '節'의 간체자로 사용

391

约 ← 約

yuē 약속하다, 절약하다, 대략

大约 dàyuē 대략 [4급]
约会 yuēhuì 약속, 약속하다 [4급]

맺을 **약**
6획 ' ㄥ ㄠ ㄠ 约 约

🔄 how 초서체의 해서화. 왼쪽 편방 '糸'의 초서체(纟)를 해서화 한 '纟'로 간화

392

各

gè 각가지, 각각 [4급]

各自 gèzì 각자

각각 **각**
6획 ' ㄱ ㄅ 夂 各 各

393

指

zhǐ 가리키다, 손가락, 설명하다 [4급]

指导 zhǐdǎo 지도하다

가리킬 **지**
9획 一 十 扌 扌 扩 护 护 指 指 指

394

合 ← 閤

hé 닫다, 합치다, 어울리다, 함께, 전부

合适 héshì 적당하다, 알맞다 [4급]

합할 **합**
6획 ' 人 人 今 合 合

🔄 how 동음 대체. '閤(hé 전부, gé 측문, 내실)'는 '合(hé 닫다, 합치다, 어울리다)'와 동음자로, 필획이 적은 '合'를 간체자로 사용

395

适 ← 適

shì 알맞다, 편하다

适合 shìhé 적합하다, 어울리다 [4급]

맞을 **적**
9획 一 二 千 千 舌 舌 舌 适 适

🔄 how 동형 대체. '適(shì 알맞다)'와 '适(kuò; 인명에 쓰임)'는 뜻·음이 다른 글자이나, '適'와 비슷한 모양이 있는 '适'로 '適'를 대체

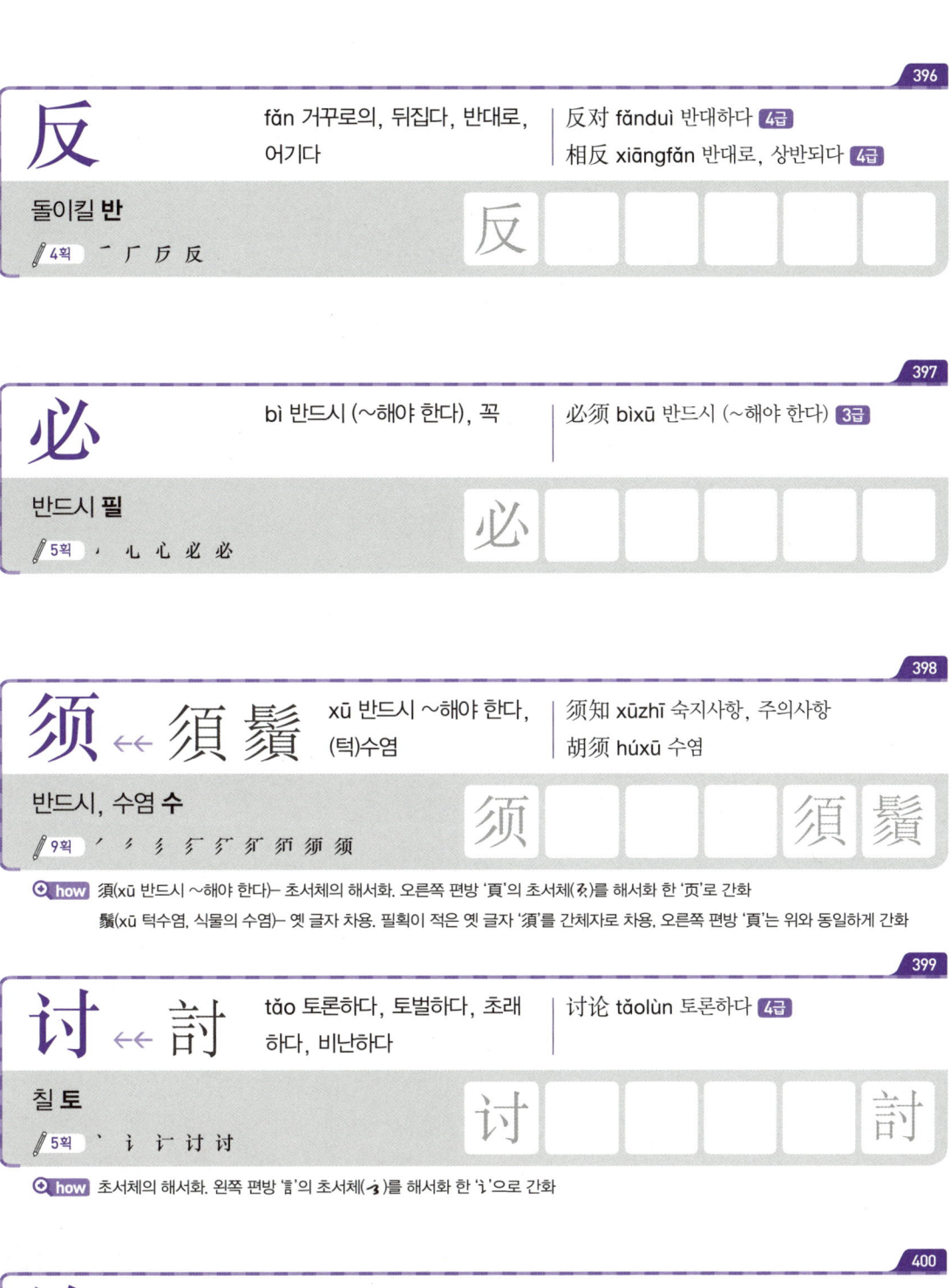

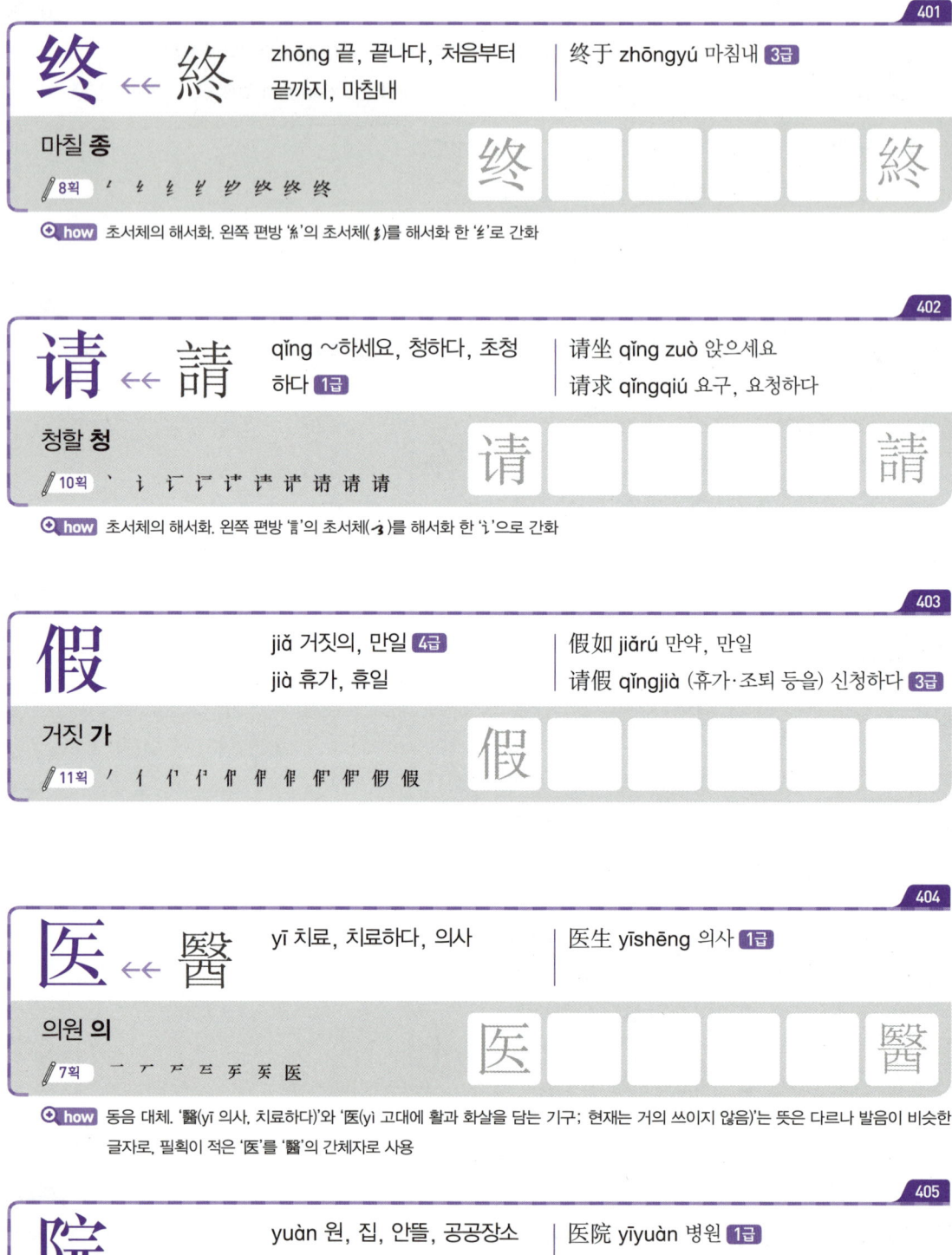

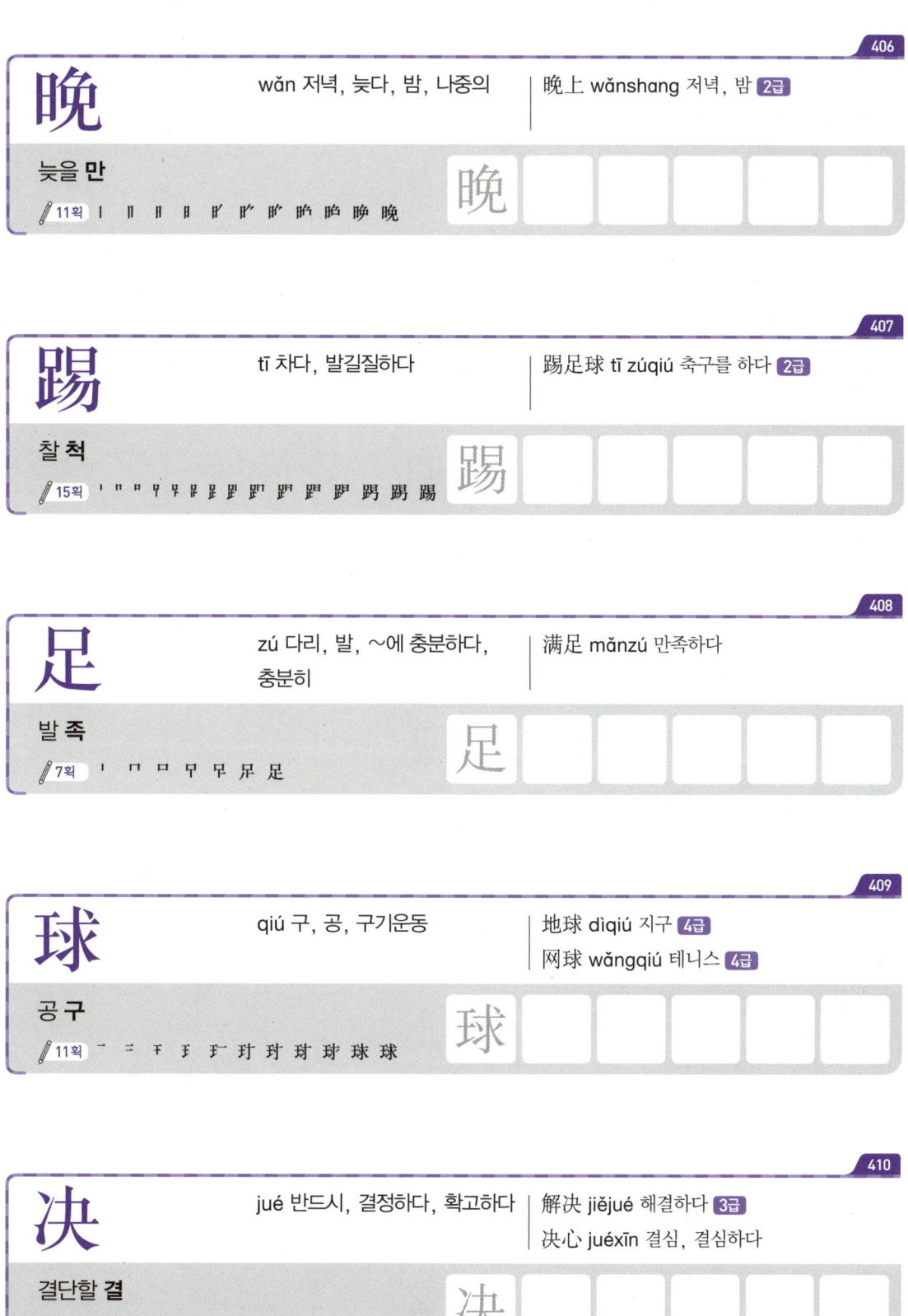

406
晚 wǎn 저녁, 늦다, 밤, 나중의
晚上 wǎnshang 저녁, 밤 [2급]

늦을 **만**
11획

407
踢 tī 차다, 발길질하다
踢足球 tī zúqiú 축구를 하다 [2급]

찰 **척**
15획

408
足 zú 다리, 발, ~에 충분하다, 충분히
满足 mǎnzú 만족하다

발 **족**
7획

409
球 qiú 구, 공, 구기운동
地球 dìqiú 지구 [4급]
网球 wǎngqiú 테니스 [4급]

공 **구**
11획

410
决 jué 반드시, 결정하다, 확고하다
解决 jiějué 해결하다 [3급]
决心 juéxīn 결심, 결심하다

결단할 **결**
6획

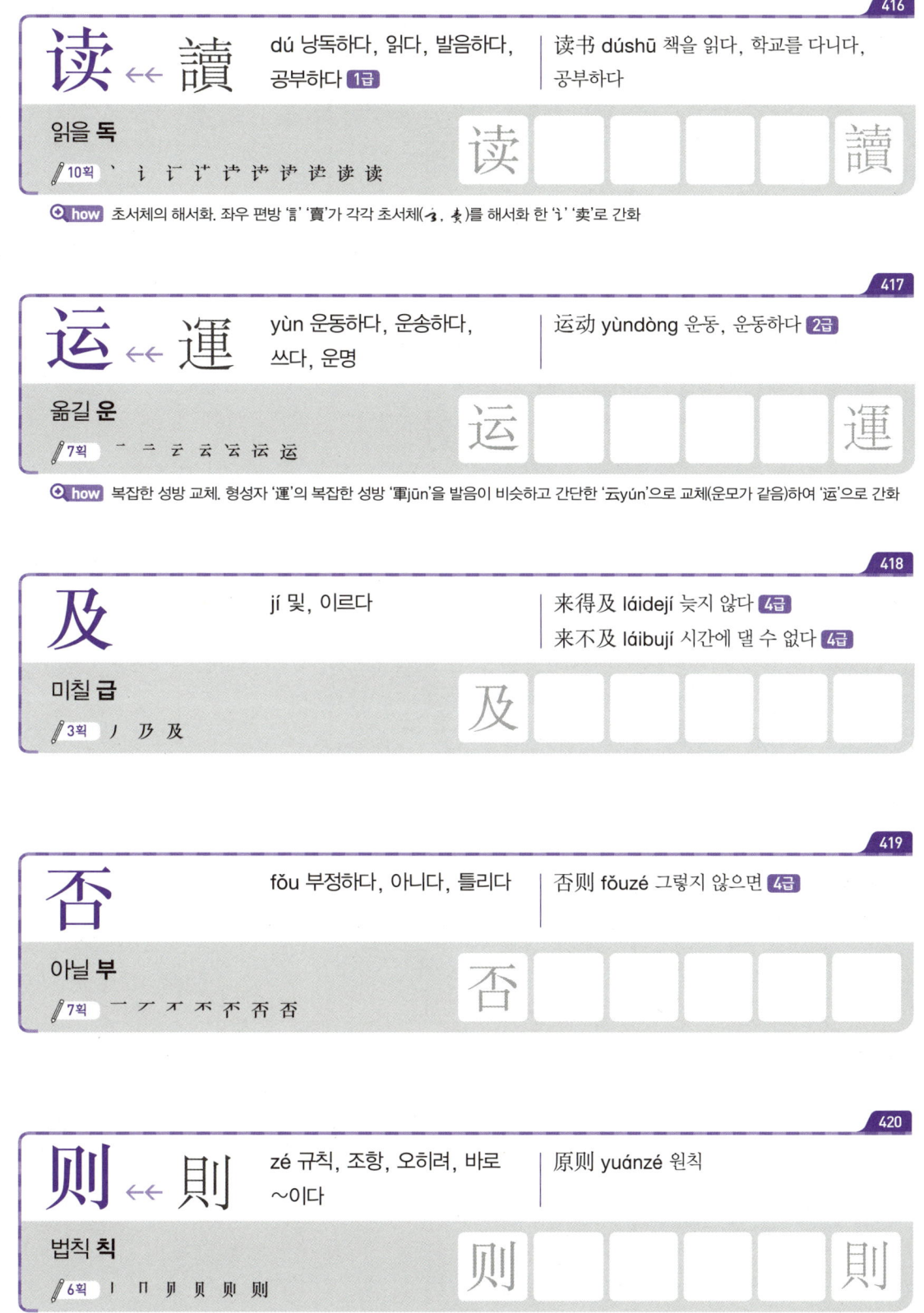

421 厨

chú 주방, 요리사, 요리

厨房 chúfáng 주방 **4급**
厨师 chúshī 요리사

부엌 **주**
12획 一 厂 厂 厂 厂 严 严 屏 屏 厨 厨

422 房

fáng 방, 집

房东 fángdōng 집주인 **4급**

방 **방**
8획 ` 丶 亠 尸 尸 户 房 房

423 早

zǎo 아침, 빠르다, 초기의

早上 zǎoshang 아침 **2급**

이를 **조**
6획 丨 冂 日 日 旦 早

424 商

shāng 상의하다, 상인, 장사

商店 shāngdiàn 상점 **1급**
商场 shāngchǎng 쇼핑 센터

장사 **상**
11획 ` 丶 亠 ^产 产 产 产 产 商 商 商

425 量

liàng 양, 짐작하다
liáng 측정하다, 추측하다

商量 shāngliang 상의하다 **4급**

헤아릴 **량**
12획 丨 冂 日 日 旦 早 昌 昌 昌 量 量 量

431
星 xīng 별, 천체, 스타
- 星期 xīngqī 요일 【1급】
- 明星 míngxīng 유명인, 스타, 명성

별 성 / 9획
丨 冂 日 日 旦 甲 畢 星 星

432
期 qī 시기, 기한, 바라다, 기
- 学期 xuéqī 학기 【4급】
- 期待 qīdài 기대하다, 고대하다

기약할 기 / 12획
一 十 廿 廿 苷 甘 其 其 期 期 期 期

433
连 ↔ **連** lián 잇다, 계속하여, ~조차, ~까지 【4급】
- 连续 liánxù 연속하다

잇닿을 련 / 7획
一 亡 专 车 车 浐 连

⊕ how 초서체의 해서화. 오른쪽 윗 편방 '車'의 초서체(幸)를 해서화 한 '车'로 간화

434
奇 qí 특별하다, 뜻밖이다, 이상하게 여기다, 특히
- 奇怪 qíguài 기이하다, 희한하다 【3급】

신기할 기 / 8획
一 ナ 大 卒 产 夲 夲 奇

435
怪 guài 이상하다, 책망하다, 매우
- 怪不得 guàibude 어쩐지, 탓할 수 없다

괴이할 괴 / 8획
丶 丷 忄 忆 怪 怪 怪 怪

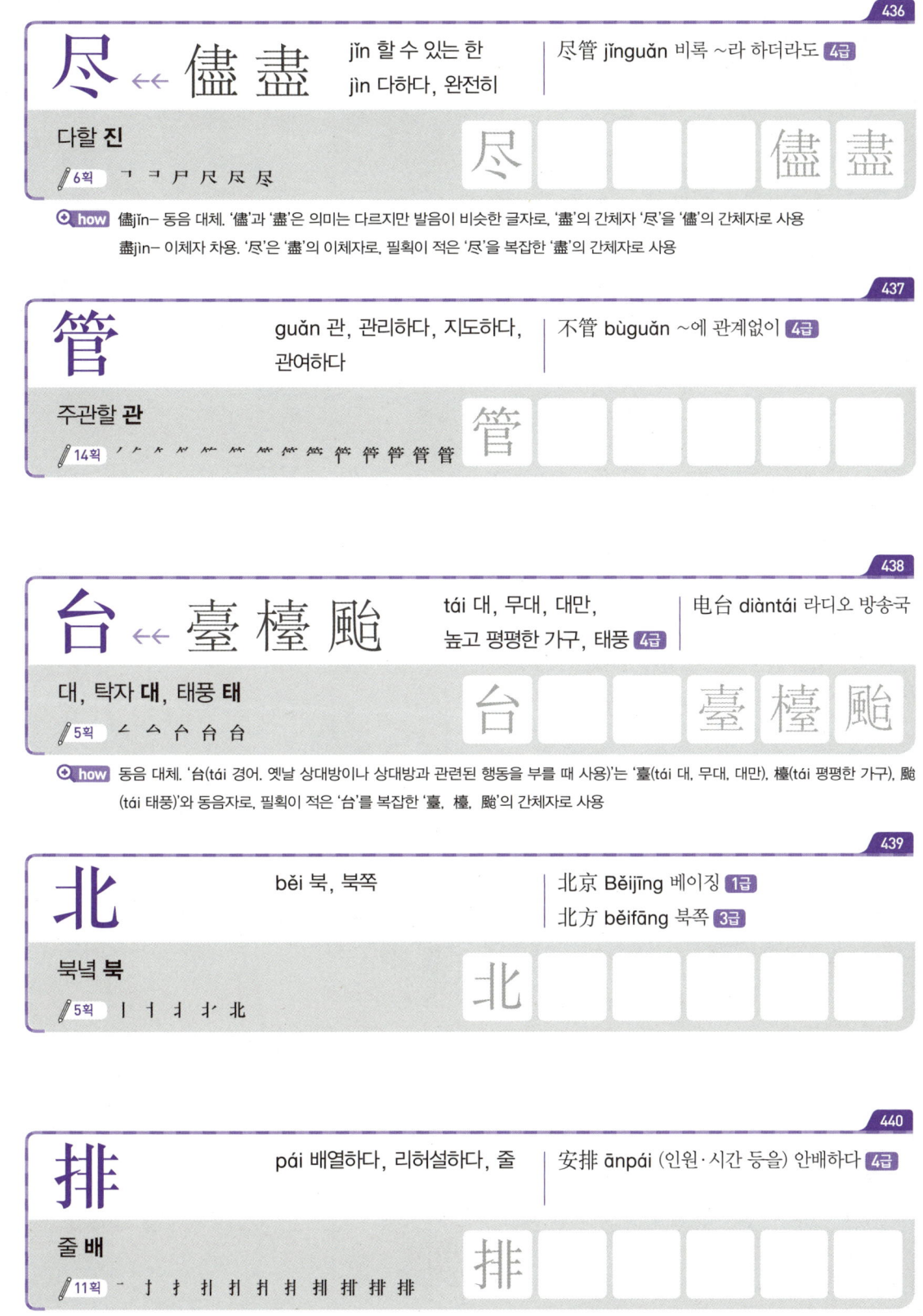

441

队 ←← 隊

duì 대, 열, 대오, 팀, 무리

排队 páiduì 순서대로 정렬하다, 줄을 서다 4급

무리 **대**

4획 阝 阝 队 队

队 隊

how 부호법. '㒸'의 필획이 많아 간단한 부호 '人'으로 대체. 이때 '人'은 어떤 음 · 뜻도 나타내지 않음

442

久

jiǔ 오래다, 시간이 길다, (경과한) 시간 3급

多久 duō jiǔ 얼마나 오래

久等 jiǔ děng 오래 기다리다

오랠 **구**

3획 ノ ク 久

久

443

乎

hū 조사[문장 끝에서 의문·반문·선택·기원 등을 나타냄]

几乎 jīhū 거의, 하마터면 3급

어조사 **호**

5획 一 丆 丷 乊 乎

乎

444

越

yuè 넘다, 지나다, 벗어나다, ~하면 할수록 3급

超越 chāoyuè 초월하다

越来越 yuèláiyuè 더욱더

넘을 **월**

12획 一 十 土 丰 キ 走 走 走 走 赴 越 越

越

445

观 ←← 觀

guān 보다, 경치, 견해

观众 guānzhòng 관중 4급

볼 **관**

6획 フ ヌ 刄 刈 观 观

观 觀

how 부호법&초서체의 해서화. '雚'는 '又'로 부호화, '見'은 초서체(见)를 해서화 한 '见'으로 간화

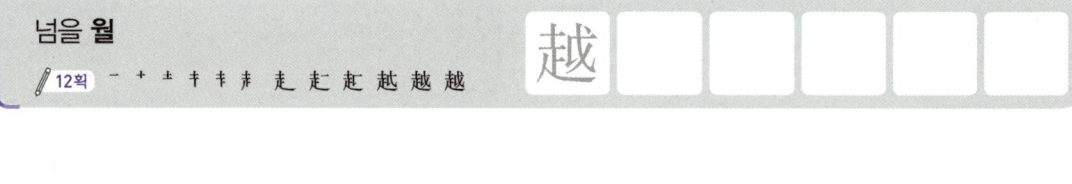

446

众 ← 衆

zhòng 많다, 많은 사람

群众 qúnzhòng 대중, 군중

무리 중

6획 ノ 人 个 尓 众

how 옛 글자 차용. '众'은 '衆'의 옛 글자로, 많은 사람들이 서 있는 모양을 나타낸다. 필획이 적은 '众'을 '衆'의 간체자로 사용

447

红 ← 紅

hóng 붉다, 인기가 있다 2급

红色 hóngsè 빨간 색

붉을 홍

6획 ᄂ 纟 纟 纟 红 红

how 초서체의 해서화. 왼쪽 편방 '糸'의 초서체(纟)를 해서화 한 '纟'로 간화

448

爸

bà 아버지

爸爸 bàba 아버지 1급

아버지 파

8획 ノ 八 グ 父 グ 欠 爷 爸 爸

449

百

bǎi 백(100), 많은 2급

百货 bǎihuò 백화, 여러 가지 상품

일백 백

6획 一 丁 了 百 百 百

450

周

zhōu 주, 주변, 돌다, 완비하다

周末 zhōumò 주말 3급

두루 주

8획 ノ 冂 月 月 用 用 周 周

451
围 ← 圍 wéi 에워싸다, 둘레 | 周围 zhōuwéi 주위, 주변 **4급**

에워쌀 **위**
7획 丨 冂 冂 冃 冃 围 围

how 초서체의 해서화. 안쪽 편방 '韋'가 초서체(韦)를 해서화 한 '韦'로 간화

452
吧 ba 청유·추측·동의 등을 나타내는 조사 **2급** bā 바(bar) | 走吧 zǒu ba 가자 网吧 wǎngbā PC방, 인터넷 카페

어조사 **파**
7획 丨 口 口 叩 叩 吧 吧

453
识 ← 識 shí 알다, 식별하다, 지식 | 认识 rènshi 알다 **1급**

알 **식**
7획 丶 讠 讠 识 识 识 识

how 복잡한 성방 교체. 왼쪽 편방 '言'은 '讠'으로 간화(초서체의 해서화), 성방 '戠zhí'는 발음이 비슷하고 필획이 적은 '只zhǐ'로 교체

454
跑 pǎo 달리다, 도망가다 | 跑步 pǎobù 달리다 **2급**

달릴 **포**
12획 丨 ㇆ ㇆ ㇆ ㇆ ㇆ 趵 趵 趵 趵 跑 跑

455
散 sǎn 분산된, 흩어지다 sàn 흩어지다, 떨어지다 | 解散 jiěsàn 해산하다, 흩어지다, 해체하다

흩을 **산**
12획 一 十 艹 艹 艹 昔 昔 昔 背 散 散 散

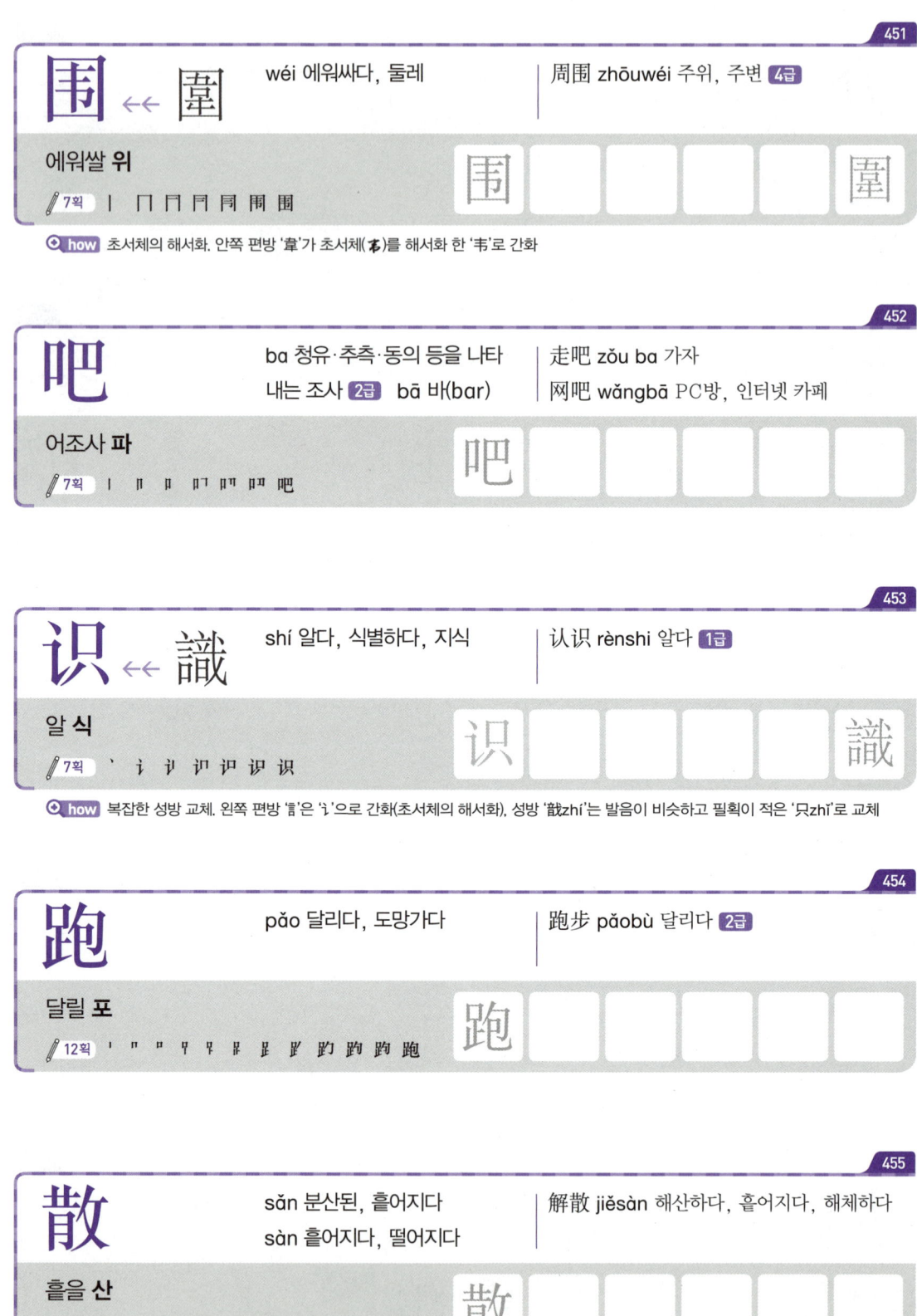

456

步 bù 걷다, 걸음, 단계, 상태 | 散步 sànbù 산책하다 `4급`

걸음 보
7획 ㅣ ㅏ ㅑ 止 ۶ 兯 步

457

亚 ← **亞** yà 다음 가다, 제2의, 아시아 | 亚洲 Yàzhōu 아시아 `4급`

버금 아
6획 一 丅 ㅍ 襾 襾 亚

🔍 how 초서체의 해서화. '亚'는 '亞'의 초서체(⚓)가 해서화 된 글자로, 필획이 적은 '亚'를 '亞'의 간체자로 사용

458

洲 zhōu 주, 모래톱 | 欧洲 Ōuzhōu 유럽

물가 주
9획 ˋ ˊ ㆍ 氵 氵" 汌 泖 洲 洲

459

技 jì 기술, 재능, 기능 | 技术 jìshù 기술, 재능 `4급`

재주 기
7획 一 十 扌 扩 扩 抃 技

460

术 ← **術** shù 방법, 기술, 학술 | 美术 měishù 미술

재주 술
5획 一 十 才 木 术

🔍 how 동음 대체. '術shù'와 '术(zhú; 식물명)'는 의미가 다르고 발음이 비슷한 글자이다. 필획이 적고 발음이 비슷한 '术'를 복잡한 '術'의 간체자로 사용

461

留 liú 유학하다, 보관하다, 머무르다, 전하다, 유의하다 **4급**

留学 liúxué 유학하다 **3급**

머무를 **류**
10획 ` 𠂉 𠂊 ⺀ ⺆ 𠂤 𠂥 𠂦 留 留

462

半 bàn 절반, 중간의 **3급**

半天 bàntiān 반일, 한참

반 **반**
5획 ` ` ` ⺍ ⺌ 半

463

热 ← **熱** rè 덥다, 데우다, 인기 있다, 정이 깊다 **1급**

热情 rèqíng 열정적이다, 친절하다 **3급**

더울 **열**
10획 一 十 扌 扌 执 执 执 热 热 热

🔄 how 초서체의 해서화. 왼쪽 상부 '𡙇'를 부분 초서체(⺘)를 해서화 한 '扌'로 간화

464

闹 ← **鬧** nào 떠들썩하다, 말다툼하다, 방해하다

热闹 rènao 번화하다, 떠들썩하다 **4급**

시끄러울 **뇨**
8획 ` 亠 门 门 门 闩 闹 闹

🔄 how 이체자 차용. '閙'는 '鬧'의 이체자로, 이체자 '閙'의 바깥쪽 편방 '門'을 '门'으로 간화(초서체의 해서화)한 '闹'를 간체자로 사용

465

送 sòng 배웅하다, 보내다, 선물하다 **2급**

送礼 sòng lǐ 선물을 주다

보낼 **송**
9획 ` ` ` ⺍ ⺌ 𢆉 关 关 送 送

471

根

gēn 뿌리, 근본, 근거

根据 gēnjù ~에 근거해, 근거 3급

뿌리 **근**

10획 一 十 才 木 木ᄀ 木ᄏ 村 朾 根 根

根

472

据 ←← 據

jù 점유하다, 의지하다, ~에 따르면, 증거

据说 jùshuō 들은 바에 의하면 ~라 한다

근거 **거**

11획 一 十 扌 扌ᄀ 扌ᄏ 护 护 护 捉 据 据

据 據

how 동음 대체. '据'는 'jū'로 발음되며 '환경이 궁핍하다, 근거하다(據), 교만하다(倨)'는 의미이다. '근거하다'라는 의미로 쓰일 때는 일찍이 '據'와 통용되기도 했었다. '據jù'와 발음이 비슷하고 필획이 간단하여 '據'의 간체자로 사용

473

讲 ←← 講

jiǎng 말하다, 논하다, 설명하다, 중시하다 3급

讲座 jiǎngzuò 강좌

논할 **강**, 얽을 **구**

6획 丶 讠 讠一 讠二 讲 讲

讲 講

how 복잡한 성방 교체. '講'은 형성자로, 복잡한 성방 '冓gòu'를 '講'과 발음이 비슷하고 간단한 '井jǐng'으로 교체. '言'은 '讠'으로 간화(초서체의 해서화)

474

整

zhěng 정돈되다, 완벽하다, 정리하다

整理 zhěnglǐ 정리하다 4급

가지런할 **정**

16획 一 𠂆 𠂇 𠃑 申 東 東 東 東 敕 敕 整 整 整 整 整

整

475

式

shì 격식, 양식

正式 zhèngshì 정식의 4급

법 **식**

6획 一 二 丁 工 式 式

式

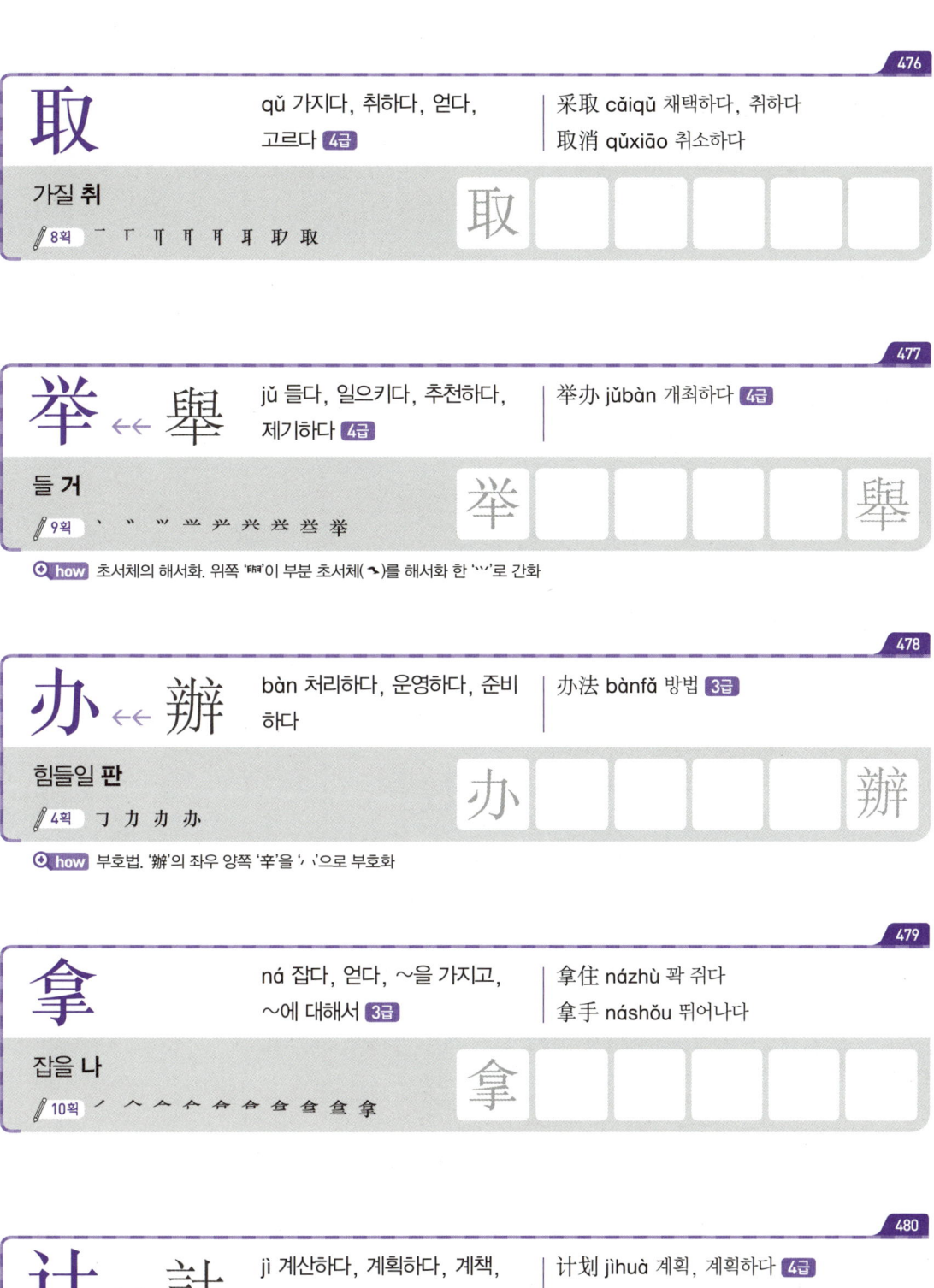

481

划 ← 劃　huà 나누다, 계획하다　|　划分 huàfēn 나누다
　　　　　　huá 배를 젓다, 베다　|　划船 huáchuán 배를 젓다

그을 **획**, 저을 **화**
6획　一 ㄅ 戈 戈 划 划

🔵 **how** 동음 대체. '劃(huà 나누다, huá 가르다)'와 '划(huá 배를 젓다, 베다, 수지가 맞다)'는 의미가 다르고 발음이 같은 글자로, 복잡한 '劃'를 '划'로 대체하여 간화

482

您　nín 당신, 선생님, 귀하　|　您贵姓? Nín guì xìng? 성이 무엇입니까?
　　　['你'의 존칭] 2급

당신 **님**
11획　丿 亻 亻 亻 亻 你 你 你 您 您 您

483

双 ← 雙　shuāng 쌍, 짝, 켤레, 2배의,　|　双方 shuāngfāng 양쪽
　　　　　　양쪽의, 짝수의 3급

두 **쌍**
4획　フ 又 双 双

🔵 **how** 이체자 차용. '双'은 '雙'의 이체자로, 필획이 적은 '双'을 간체자로 사용. '雙'이 편방으로 쓰일 때도 동일하게 간화됨(예: 搜→扠)

484

妻　qī 아내　|　妻子 qīzi 아내 2급

아내 **처**
8획　一 ㄱ ㄹ ヨ 圭 圭 妻 妻

485

转 ← 轉　zhuǎn 돌다, 전하다　|　转告 zhuǎngào 전언하다, 전달하다
　　　　　　zhuàn 회전하다, 바퀴 4급　|　转动 zhuàndòng 회전하다

돌, 바꿀 **전**
8획　一 ナ 车 车 车 轩 转 转

🔵 **how** 초서체의 해서화. 좌우 편방 '車' '專'이 각각 초서체(车, 专)를 해서화 한 '车' '专'으로 간화

486

米 mǐ 쌀, 미터(m), 쌀알 같은 물건, 껍질을 벗긴 곡물 [3급] | 米饭 mǐfàn 쌀밥 [1급]

쌀 **미**
6획 丶 丷 米 米 米

487

饭 ← **飯** fàn 밥, 식사 | 饭店 fàndiàn 호텔, 식당 [1급]

밥 **반**
7획 丿 ㄱ 饣 饣 饣 饭 饭

🔍 how 초서체의 해서화. 왼쪽 편방 '食'가 초서체(饣)를 해서화 한 '饣'로 간화

488

店 diàn 상점, 가게 | 书店 shūdiàn 서점, 책방

가게 **점**
8획 丶 亠 广 广 庐 庐 店 店

489

美 měi 아름답다, 좋다, 훌륭하다 | 完美 wánměi 매우 훌륭하다, 완전무결하다

아름다울 **미**
9획 丶 丷 业 𦍌 羊 羊 羊 美 美

490

丽 ← **麗** lì 아름답다, 예쁘다 | 美丽 měilì 예쁘다, 곱다 [4급]

고울 **려**
7획 一 厂 丆 丽 丽 丽 丽

🔍 how 옛 글자 차용. '丽'는 '麗'의 옛 글자로, 필획이 적은 '丽'를 복잡한 '麗'의 간체자로 사용. '麗'가 편방으로 쓰일 때도 동일하게 간화됨 (예: 儷→俪)

491
南 nán 남쪽, 남방 `3급` | 南方 nánfāng 남쪽, 남방

남녘 **남**
9획 一十十广古古古南南

492
网 ← **網** wǎng 그물, 조직, 인터넷 | 上网 shàngwǎng 인터넷을 하다 `3급`
互联网 hùliánwǎng 인터넷 `4급`

그물 **망**
6획 丨冂冂冈网网

ⓗow 옛 글자 차용. '网'은 '網'의 옛 글자로 그물 같이 생긴 모양을 본뜬 글자이다. 필획이 적은 '网'을 복잡한 '網'의 간체자로 사용

493
站 zhàn 서다, 멈추다, 정류장, 역 `3급` | 网站 wǎngzhàn 웹사이트 `4급`

역마을, 설 **참**
10획 丶亠亍立立立䇂䇂站站

494
黑 hēi 검다, 어둡다, 불법의 `2급` | 黑色 hēisè 검은색

검을 **흑**
12획 丨冂冋冋罒罒黑黑黑黑黑

495
板 ← **闆** bǎn 판, 딱딱하다, 칠판, '老板(lǎobǎn 사장)'의 구성자 | 黑板 hēibǎn 칠판 `3급`

널빤지 **판**
8획 一十十木木朾板板

ⓗow 동음 대체. '闆(bǎn 개인 기업주)'과 '板(bǎn 판)'은 뜻이 다른 동음자로, 필획이 적은 '板'을 복잡한 '闆'의 간체자로 사용

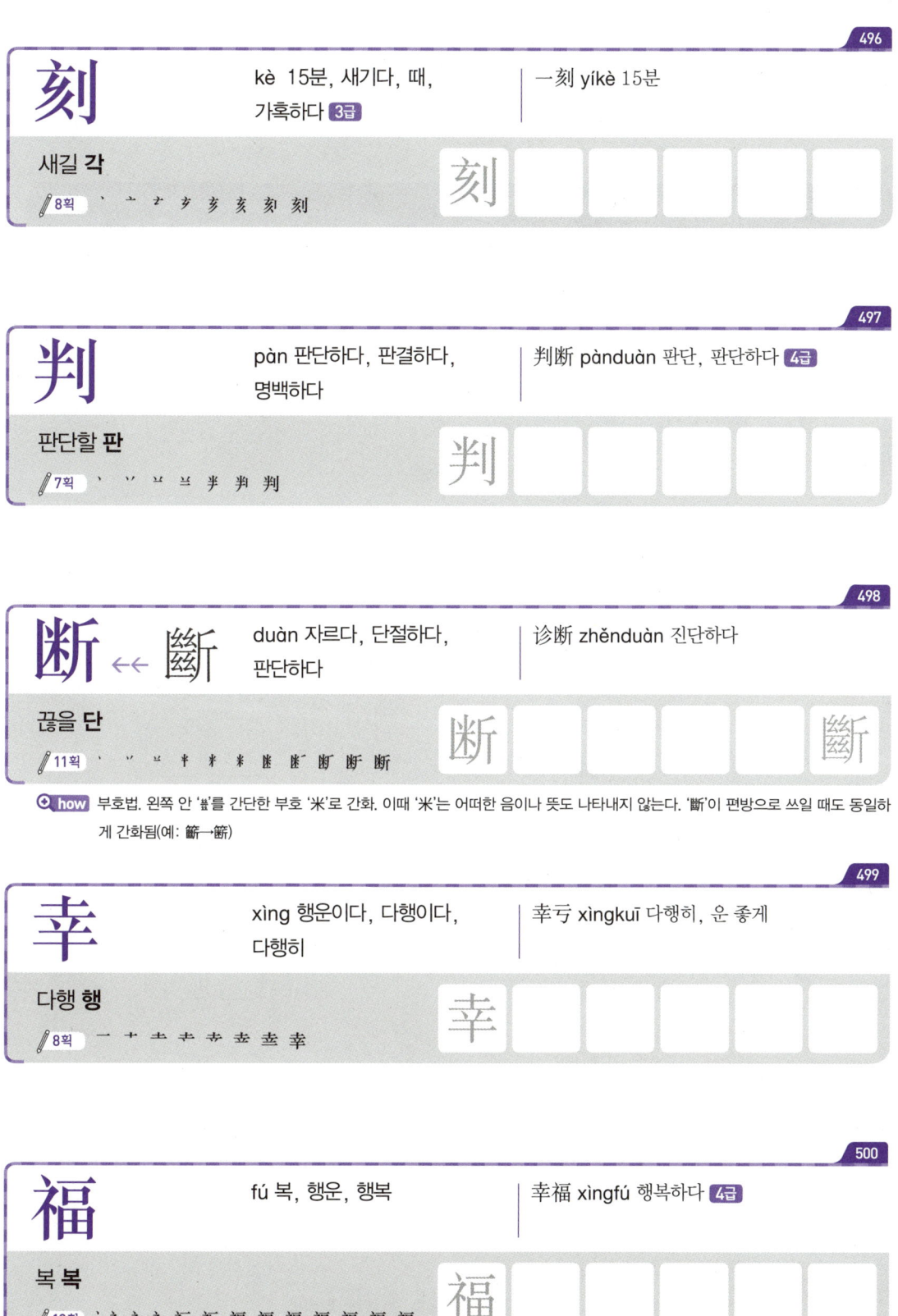

练练词 2

1 다음 단어를 간체자로 바꾸어 쓰세요.

❶ 공원   公園 gōngyuán → ☐☐

❷ ~해야 한다   應該 yīnggāi → ☐☐

❸ 수학   數學 shùxué → ☐☐

❹ 긴장하다   緊張 jǐnzhāng → ☐☐

❺ 토론하다   討論 tǎolùn → ☐☐

❻ 개최하다   舉辦 jǔbàn → ☐☐

❼ 계획하다   計劃 jìhuà → ☐☐

❽ 적극적이다   積極 jījí → ☐☐

答案
1 ① 公园 ② 应该 ③ 数学 ④ 紧张 ⑤ 讨论 ⑥ 举办 ⑦ 计划 ⑧ 积极

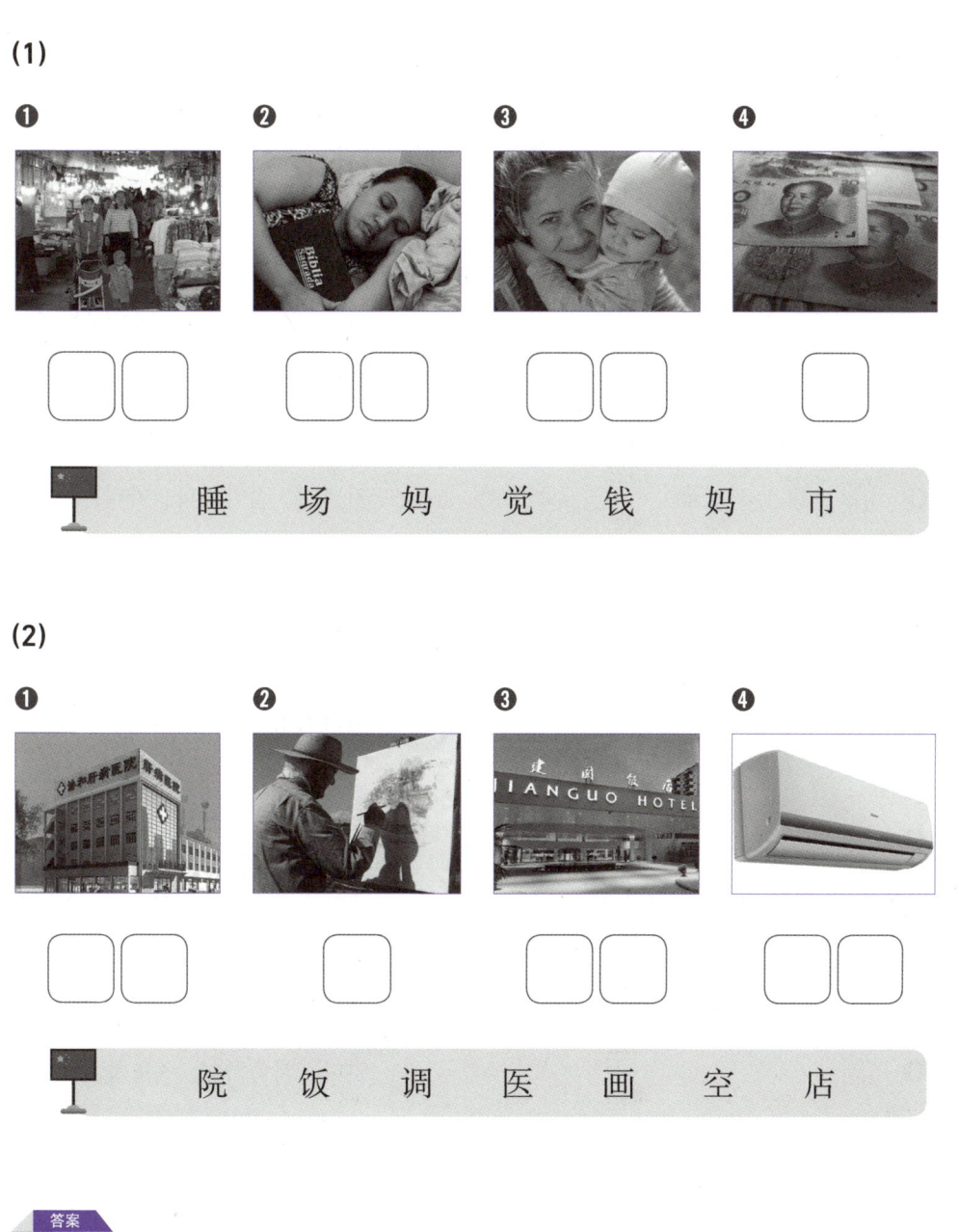

练练词 2

3. 다음 글자의 간체자와 의미를 올바르게 연결하세요.

(1)

① 聽　　ⓐ 让 ràng　　㉠ 듣다

② 寫　　ⓑ 听 tīng　　㉡ 양보하다, ~하게 하다

③ 節　　ⓒ 节 jié　　㉢ 쓰다

④ 讓　　ⓓ 写 xiě　　㉣ 기념일, 절약하다, 마디

(2)

① 歲　　ⓐ 岁 suì　　㉠ 이야기하다, 토론하다, 담화

② 連　　ⓑ 读 dú　　㉡ 낭독하다, 읽다

③ 談　　ⓒ 谈 tán　　㉢ 살, 세

④ 讀　　ⓓ 连 lián　　㉣ 잇다, 계속하여, ~조차

答案
3 (1) ①-ⓑ-㉠　②-ⓓ-㉢　③-ⓒ-㉣　④-ⓐ-㉡
　 (2) ①-ⓐ-㉢　②-ⓓ-㉣　③-ⓒ-㉠　④-ⓑ-㉡

4 다음 글자의 간체자를 쓰고, 뜻에 맞는 단어를 쓰세요.

❶ 樂 lè, yuè　☐
1) _____ 즐겁다
2) _____ 악기

❷ 鬆 sōng　☐
1) _____ 늦추다, 느슨하게 하다
2) _____ 가볍다, 홀가분하다

❸ 萬 wàn　☐
1) _____ 만일, 혹시라도

❹ 風 fēng　☐
1) _____ 바람이 불다
2) _____ 풍경

❺ 業 yè　☐
1) _____ 전공, 전문의
2) _____ 직업, 프로의

❻ 網 wǎng　☐
1) _____ 인터넷을 하다
2) _____ 인터넷

❼ 麗 lì　☐
1) _____ 예쁘다, 곱다

❽ 熱 rè　☐
1) _____ 열정적이다, 친절하다
2) _____ 번화하다, 떠들썩하다

答案
4 ① 乐, 1) 快乐　2) 乐器　② 松, 1) 放松　2) 轻松
③ 万, 1) 万一
④ 风, 1) 刮风　2) 风景
⑤ 业, 1) 专业　2) 职业
⑥ 网, 1) 上网　2) 互联网
⑦ 丽, 1) 美丽
⑧ 热, 1) 热情　2) 热闹

123

练练词 2

⑤ 다음 번체자와 간체자가 맞으면 ○, 틀리면 × 표시하고 올바르게 고쳐보세요.

① 觀眾　　观众 guānzhòng　　☐

② 條　　条 tiáo　　☐

③ 雙　　隻 shuāng　　☐

④ 識　　识 shì　　☐

⑤ 改變　　改娈 gǎibiàn　　☐

⑥ 永遠　　永远 yǒngyuǎn　　☐

⑦ 喜歡　　喜欢 xǐhuan　　☐

⑧ 乾净　　干净 gānjìng　　☐

⑨ 技術　　技术 jìshù　　☐

⑩ 判斷　　判断 pànduàn　　☐

答案
5 ①×, 观众　②○　③×, 双　④○　⑤×, 改变　⑥○　⑦○　⑧○　⑨○　⑩×, 判断

124

Ⅲ. 자주 쓰이는 간체자
TOP 501-750

贝 门 卖 应 鱼 当 东

501
故 gù 원인, 고의로, 옛 것
- 故事 gùshi 이야기, 줄거리 [3급]
- 故意 gùyì 일부러 [4급]

연고 고
9획 　一 十 古 古 古 古 扩 扩 故 故

502
历 ← 歷 曆　lì 경과하다, 경험하다, 과거의, 역법, 책력
- 历史 lìshǐ 역사 [3급]

지낼, 책력 력
4획 　一 厂 厅 历

how 복잡한 성방 교체. '歷(lì 경험하다, 과거의, 하나하나)' '曆(lì 역법, 책력)'는 형성자로, '厂'은 남겨두고 나머지를 발음이 같은 '力까'로 대체한 '历'로 간화

503
脸 ← 臉　liǎn 얼굴, 표정, 체면 [3급]
- 洗脸 xǐliǎn 세수하다

얼굴 검
11획 　丿 月 月 月 肝 肝 肸 肸 脸 脸

how 초서체의 해서화. 오른쪽 편방 '僉'의 초서체(㐫)를 해서화 한 '佥'으로 간화

504
选 ← 選　xuǎn 선택하다, 선거하다
- 选择 xuǎnzé 고르다, 선택 [3급]

가릴 선
9획 　丿 一 丿 生 生 先 先 迭 选

how 복잡한 성방 교체. 필획이 많은 성방 '巽xùn'을 '选'과 발음이 비슷하고 간단한 '先xiān'으로 교체한 '选'으로 간화

505
择 ← 擇　zé 선택하다, 고르다, 가리다
- 择业 zéyè 직업을 선택하다

가릴 택
8획 　一 十 扌 扌 扩 拝 择 择

how 초서체의 해서화. 오른쪽 편방 '睪'의 초서체(㐟)를 해서화 한 '圣'로 간화

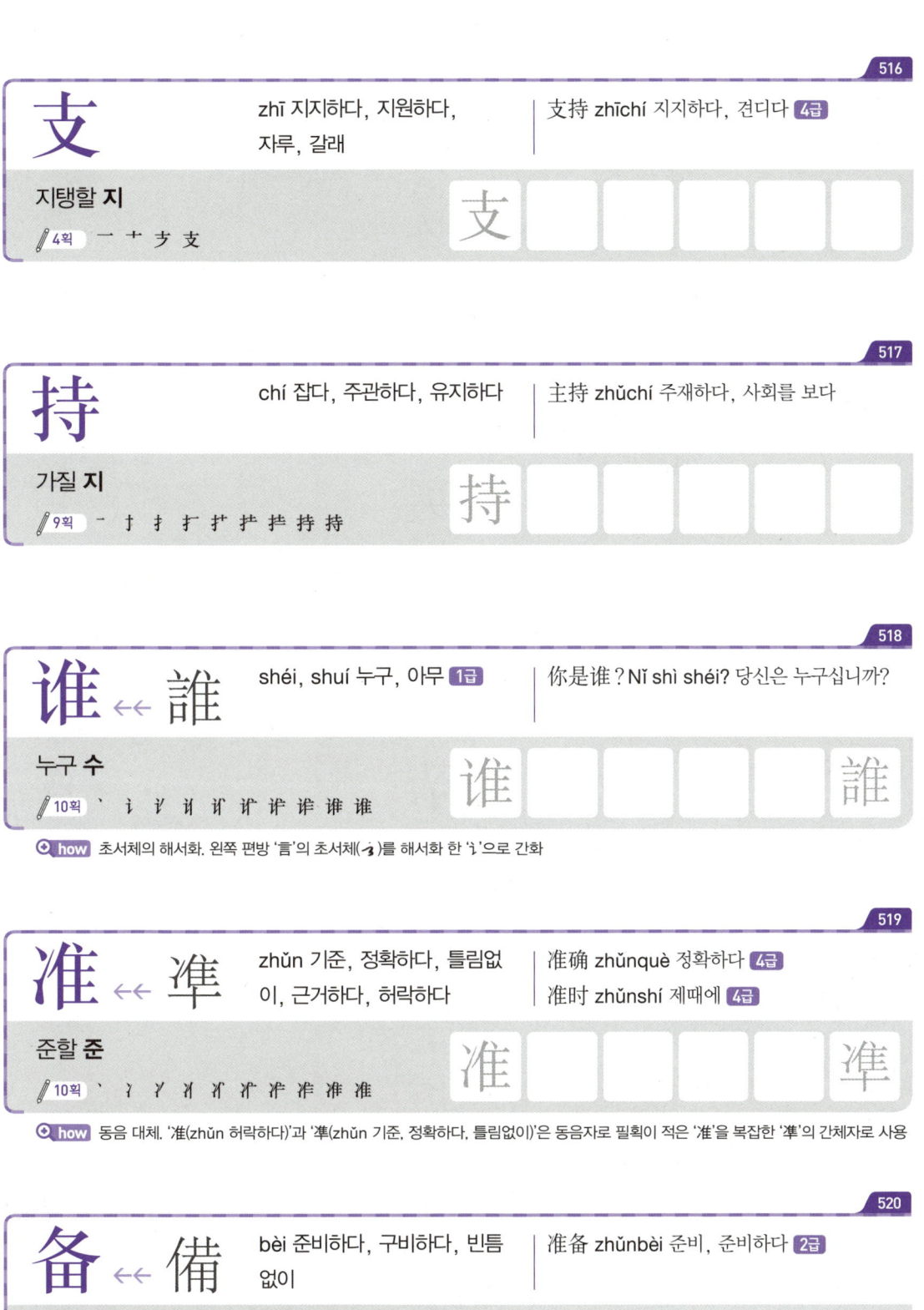

526
静 jìng 가만히 있다, 조용하다, 안정되다 | 平静 píngjìng 차분하다, 평화롭다

고요할 **정**
14획 一 亠 十 キ 丰 青 青 青 静 静 静 静 静

527
休 xiū 쉬다, 휴식하다, 정지하다 | 休息 xiūxi 휴식하다, 쉬다 [2급]
退休 tuìxiū 퇴직하다, 은퇴하다

쉴 **휴**
6획 丿 亻 仁 什 休 休

528
消 xiāo 사라지다, 쓰다, 해소하다 | 消息 xiāoxi 소식, 뉴스 [4급]
消失 xiāoshī 사라지다

사라질 **소**
10획 丶 冫 氵 氵 氵 泖 泔 消 消 消

529
息 xī 쉬다, 멈추다, 숨, 소식 | 信息 xìnxī 정보, 소식, 편지, 기별 [4급]

쉴 **식**
10획 丶 丨 冂 甪 自 自 自 息 息 息

530
社 shè 단체, 조직, 기구 | 社会 shèhuì 사회 [4급]

모일 **사**
7획 丶 丿 礻 礻 礻 社 社

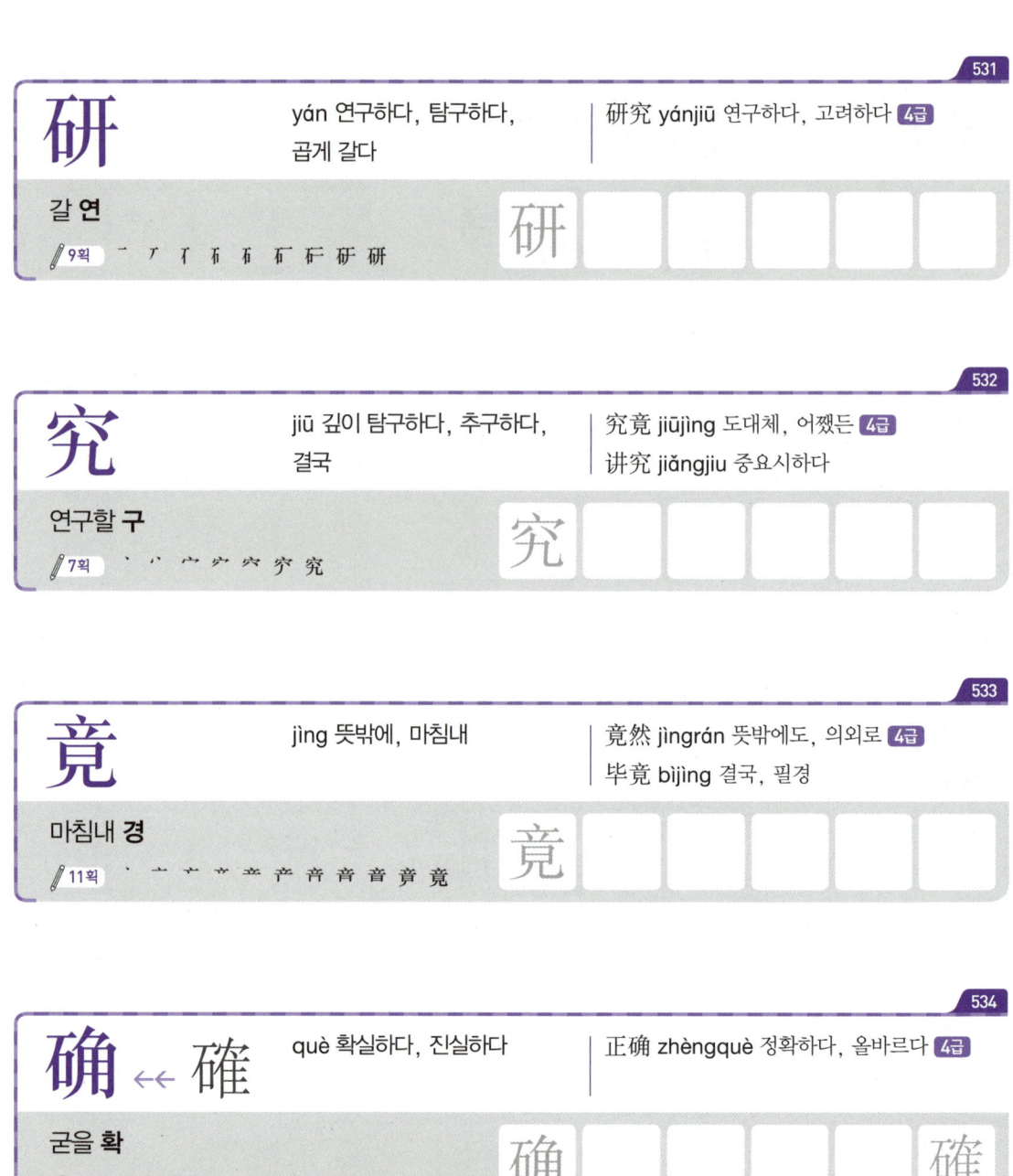

536

需 xū 필요하다, 요구되다, 필수품

需要 xūyào 필요하다, 요구 [3급]
需求 xūqiú 수요, 필요

쓰일 **수**
14획 一 一 一 一 一 二 二 二 二 雪 雪 需 需 需

537

简 ← **簡** jiǎn 간단하다, 간략하게 하다, 경시하다

简单 jiǎndān 간단하다, 평범하다 [3급]

간략할 **간**
13획 ノ ト ト ト ト ト ト 竹 竺 笃 筲 简 简

🔵 how 초서체의 해서화. 가운데 '門'의 초서체(冂)를 해서화 한 '冂'으로 간화

538

单 ← **單** dān 하나의, 심플하다, 다만, 표[항목을 기재한 종이]

菜单 càidān 메뉴, 카탈로그 [3급]
单独 dāndú 단독으로, 혼자서

홑 **단**
8획 丶 丶 丷 肖 肖 肖 畄 单

🔵 how 초서체의 해서화. 윗부분 '吅'이 부분 초서체(ʋ)를 해서화 한 '丷'으로 간화. '單'이 편방으로 쓰일 때도 동일하게 간화됨(예: 箪→箪). 단, '戰'은 '战'으로 간화

539

卡 kǎ 카드, 트럭, 카세트
qiǎ 초소, 클립, 끼다

信用卡 xìnyòngkǎ 신용카드 [3급]
发卡 fàqiǎ 머리핀

음역자 **가**, 지킬 **잡**
5획 丨 卜 卞 卡 卡

540

仅 ← **僅** jǐn 겨우, 가까스로, 단지

不仅 bùjǐn ~뿐 아니라, ~에 그치지 않다 [4급]

겨우 **근**
4획 ノ 亻 仅 仅

🔵 how 부호법. 오른쪽 편방 '堇'의 필획이 복잡하여, 간단한 부호 '又'로 간화. 이때 '又'는 어떤 음·뜻도 나타내지 않음

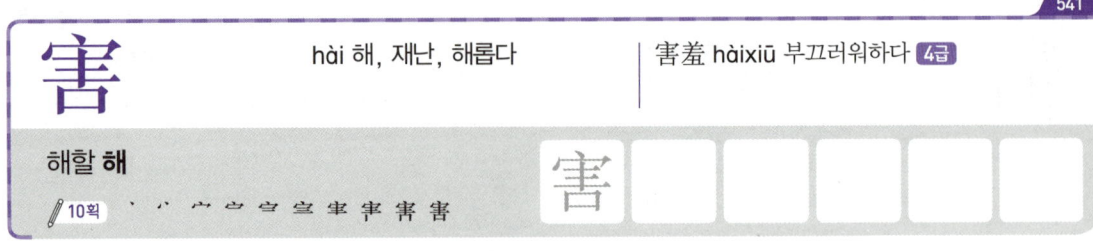

541

害 hài 해, 재난, 해롭다
害羞 hàixiū 부끄러워하다 [4급]

해할 해
10획

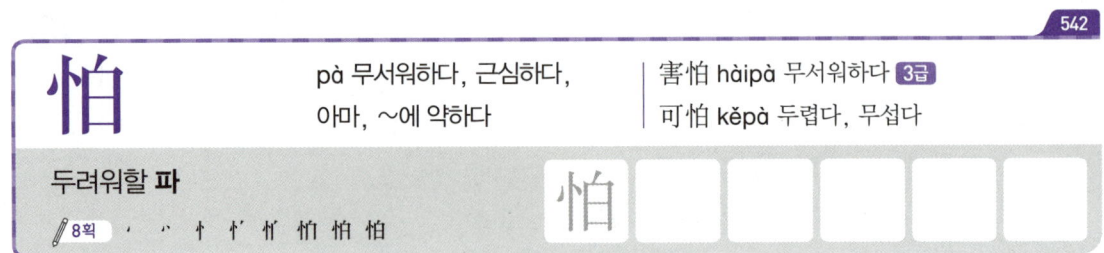

542

怕 pà 무서워하다, 근심하다, 아마, ~에 약하다
害怕 hàipà 무서워하다 [3급]
可怕 kěpà 두렵다, 무섭다

두려워할 파
8획

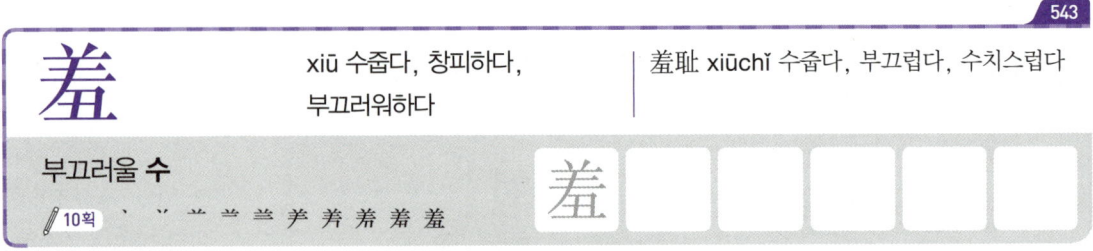

543

羞 xiū 수줍다, 창피하다, 부끄러워하다
羞耻 xiūchǐ 수줍다, 부끄럽다, 수치스럽다

부끄러울 수
10획

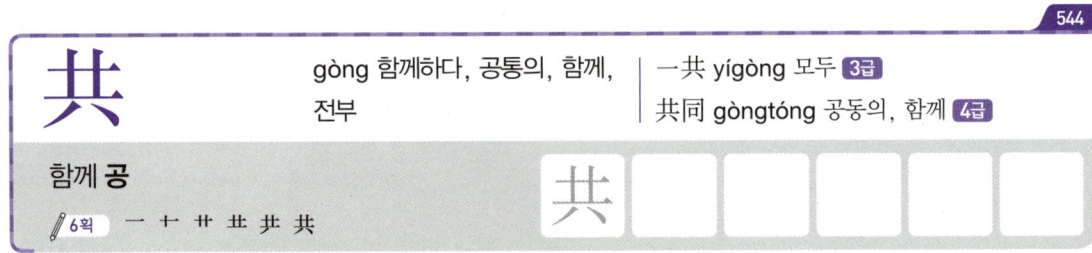

544

共 gòng 함께하다, 공통의, 함께, 전부
一共 yígòng 모두 [3급]
共同 gòngtóng 공동의, 함께 [4급]

함께 공
6획

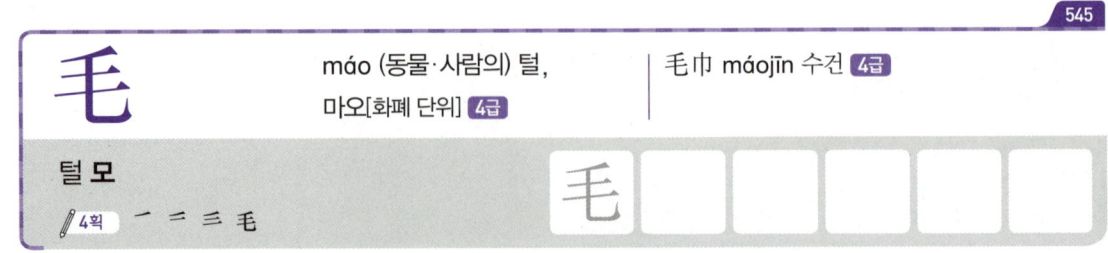

545

毛 máo (동물·사람의) 털, 마오[화폐 단위] [4급]
毛巾 máojīn 수건 [4급]

털 모
4획

546
句 jù 문장, 마디, 구 | 句子 jùzi 문장 [3급]

글귀 **구** / 5획 / ノ 勹 勺 句 句

547
跟 gēn ~와, ~에게, 따라가다, 발뒤꿈치 [3급] | 跟着 gēnzhe 뒤따르다, 곧이어

발꿈치 **근** / 13획 / 丨 冂 口 ㅁ 甲 马 呈 趴 趴 跟 跟 跟

548
穿 chuān 입다, 신다, 통과하다 [2급] | 穿鞋 chuān xié 신을 신다
穿越 chuānyuè 넘다, 통과하다

뚫을 **천** / 9획 / ノ 丶 宀 宀 宀 穴 穴 穿 穿

549
导 ← 導 dǎo 이끌다, 지도하다, 감독하다, 감독 | 导游 dǎoyóu 안내하다, 가이드 [4급]

인도할 **도** / 6획 / フ フ ㅁ 巳 巳 导 导

🔎 **how** 초서체의 해서화. 위쪽 편방 '道'의 초서체(⻌)를 해서화 한 '巳'로 간화

550
游 yóu 헤엄치다, 유람하다, 놀다 | 游览 yóulǎn 유람하다

헤엄칠 **유** / 12획 / 丶 丶 氵 氵 氵 浐 浐 浐 游 游 游 游

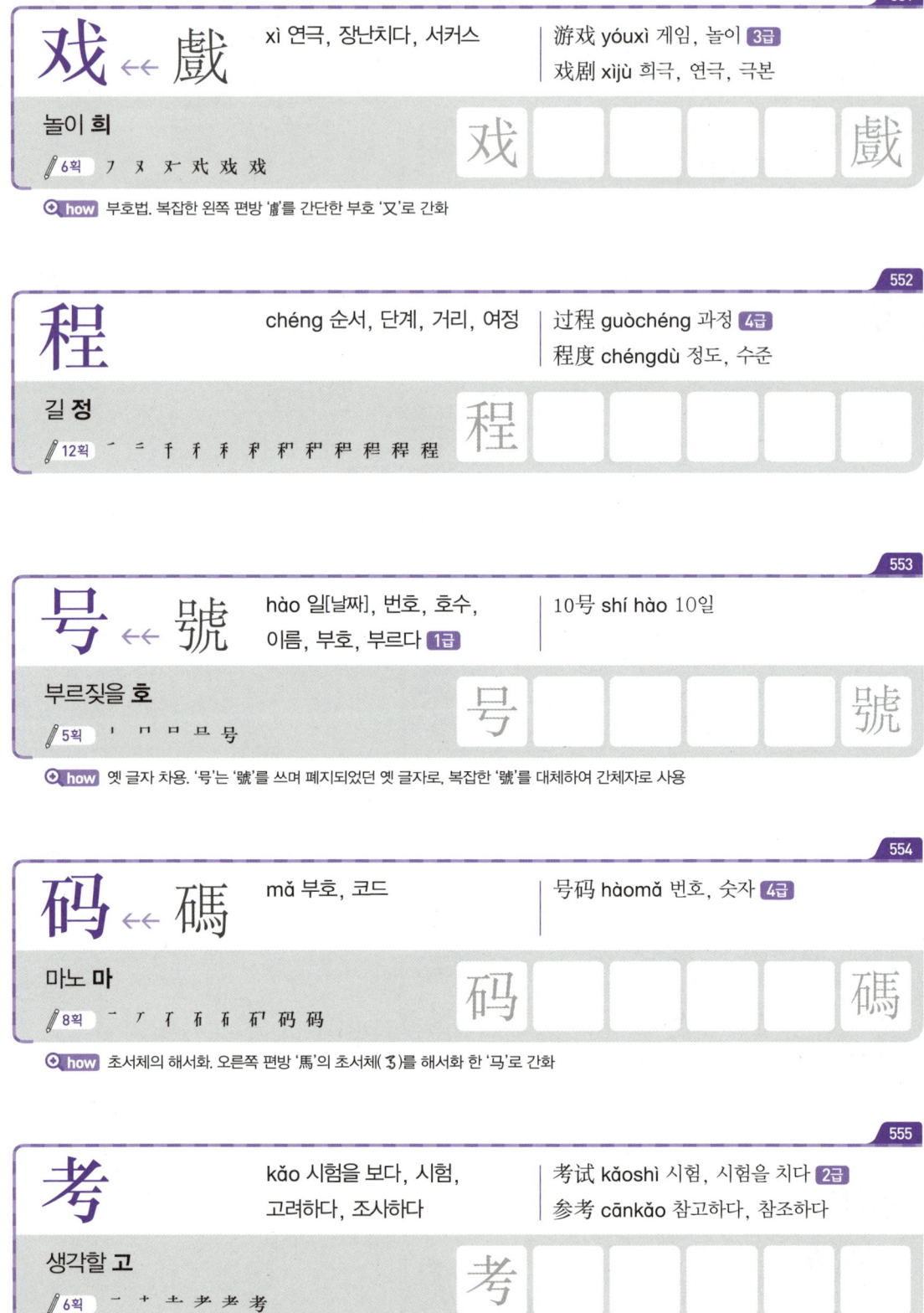

556

试 ← 試

shì 시험 삼아 해보다, 시험 보다 [3급]

试穿 shì chuān 입어 보다
试卷 shìjuàn 시험지

시험 시

8획 ` 讠 讠 讠 试 试 试

how 초서체의 해서화. 왼쪽 편방 '言'의 초서체(讠)를 해서화 한 '讠'으로 간화

557

突

tū 돌연히, 돌진하다, 우뚝 솟다

突然 tūrán 갑자기, 갑작스럽다, 의외이다 [3급]

갑자기 돌

9획 ` 宀 宀 宀 空 空 穿 突 突

558

皮

pí 껍질, 가죽, 고무, 껍데기, 표면, 장난이 심하다

橡皮 xiàngpí 지우개 [4급]

가죽 피

5획 一 厂 广 皮 皮

559

肤 ← 膚

fū 피부, 살갗, 알팍하다

皮肤 pífū 피부 [4급]

살갗 부

8획 丿 月 月 月 肝 肤 肤 肤

how 이체자 차용. '肤'는 '膚'의 이체자로, 필획이 간단하여 '膚'의 간체자로 사용

560

鞋

xié 신발, 구두

皮鞋 píxié 가죽 구두 [3급]
凉鞋 liángxié 샌들

신 혜

15획 一 十 廿 廿 芇 芇 革 革 革 靯 靯 鞋 鞋 鞋

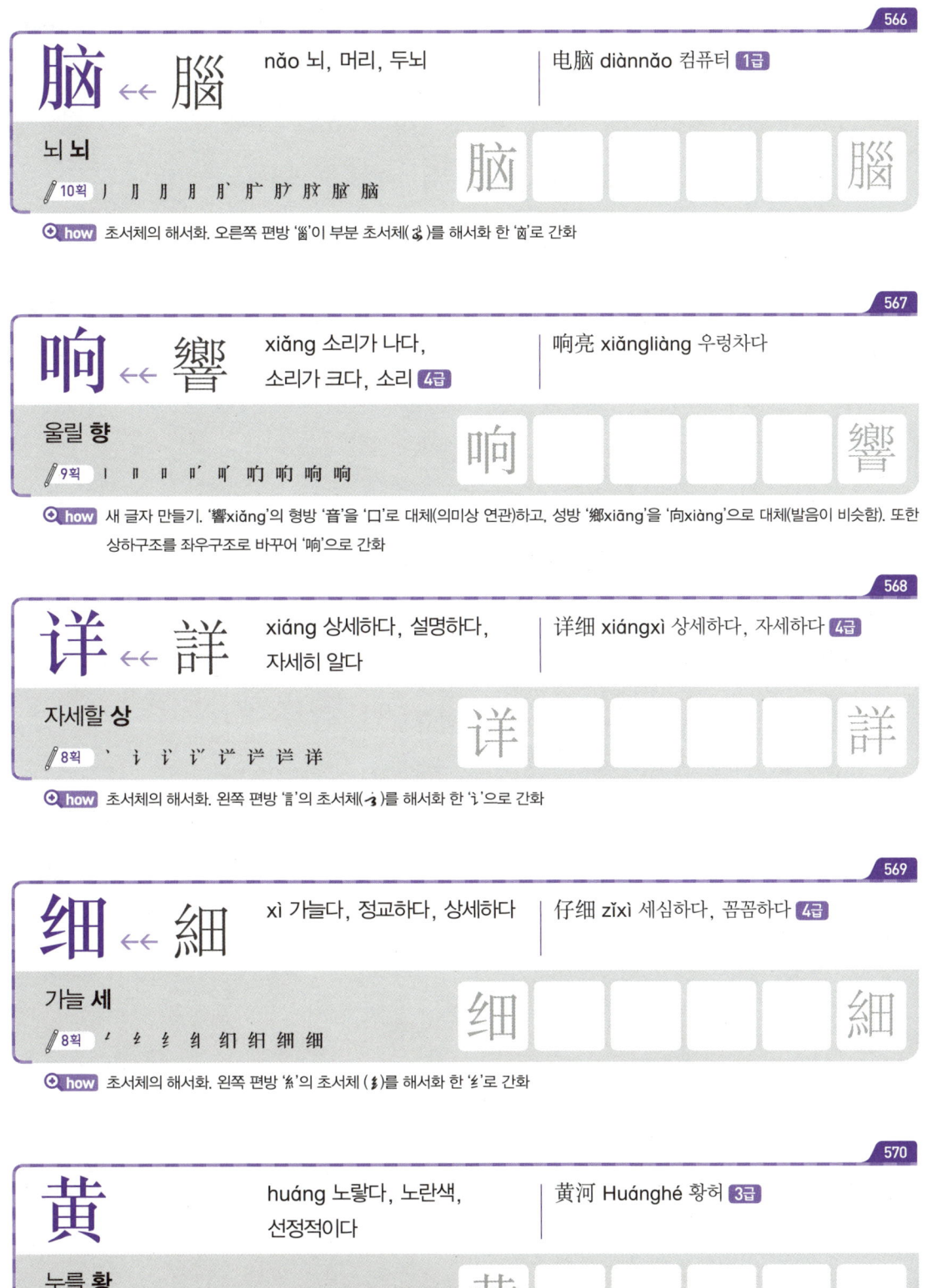

571

河 hé 강, 하천, 황허 | 山河 shānhé 산과 강, 강산

물 **하** / 8획 丶 氵 氵 沪 沪 河 河

572

块 ← 塊 kuài 덩이, 조각, 위안[화폐 단위] [1급] | 一块石头 yí kuài shítou 돌 한 덩이
十块钱 shí kuài qián 10위안

덩어리 **괴** / 7획 一 十 土 圡 坧 坱 块

◎ how 복잡한 성방 교체. 형성자 '塊'의 복잡한 성방 '鬼'를 '塊'와 발음이 비슷하며 필획이 간단한 '夬guài'로 교체

573

脚 jiǎo 발, 다리 [3급] | 手脚 shǒujiǎo 손발, 수족, 거동

다리 **각** / 11획 丿 刀 月 月 丹 肌 肤 胠 胠 脚 脚

574

味 wèi 맛, 냄새, 요리, 느낌 | 味道 wèidao 맛, 냄새 [4급]

맛 **미** / 8획 丨 口 口 口 吁 吁 味 味

575

般 bān ~와 같은, 종류[양사] | 一般 yìbān 보통이다, 일반적이다, 같다 [3급]

일반 **반** / 10획 丿 丿 月 月 月 舟 舟 舟 舨 般

576
破 pò 파손되다, 깨뜨리다, 형편없는 [4급]

破坏 pòhuài 파괴하다, 손상시키다

깨뜨릴 **파**
10획 一 ァ ィ 石 石 矿 矿 矿 矽 破

577
引 yǐn 일으키다, 이끌다, 초래하다

引起 yǐnqǐ 주의를 끌다, 야기하다 [4급]

끌 **인**
4획 一 フ 弓 引

578
仍 réng 여전히, 따르다

仍然 réngrán 변함없이, 여전히 [4급]

그대로 **잉**
4획 丿 亻 仍 仍

579
存 cún 생존하다, 존재하다, 모으다, 저장하다 [4급]

保存 bǎocún 보존하다, 간수하다, 간직하다

있을 **존**
6획 一 ナ 亻 ナ 存 存

580
注 zhù 집중하다, 주를 달다, 등록하다, 주석

注意 zhùyì 주의하다, 조심하다 [3급]
注册 zhùcè 등록하다, 가입하다

부을, 달 **주**
8획 丶 丶 氵 氵 广 产 注 注

581

铅 ← **鉛** qiān 연필심, 납(Pb) | 铅笔 qiānbǐ 연필 [2급]

납 **연**

10획   ノ 亠 午 午 全 年 钅 铅 铅 铅

how 초서체의 해서화. 왼쪽 편방 '金'의 초서체(钅)를 해서화 한 '钅'으로 간화

582

笔 ← **筆** bǐ 펜, 쓰다, 필적, 필법 | 笔记 bǐjì 필기, 필기하다
笔记本 bǐjìběn 노트북 컴퓨터, 노트 [3급]

붓 **필**

10획   ノ 亠 ト ゲ ゲ ゲ 竺 竺 笔 笔

how 새 글자 만들기. '筆'는 형성자로, 필획이 적은 회의자 '笔(竹 대나무+毛 털)'를 만들어 '筆'의 간체자로 사용. '筆'가 편방으로 쓰일 때도 동일하게 간화됨(예: 潷→滗)

583

练 ← **練** liàn 연습하다, 훈련하다, 노련하다 | 练习 liànxí 연습하다, 숙제, 연습 문제 [3급]

익힐 **련**

8획   ㄴ ㄴ ㄴ 纟 纟 纩 练 练

how 초서체의 해서화. 좌우 편방 '糸' '柬'이 각각 초서체(纟, 东)를 해서화 한 '纟' '东'으로 간화

584

习 ← **習** xí 배우다, 연습하다, 익숙하다, 습관 | 学习 xuéxí 공부하다, 본받다 [1급]

익힐 **습**

3획   ㄱ ㄱ 习

how 생략법. 원래 글자의 특징만 남기고 윗부분 우측(习)과 아랫부분(白)을 생략하여 '习'로 간화

585

校 xiào 학교
jiào 비교하다, 고치다 | 学校 xuéxiào 학교 [1급]
校对 jiàoduì 대조 확인하다

학교, 고칠 **교**

10획   一 十 才 木 木 栌 栌 栌 柊 校

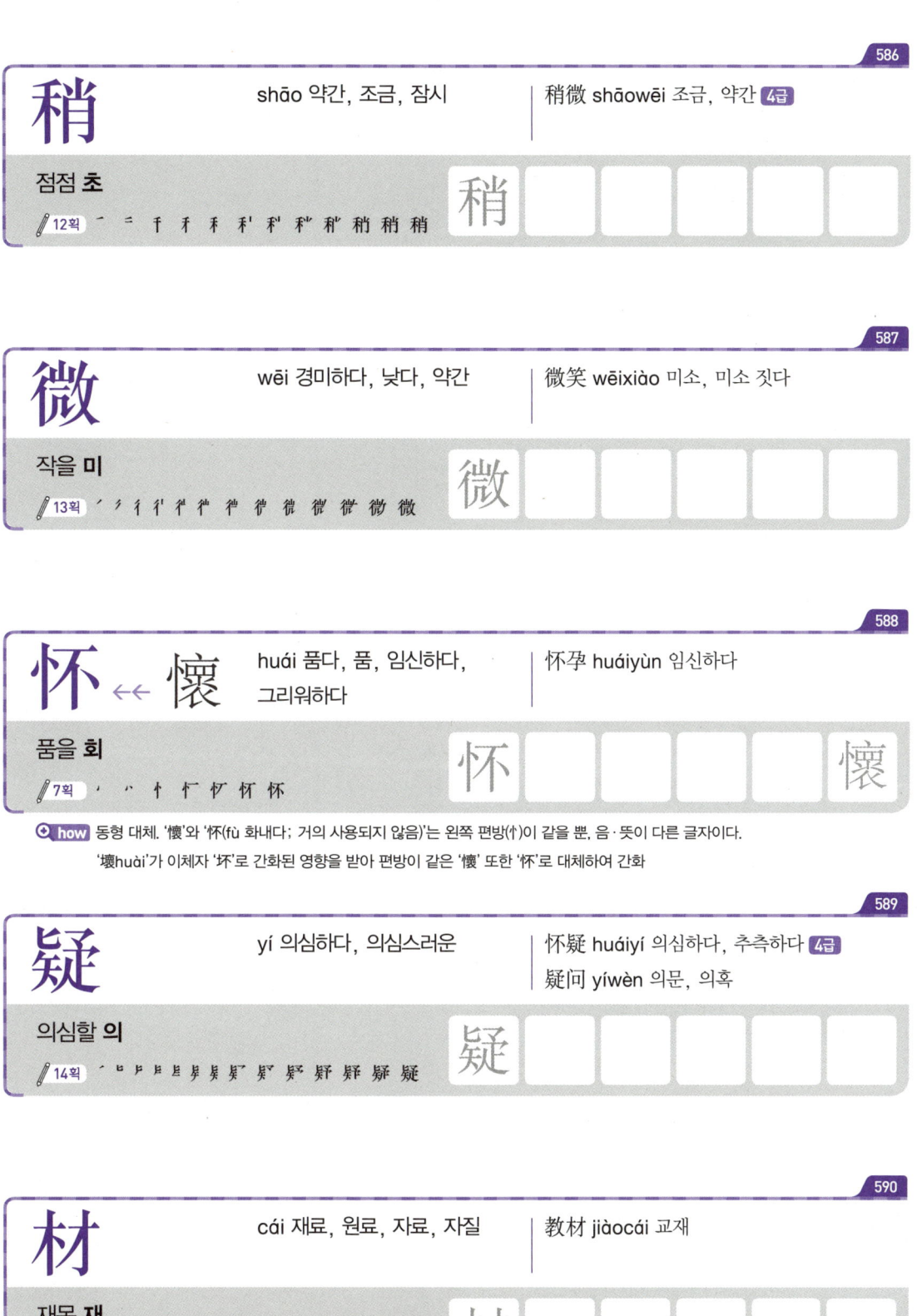

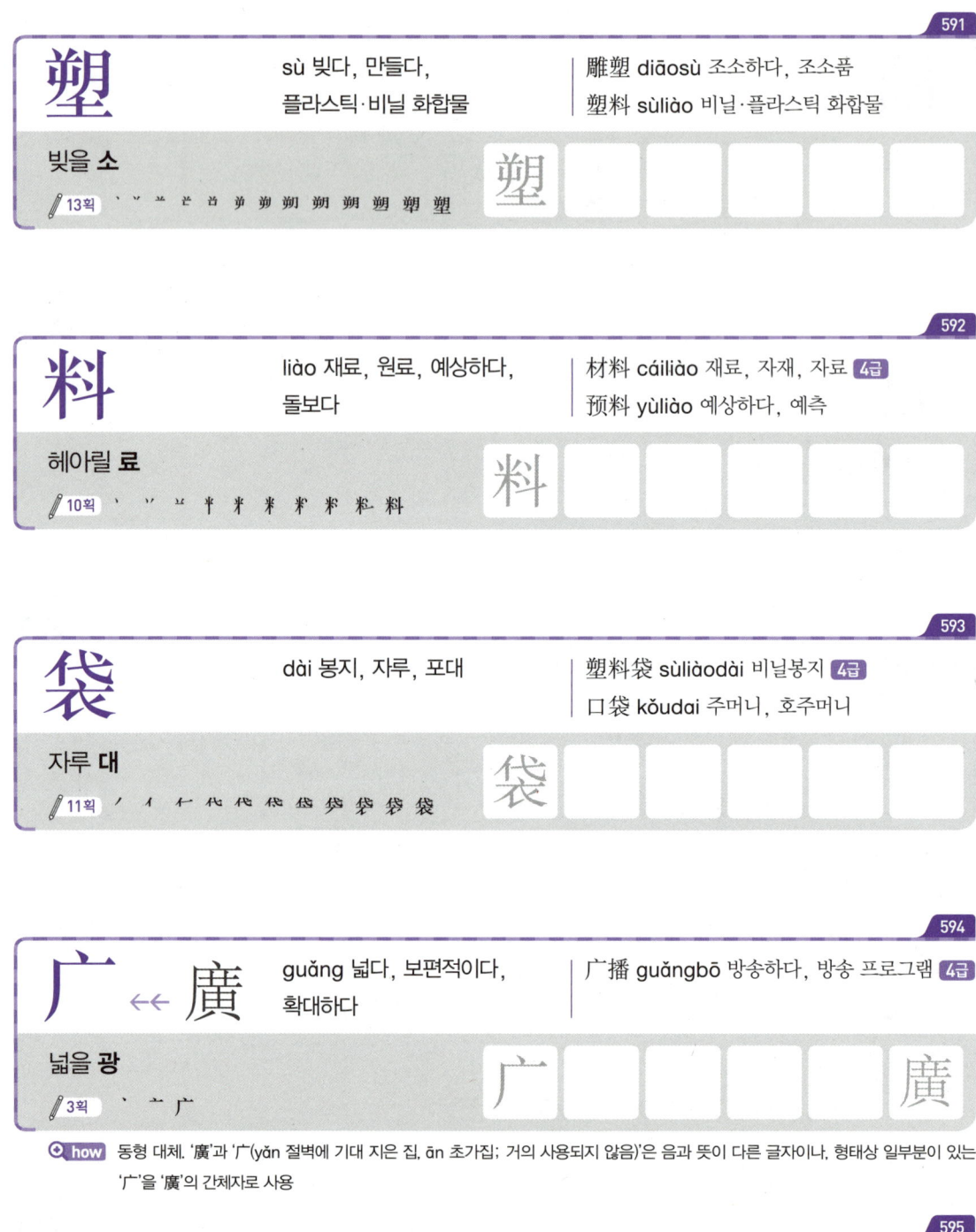

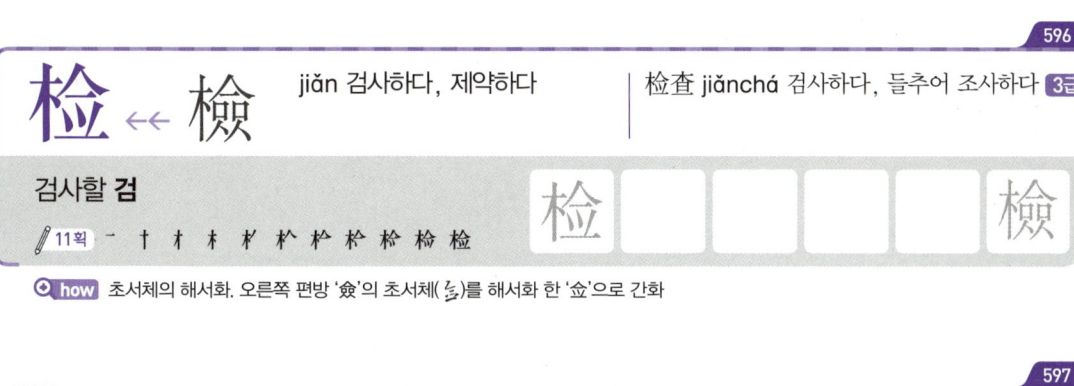

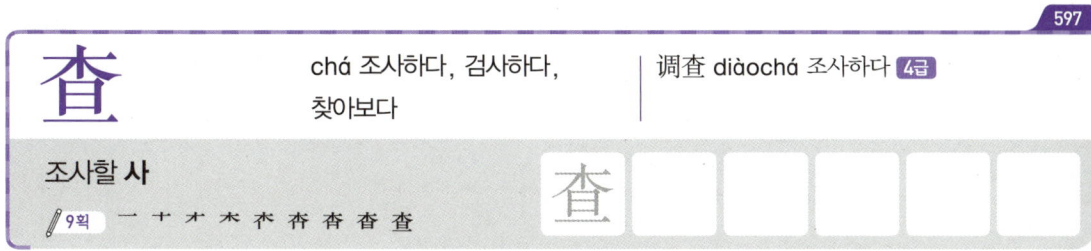

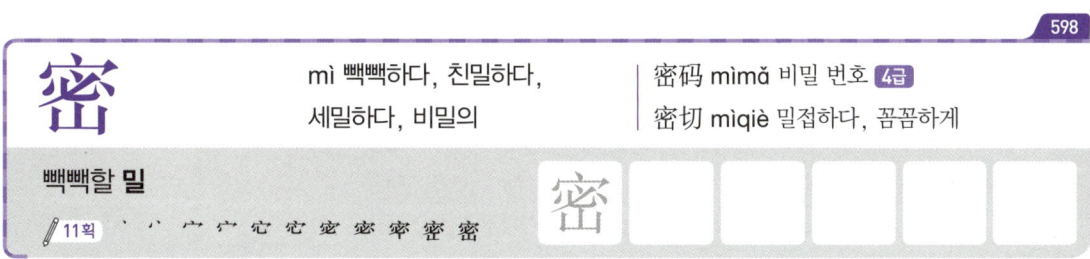

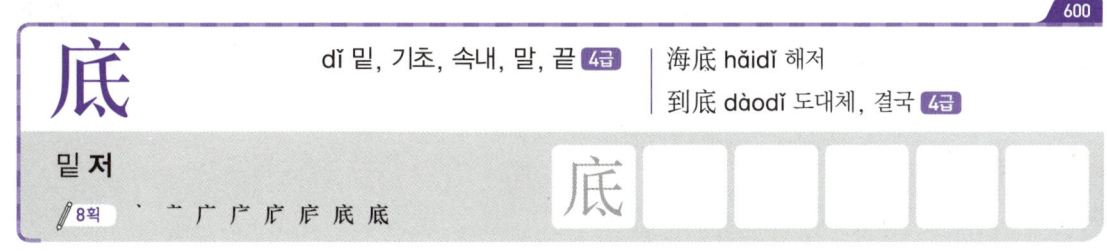

601

列 liè 배열하다, 끼워 넣다, 열, 줄 | 排列 páiliè 배열하다, 정렬하다 [4급]

줄 렬
6획 　一 ｱ 歹 歹 列 列

602

丰 ← 豐 fēng 풍부하다, 무성하다, 풍만하다 | 丰富 fēngfù 넉넉하다, 풍부하다 [4급]

넉넉할 풍
4획 　一 二 三 丰

🔍 how 동음 대체. '豐(fēng 풍부하다)'과 '丰(fēng 아름다운 모습, 자태)'은 뜻이 다른 동음자로, 필획이 간단한 '丰'을 '豐'의 간체자로 사용

603

富 fù 많다, 부유하다 [4급] | 财富 cáifù 재산

부유할 부
12획 　丶 丷 宀 宀 宀 宀 宀 宫 富 富 富 富

604

梦 ← 夢 mèng 꿈, 환상, 꿈꾸다 [4급] | 梦想 mèngxiǎng 꿈, 몽상, 간절히 바라다

꿈 몽
11획 　一 十 十 木 木 朩 材 林 梦 梦 梦

🔍 how 이체자 차용. '梦'은 '夢'의 이체자로, 필획이 간단하여 '夢'의 간체자로 사용

605

错 ← 錯 cuò 틀리다, 착오 [2급] | 错误 cuòwù 착오, 잘못, 잘못되다 [4급]

어긋날 착
13획 　丿 ｨ ｨ 钅 钅 钅 钅 钅 铗 错 错 错

🔍 how 초서체의 해서화. 왼쪽 편방 '釒'의 초서체(钅)를 해서화 한 '钅'으로 간화

146

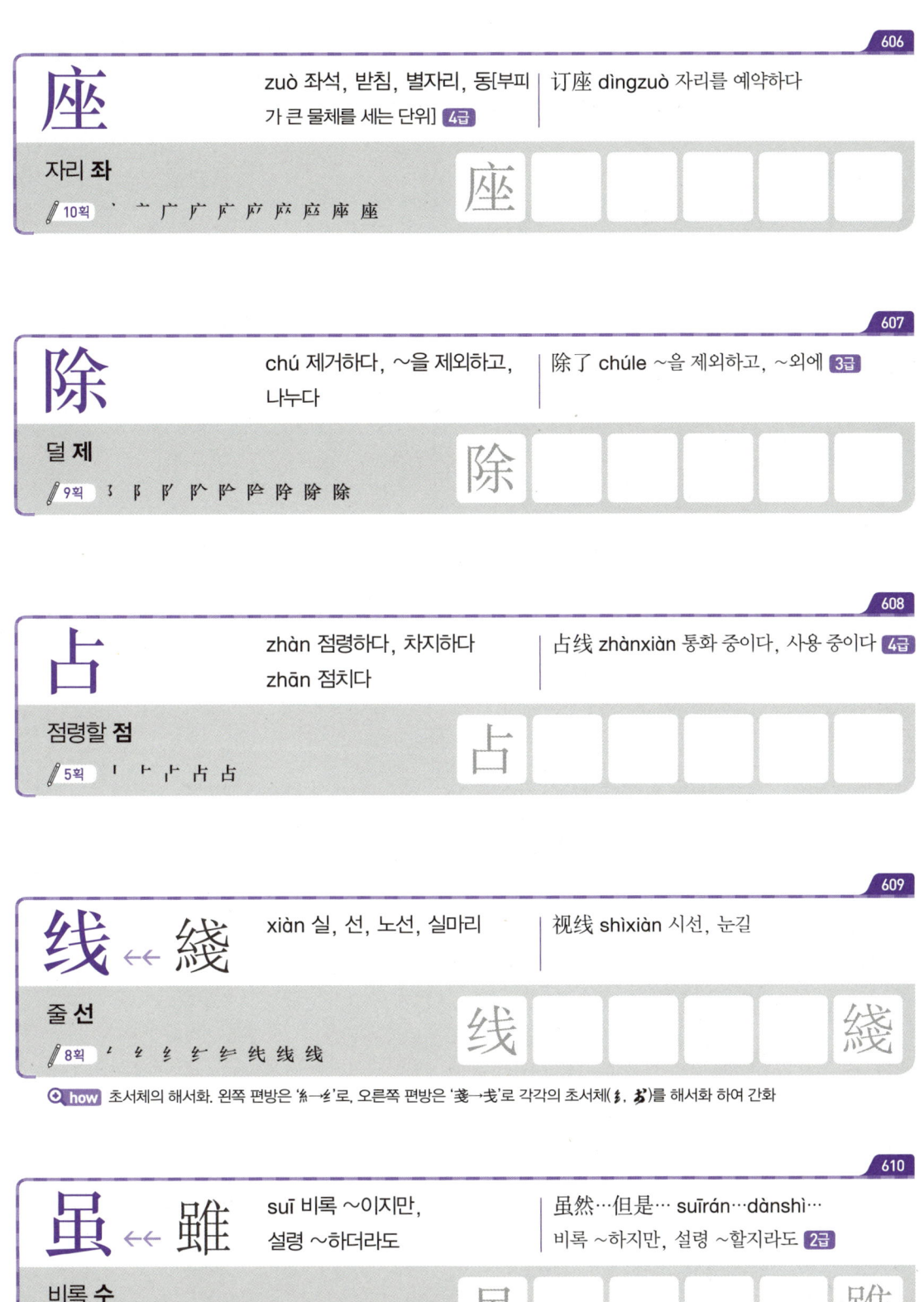

611

掉 diào 떨어지다, 방향을 바꾸다, 빠지다, ～해 버리다 `4급`

吃掉 chīdiào 먹어 치우다

흔들 도

11획 一 十 扌 扌' 扩 护 护 护 挦 掉

612

养 ← 養 yǎng 양육하다, 기르다, 휴양하다, 양성하다

养成 yǎngchéng 습관이 되다, 길러지다 `4급`

기를 양

9획 ` ` ` 丷 关 兰 兰 羊 关 美 养

how 부호법. 아랫부분 '良'을 간단한 부호 'ハ'로 간화

613

香 xiāng 향기롭다, (잠이) 달다, (음식이) 맛있다 `4급`

香瓜 xiāngguā 멜론 등 참외류

향기 향

9획 一 二 千 禾 禾 秂 香 香 香

614

蕉 jiāo 파초

香蕉 xiāngjiāo 바나나 `3급`

파초 초

15획 一 ｝ 艹 艹' 艻 芢 荈 苷 萑 萑 萑 蕉 蕉 蕉

615

停 tíng 정지하다, 세우다, 머물다 `4급`

停车 tíngchē 정차하다, 주차하다

머무를 정

11획 ノ 亻 亻' 仁 伫 伫 佇 伫 停 停 停

616

际 ← **際** jì 가, 상호간, 때, 교제하다

国际 guójì 국제, 국제적인 [4급]
实际 shíjì 실제, 현실적이다 [4급]

때 **제**

7획 ｜ 阝 阝 阡 阡 阡 际 际

🔵 how 생략법. 원래 글자의 특징을 남기고 오른쪽 위 '癶'을 생략하여 간화

617

纸 ← **紙** zhǐ 종이, 장[양사]

报纸 bàozhǐ 신문 [2급]

종이 **지**

7획 ｜ 乙 幺 纟 纟 红 纤 纸

🔵 how 초서체의 해서화. 왼쪽 편방 '糹'의 초서체(纟)를 해서화 한 '纟'로 간화

618

验 ← **驗** yàn 검증하다, 조사하다, 검사하다

经验 jīngyàn 몸소 경험하다, 경험 [4급]

시험 **험**

10획 ｜ 乙 马 马 马' 驴 驴 驴 验 验 验

🔵 how 초서체의 해서화. 좌우 편방 '馬' '僉'이 각각 초서체(马, 佥)를 해서화 한 '马' '佥'으로 간화

619

帮 ← **幫** bāng 돕다, 무리

帮忙 bāngmáng 도움을 주다 [3급]

도울 **방**

9획 ｜ 一 = ≡ 丰 丰' 邦 邦 帮 帮

🔵 how 이체자 차용&생략법. '幫'의 이체자 '幇'에서 가운데 '白'를 생략하여 '帮'으로 간화

620

助 zhù 돕다, 협조하다

帮助 bāngzhù 돕다, 도움 [2급]

도울 **조**

7획 ｜ 丨 冂 冃 月 且 助 助

621

激 jī 격동되다, 흥분시키다, 과격하다

激动 jīdòng 감동하다, 흥분하다 [4급]

격할 격
16획 丶 氵 氵 氵 氵 浐 浐 浐 渺 激 激 激

622

够 gòu 만족시키다, 가져오다, 제법, 질리다 [4급]

不够 búgòu 부족하다

족할 구
11획 ' 勹 勹 句 句 句 够 够 够 够 够

623

严 ← **嚴** yán 엄하다, 위엄 있다, 심각하다

严格 yángé 엄격하다 [4급]
严重 yánzhòng 엄중하다, 매우 심하다 [4급]

엄할 엄
7획 一 厂 亚 亚 严 严 严

🔵 how 생략법. '嚴'은 고대에 '厳'으로도 쓰였는데, 현재 아랫부분 '敢'이 생략되어 원래 글자의 윤곽이 남아 있는 '严'으로 간화. '嚴'이 편방으로 쓰일 때도 동일하게 간화됨(예: 儼 → 俨)

624

忘 wàng 잊다

忘记 wàngjì 잊어버리다, 소홀히 하다 [3급]

잊을 망
7획 ' 亠 亡 芒 忘 忘 忘

625

春 chūn 봄, 활기 [3급]

春天 chūntiān 봄
春节 Chūnjié 설, 춘절

봄 춘
9획 一 二 三 尹 夫 夫 春 春 春

626

班 bān 그룹, 반, 순번, 근무 [3급]

班长 bānzhǎng 반장, 조장
加班 jiābān 초과 근무를 하다 [4급]

나눌 반
10획 一 二 千 王 王 邦 邦 班 班

627

普 pǔ 보편적인, 일반적인

普通话 pǔtōnghuà 현대 표준 중국어 [4급]
普及 pǔjí 보급되다, 대중화시키다

넓을 보
12획 丶 丷 丷 并 并 並 並 普 普 普

628

遍 biàn 번, 차례, 모두, 두루 미치다 [4급]

两遍 liǎng biàn 두 차례, 두 번
普遍 pǔbiàn 보편적인 [4급]

두루 편
12획 丶 亠 亠 户 户 启 启 扁 扁 扁 遍 遍

629

展 zhǎn 펴다, 넓히다, 전시하다

发展 fāzhǎn 발전하다 [4급]
展览 zhǎnlǎn 전람하다

펼 전
10획 一 二 尸 尸 尸 屏 屏 屏 展 展

630

跳 tiào 뛰다, 고동치다, 건너뛰다

跳舞 tiàowǔ 춤을 추다 [2급]

뛸 도
13획 丨 ㅁ ㅁ 므 므 星 足 趴 趴 趴 跳 跳 跳

631

舞 wǔ 춤, 춤추다 | 鼓舞 gǔwǔ 고무하다, 격려하다

춤출 무
14획 ノ 一 ＝ 三 三 年 無 無 無 舞 舞 舞 舞 舞

632

获 ← 獲 穫 huò 얻다, 잡다, 수확하다 | 获得 huòdé 손에 넣다, 취득하다 [4급]

얻을 확
10획 一 ナ 艹 犷 犷 犷 莽 荻 获 获

🔵 how 獲(huò 얻다, 잡다)- 부호법. '隻'를 '犬'으로 부호화 하고, 좌우구조를 상하구조로 바꾸어 '获'로 간화
穫(huò 수확하다)- 동음 대체. '穫'와 '獲'는 의미가 다른 동음자로, '獲'의 간체자 '获'를 '穫'의 간체자로 사용

633

艺 ← 藝 yì 기예, 예술 | 艺术 yìshù 예술, 예술적이다 [4급]

재주 예
4획 一 十 艹 艺

🔵 how 형성자의 성방 교체. 형성자 '藝'의 아랫부분을 발음이 비슷한 '乙 yǐ'로 교체

634

警 jǐng 경계하다, 주의시키다, 위급한 상황 | 警察 jǐngchá 경찰 [4급]

경계할 경
19획 一 十 艹 艹 芍 苟 苟 苟 苟 苟 敬 敬 敬 警 警 警 警

635

察 chá 관찰하다, 조사하다 | 观察 guānchá 관찰하다, 살피다

살필 찰
14획 丶 丶 宀 宀 穴 穴 穴 宛 宛 宛 察 察 察 察

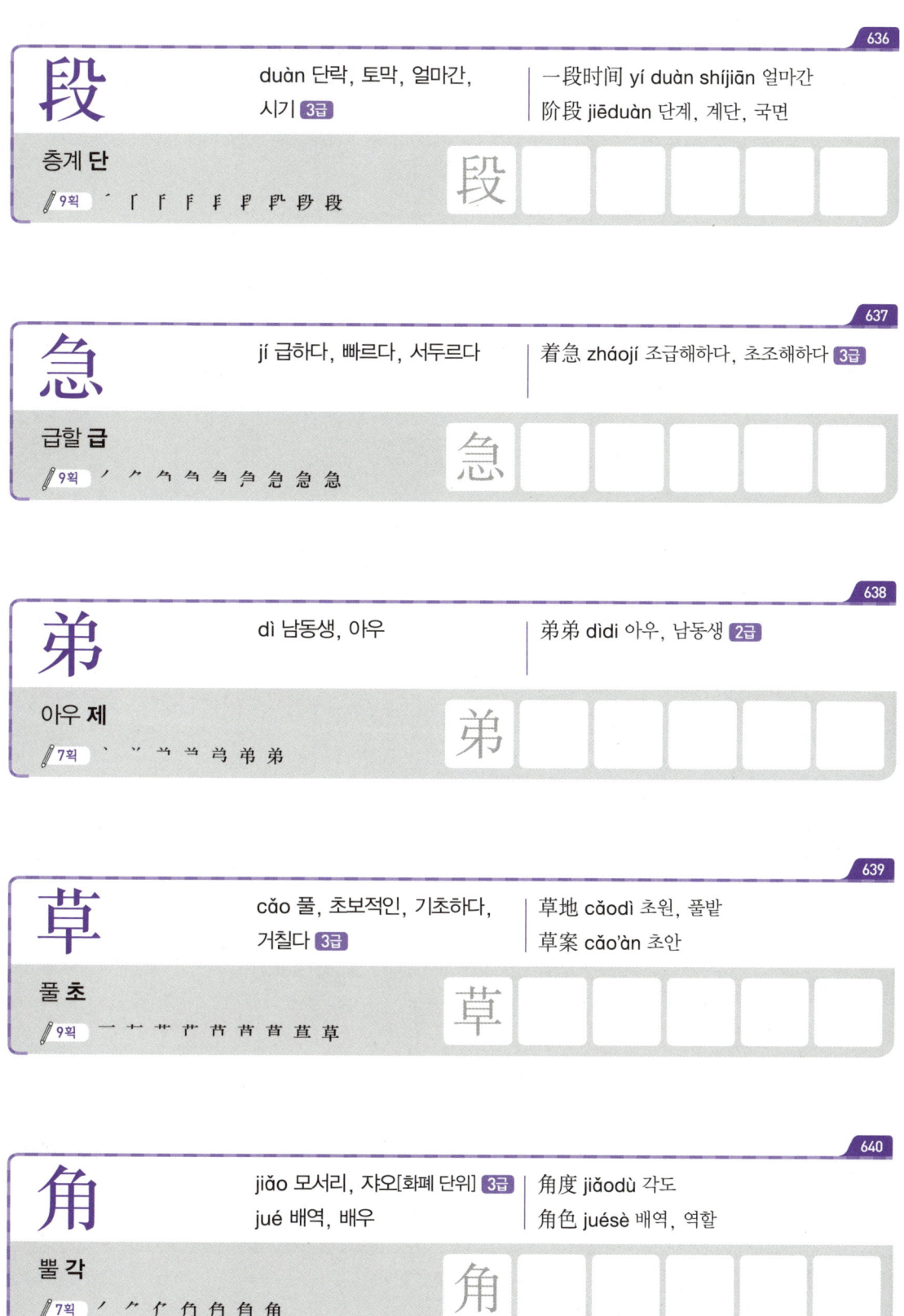

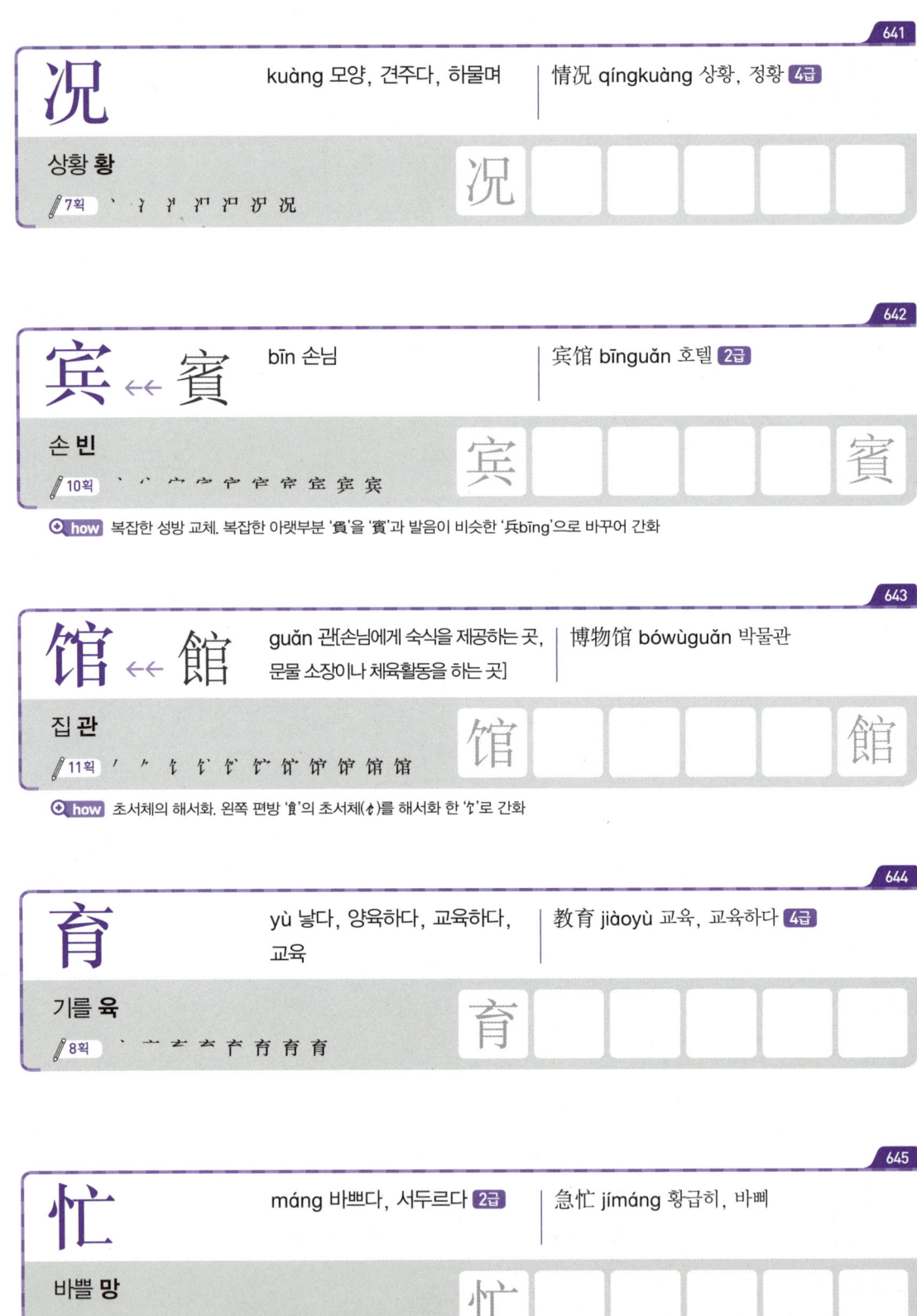

646

质 ← **質**　zhì 성질, 질, 질문하다, 순박하다　| 质量 zhìliàng 질, 품질 [4급]

바탕 **질**
/8획　一 厂 厂 严 严 所 质 质

💡 how　이체자 차용&초서체의 해서화. '质'는 '質'의 이체자로, 아랫부분 '貝'가 '贝'로 간화된 '质'를 '質'의 간체자로 사용

647

继 ← **繼**　jì 잇다, 지속하다, 뒤이어　| 继续 jìxù 계속하다, 끊임없이 하다 [4급]

이을 **계**
/10획　ㄥ ㄠ ㄠ ㄠ' 纟' 纱 絆 絆 継 継

💡 how　부호법. 왼쪽 편방은 '糸→纟(초서체의 해서화)'으로, 오른쪽 편방은 복잡한 '䜌'를 '米'로 부호화

648

续 ← **續**　xù 이어지다, 잇다, 더하다　| 持续 chíxù 지속하다

이을 **속**
/11획　ㄥ ㄠ ㄠ 纟 纟' 纩 纩 纮 纺 续 续

💡 how　초서체의 해서화. 좌우 편방이 '糸(纟)→纟' '賣(賣)→ 卖'로 간화

649

哥　gē 형, 오빠　| 哥哥 gēge 형, 오빠 [2급]

형 **가**
/10획　一 丆 丅 丆 可 可 듁 뮥 哥 哥

650

推　tuī 밀다, 추천하다, 추론하다, 연기하다 [4급]　| 推迟 tuīchí 뒤로 미루다, 늦추다 [4급]

밀 **추**
/11획　一 寸 扌 扌' 扩 扩 扩 捽 捽 推 推

651
迟 ← 遲 chí 느리다, 지각하다, 주저하다 | 迟到 chídào 지각하다 **3급**

더딜 **지** *7획* ˊ ユ ㄕ 尺 ㄕ 识 迟

how 복잡한 성방 교체. 필획이 복잡한 '犀xī'를 '遲'와 발음이 비슷하고 간단한 '尺(chí; 모양이 조금 변형됨)'로 교체

652
环 ← 環 huán 사방, 에워싸다, 고리 모양의 물건 | 环境 huánjìng 환경, 주위 상황 **3급**

고리 **환** *8획* 一 二 千 王 王' 玕 珏 环

how 이체자 차용. '环'은 '環'의 이체자로, 필획이 간단하여 '環'의 간체자로 사용

653
境 jìng (나라 간의) 경계, 장소, 상황 | 边境 biānjìng 국경지대, 변경
处境 chǔjìng 처지, 상황

지경 **경** *14획* 一 十 土 土' 土" 垆 垆 垃 境 境 境 境

654
遇 yù 만나다, 당하다, 대우하다 | 遇到 yùdào 만나다, 마주치다 **3급**

만날 **우** *12획* 丨 冂 冃 日 甲 月 禺 禺 禺 '禺 谒 遇

655
标 ← 標 biāo 표지, 기호, 나타내다 | 标准 biāozhǔn 표준, 기준, 표준적이다 **4급**

표할 **표** *9획* 一 十 才 木 木' 杓 杓 标 标

how 생략법. 오른쪽 윗부분 '覀'를 생략하여 '标'로 간화

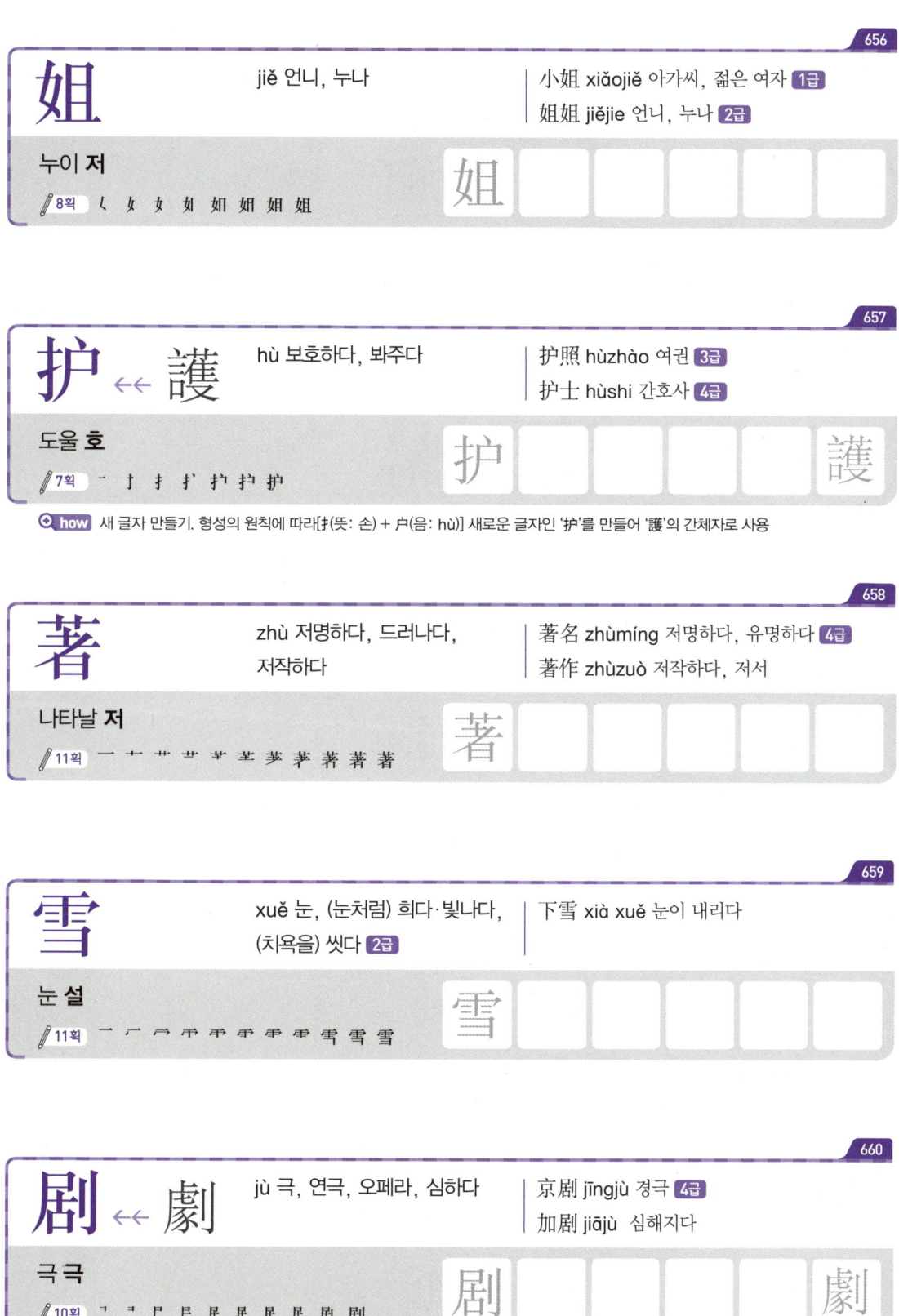

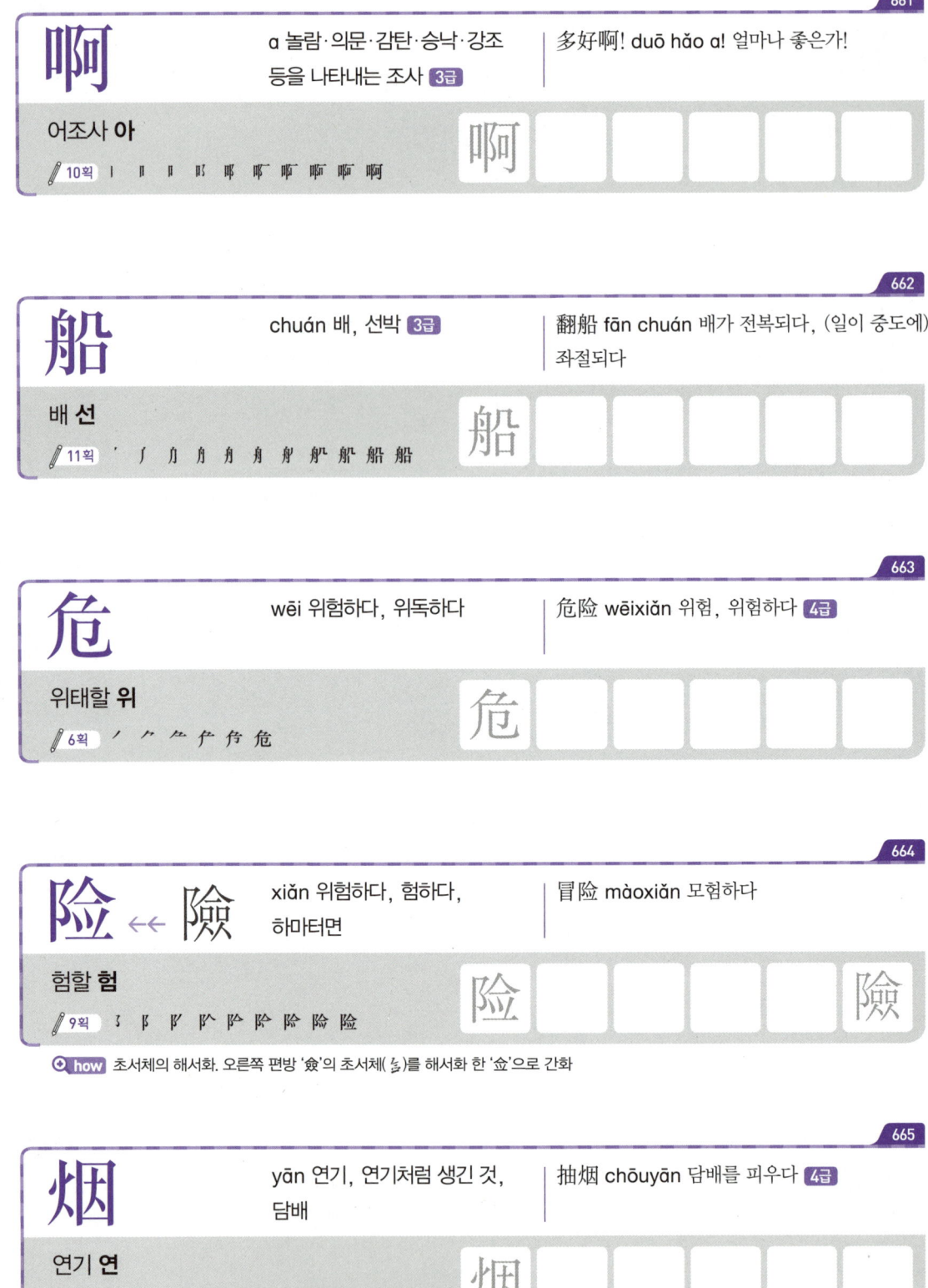

666
值 zhí 가치, ~에 상당하다, ~할 만하다

값 **치** / 10획 / 丿 亻 亻 亻 伂 佑 佰 佰 値 値

値得 zhídé 값이 ~할 만하다, ~할 만한 가치가 있다 **4급**

667
汉 ← **漢** hàn 한나라[중국 왕조], 한족, 중국어, 사나이

한나라 **한** / 5획 / 丶 丶 冫 汀 汉

汉语 Hànyǔ 중국어 **1급**

+ how 부호법. 오른쪽 편방 '莫'를 간단한 부호 '又'로 간화

668
慢 màn 느리다, 미루다, 태만하다, 예의 없다 **2급**

느릴 **만** / 14획 / 丶 丶 丨 忄 忄 忄 悍 悍 悍 悍 悍 慢 慢

慢慢 mànman 느리다, 천천히

669
肯 kěn 승낙하다, 기꺼이 동의하다

수긍할 **긍** / 8획 / 丨 卜 止 止 肯 肯 肯 肯

肯定 kěndìng 확실히, 틀림없이, 확신하다 **4급**

670
唱 chàng 노래하다, 제창하다, 큰 소리로 외치다

부를 **창** / 11획 / 丨 口 口 口 唱 唱 唱 唱 唱 唱 唱

唱歌 chàng gē 노래 부르다 **2급**

671

歌

gē 노래, 가곡, 노래 부르다, 찬미하다

歌手 gēshǒu 가수

노래 **가**

14획 一 ㄏ 𠃍 可 可 哥 哥 哥 哥 哥 哥' 哥ケ 哥欠 歌

歌

672

沙

shā 모래, 모래알처럼 생긴 것, (목소리가) 쉬다, 거칠다

沙发 shāfā 소파 4급

沙滩 shātān 모래사장

모래 **사**

7획 丶 丶 氵 氵 汌 沙 沙

沙

673

降

jiàng 내리다, 내려가다, 출생하다

降落 jiàngluò 내려오다, 착륙하다 4급

下降 xiàjiàng 하강하다, 떨어지다

내릴 **강**

8획 ⻖ 阝 阝 阝 降 降 降 降

降

674

低

dī 낮다, 뒤떨어지다, 숙이다 4급

降低 jiàngdī 내리다, 인하하다 4급

低头 dītóu 고개를 숙이다

낮을 **저**

7획 丿 亻 亻 亻 亻 低 低

低

675

玩

wán 놀다, 감상하다, 희롱하다 2급

开玩笑 kāiwánxiào 농담하다, 장난으로 여기다 4급

놀 **완**

8획 一 二 干 王 王 王 玗 玩

玩

676

资 ← 資 zī (재물로) 돕다, 제공하다, 자질, 자격, 자금 | 工资 gōngzī 월급, 노임 [4급]

재물 **자** / 10획 ` ⺀ ⺀ 冫 次 次 咨 咨 资 资

🔵 how 초서체의 해서화. 아래 편방 '貝'의 초서체(⻉)를 해서화 한 '贝'로 간화

677

速 sù 속도, 빠르다 | 高速公路 gāosù gōnglù 고속도로 [4급]

빠를 **속** / 10획 一 ⼁ 丨 戸 申 束 束 束 涑 速

678

顾 ← 顧 gù 뒤돌아보다, 돌보다, 방문하다, 고객 | 顾客 gùkè 고객, 손님 [4급]
照顾 zhàogù 돌보다 [3급]

돌아볼 **고** / 10획 一 厂 ⼚ 斤 斤 卮 卮 顾 顾 顾

🔵 how 초서체의 해서화. 왼쪽 편방은 '扁→厄'로, 오른쪽 편방은 '頁→页'로 초서체(厄, 页)를 해서화 하여 간화

679

哭 kū (소리 내어) 울다 [3급] | 哭泣 kūqì (작은 소리로) 흐느껴 울다

울 **곡** / 10획 ⼁ 口 口 口 吅 吅 哭 哭 哭

680

旅 lǚ 여행하다, 여행자 | 旅游 lǚyóu 여행하다, 관광하다 [2급]
旅行 lǚxíng 여행하다 [4급]

나그네 **려** / 10획 ` ⼀ ⼁ 方 方 扩 扩 扩 旅 旅

681

街 jiē 거리, 큰길 | 街道 jiēdào 거리, 대로, 큰길 [3급]

거리 가
12획 ノ 彳 彳 彳 彴 徃 徍 徍 街 街 街

682

鱼 ← 魚 yú 물고기, 어류 [2급] | 钓鱼 diàoyú 낚시하다

물고기 어
8획 ノ ク 夕 匀 匀 鱼 鱼 鱼

how 초서체의 해서화. '魚'의 초서체(鱼)가 해서화 된 '鱼'로 간화

683

抱 bào 포옹하다, 둘러싸다, 마음에 품다 [4급] | 抱歉 bàoqiàn 미안해하다 [4급]

안을 포
8획 一 十 扌 扌 扚 抅 抛 抱

684

歉 qiàn 사과, 미안한 마음, 유감이다, 미안하다 | 道歉 dàoqiàn 사과하다 [4급]

흉년 들 겸
14획 丶 丷 丷 业 当 尘 兼 兼 兼 兼 兼 歉 歉

685

态 ← 態 tài 모양, 형상 | 态度 tàidu 태도, 행동거지 [4급]

모습 태
8획 一 ナ 大 太 太 态 态 态

how 복잡한 성방 교체. '態'는 형성자로, 성방 '能nài'의 필획이 많고 발음도 명확하지 않아 이를 '態'와 발음이 같고 간단한 '太tài'로 바꾸어 간화

686

级 ← 級 jí 등급, 학년, 계단

初级 chūjí 초급의
年级 niánjí 학년 [3급]

등급 **급**
6획 ㄥ ㄠ ㄠ 纟 犳 级 级

 how 초서체의 해서화. '糸'의 초서체(纟)가 해서화 된 '纟'로 간화

687

票 piào 표, 티켓, 지폐 [2급]

发票 fāpiào 영수증
门票 ménpiào 입장권

표 **표**
11획 一 厂 厂 厅 西 西 覀 覀 票 票 票

688

律 lǜ 제한하다, 법률

法律 fǎlǜ 법률 [4급]
一律 yílǜ 일률적이다, 예외 없이

법칙 **률**
9획 ノ ㇏ 彳 彳 ㇇ 律 律 律 律

689

份 fèn 부분, 몫, 조각, 세트, 권, 지위 [4급]

身份 shēnfen 신분, 품위

일부분 **분**
6획 ノ イ 亻 伀 份 份

690

汽 qì 수증기, 김

公共汽车 gōnggòngqìchē 버스 [2급]
汽水 qìshuǐ 사이다

물 끓는 김 **기**
7획 ㇔ ㇔ 氵 氵 氕 氕 汽

691

床 chuáng 침대, 넓은 평면을 가진 기구

起床 qǐchuáng 일어나다, 병이 낫다 2급
床单 chuángdān 침대 시트

평상 **상**
7획 丶 一 广 广 庄 床 床

床

692

楼 ← **樓** lóu 층집, 층, 점포 3급

楼上 lóushàng 2층, 위층
楼下 lóuxià 아래층, 건물 아래

다락 **루**
13획 一 十 才 木 木 术 术 栌 栌 㭌 楼 楼 楼

楼　　　　樓

how 초서체의 해서화. 오른쪽 편방 '婁'의 초서체(娄)를 해서화 한 '娄'로 간화

693

贵 ← **貴** guì 비싸다, 지위가 높다, 귀중하다 2급

珍贵 zhēnguì 진귀하다

귀할 **귀**
9획 丨 ㄇ 口 虫 虫 虫 虫 贵 贵

贵　　　　貴

how 초서체의 해서화. 아랫부분 '貝'의 초서체(乆)를 해서화 한 '贝'로 간화

694

吸 xī 들이마시다, 흡수하다

吸引 xīyǐn 흡인하다, 끌어당기다 4급
呼吸 hūxī 호흡하다

마실 **흡**
6획 丨 ㅁ 口 吖 吸 吸

695

负 ← **負** fù 부담하다, 책임지다, 받다, 지다

负责 fùzé 책임지다, 맡은 바 책임을 다하다 4급

질 **부**
6획 ノ ク ク 疒 负 负

how 초서체의 해서화. 아랫부분 '貝'의 초서체(乆)를 해서화 한 '贝'로 간화

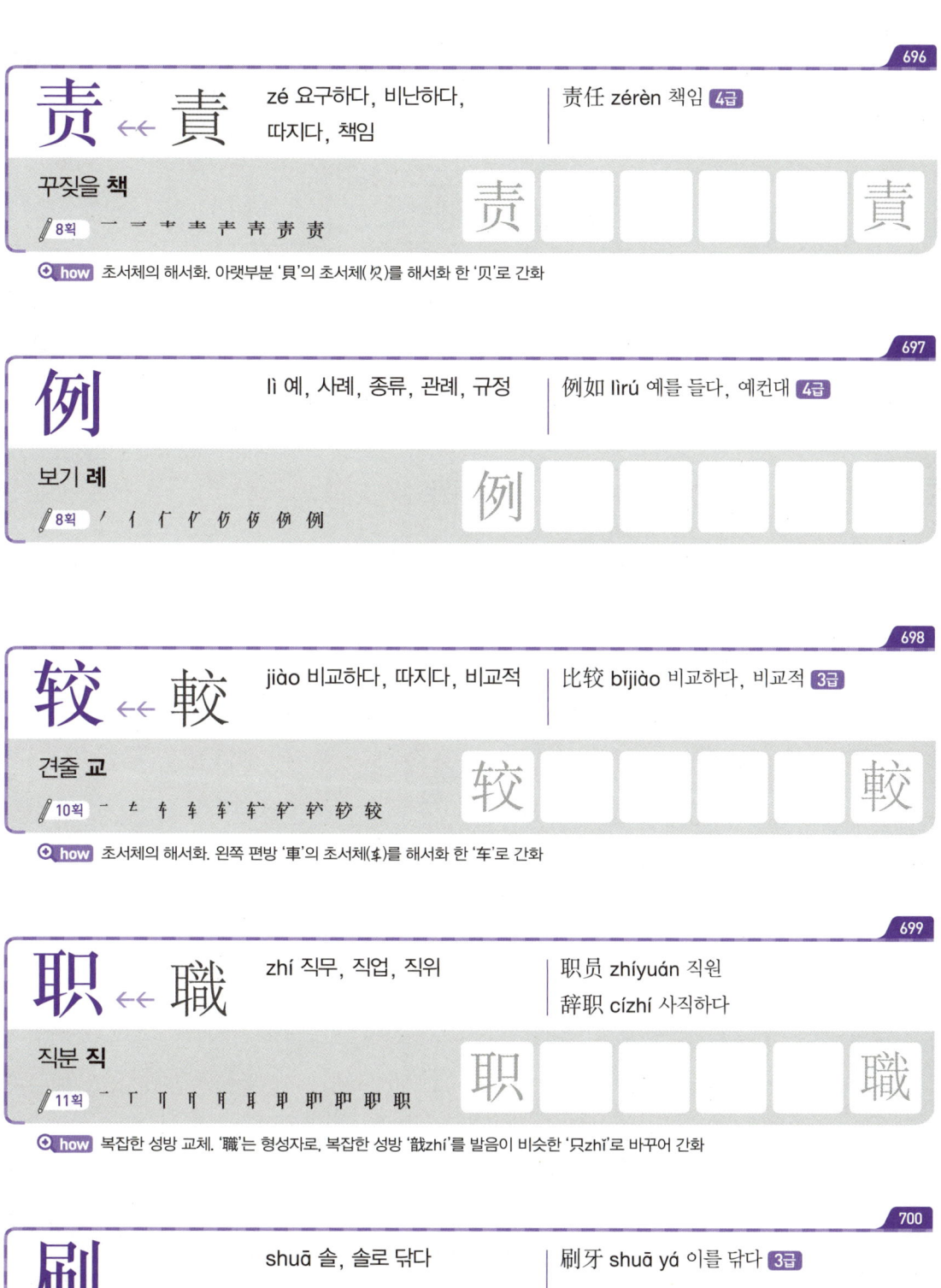

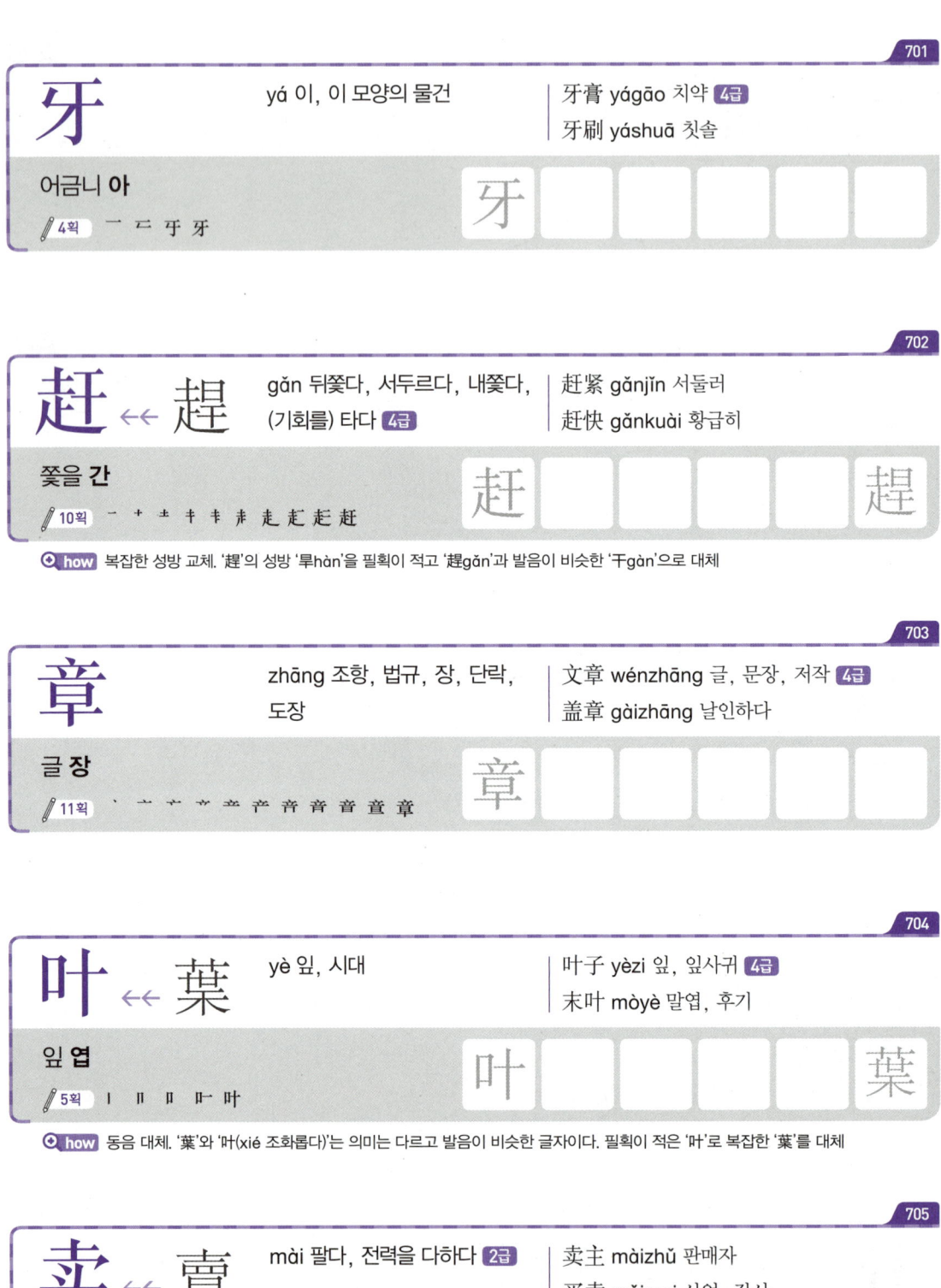

701
牙 yá 이, 이 모양의 물건
- 牙膏 yágāo 치약 [4급]
- 牙刷 yáshuā 칫솔

어금니 아 / 4획 一 匚 牙 牙

702
赶 ← 趕 gǎn 뒤쫓다, 서두르다, 내쫓다, (기회를) 타다 [4급]
- 赶紧 gǎnjǐn 서둘러
- 赶快 gǎnkuài 황급히

쫓을 간 / 10획 一 十 土 キ キ 走 走 走 赶 赶

● how 복잡한 성방 교체. '趕'의 성방 '旱hàn'을 필획이 적고 '趕gǎn'과 발음이 비슷한 '干gàn'으로 대체

703
章 zhāng 조항, 법규, 장, 단락, 도장
- 文章 wénzhāng 글, 문장, 저작 [4급]
- 盖章 gàizhāng 날인하다

글 장 / 11획 ' 一 十 立 产 产 音 音 音 章 章

704
叶 ← 葉 yè 잎, 시대
- 叶子 yèzi 잎, 잎사귀 [4급]
- 末叶 mòyè 말엽, 후기

잎 엽 / 5획 丨 冂 冂 叶 叶

● how 동음 대체. '葉'와 '叶(xié 조화롭다)'는 의미는 다르고 발음이 비슷한 글자이다. 필획이 적은 '叶'로 복잡한 '葉'를 대체

705
卖 ← 賣 mài 팔다, 전력을 다하다 [2급]
- 卖主 màizhǔ 판매자
- 买卖 mǎimai 사업, 장사

팔 매 / 8획 一 十 土 士 吉 壶 壶 卖

● how 초서체의 해서화. '賣'의 초서체(𠥑)를 해서화 한 '卖'로 간화

706

坚 ← 堅

jiān 단단하다, 확고 부동하다

坚持 jiānchí 견지하다, 유지하다 **4급**
坚强 jiānqiáng 굳세다

굳을 견
7획 丨 丨 丨ソ 収 坚 坚 坚

how 초서체의 해서화. 위쪽 편방 '臤'을 부분 초서체(⿰)를 해서화 한 '⿰'로 간화

707

喝

hē 마시다, 음주하다 **1급**

喝水 hē shuǐ 물을 마시다

마실 갈
12획 丨 口 口 口' 口日 旦 吗 吗 喝 喝 喝

708

肉

ròu (동물의) 고기, (사람의) 살, 근육, 과육

羊肉 yángròu 양고기 **2급**
肌肉 jīròu 근육

고기 육
6획 丨 冂 內 內 肉 肉

709

修

xiū 수리하다, 장식하다, 건축하다, 수련하다, 다듬다

修理 xiūlǐ 수리하다, 수선하다, 다듬다 **4급**
修改 xiūgǎi 고치다, 수정하다

닦을 수
9획 丿 亻 亻 亻 仁 攸 攸 修 修

710

担 ← 擔

dān 메다, 감당하다
dàn 짐, 책임

担心 dānxīn 염려하다, 걱정하다 **3급**
担子 dànzi 짐, 부담

멜 담
8획 一 亅 扌 打 扣 担 担 担

how 복잡한 성방 교체. 필획이 많은 성방 '詹zhān'을 '擔'과 발음이 같고 간단한 '旦dàn'으로 교체. '詹'이 편방으로 쓰일 때 어떤 것은 간화되고(예: 膽→胆), 어떤 것은 간화되지 않음(예: 譫→譫)

711

卫 ← 衛　wèi 지키다, 지키거나 방어하는 사람　｜　卫生间 wèishēngjiān 화장실, 세면장 [4급]　门卫 ménwèi 경비

지킬 **위**　3획　フ ユ 卫

◎ how 부호법. 복잡한 글자 전체를 '卫'로 부호화

712

药 ← 藥　yào 약, 약물 [2급]　｜　药房 yàofáng 약국

약 **약**　9획　一 十 卄 艹 芍 芍 苭 药 药

◎ how 복잡한 성방 교체. 필획이 많은 성방 '樂yuè'를 발음이 비슷하고 간단한 '约yuē'로 교체

713

勇　yǒng 용감하다, 과감하다, 용기가 있다　｜　勇敢 yǒnggǎn 용감하다 [4급]

용감할 **용**　9획　一 ㄱ 尸 甬 甬 甬 甬 勇 勇

714

敢　gǎn 용기가 있다, 자신 있게 ~하다 [4급]　｜　不敢 bùgǎn 감히 ~하지 못하다

감히, 굳셀 **감**　11획　一 亠 亣 示 示 币 吊 吊 耳 敢 敢

715

戴　dài 착용하다, 떠받들다, 이다 [4급]　｜　穿戴 chuāndài 옷차림, 걸치다, 몸치장하다

일 **대**　17획　一 十 土 壴 壴 壴 壴 壴 壴 壴 壹 臺 臺 戴 戴 戴

716
词 ← 詞 cí 단어, 말, 구절

词典 cídiǎn 사전 [3급]
词汇 cíhuì 어휘, 용어

말 사
7획 `丶 讠 讠 订 订 词 词 词`

💡 **how** 초서체의 해서화. 왼쪽 편방 '言'의 초서체(讠)를 해서화 한 '讠'으로 간화

717
森 sēn (나무가) 무성하다, 빽빽하다, 어둡다

森林 sēnlín 삼림, 숲 [4급]

수풀 삼
12획 `一 十 才 木 木 杢 森 森 森 森 森 森`

718
林 lín 숲, 수풀, 임업, 집단

园林 yuánlín 원림, 정원

수풀 림
8획 `一 十 才 木 木 杧 材 林`

719
耳 ěr 귀, 귀처럼 생긴 것

耳朵 ěrduo 귀 [3급]

귀 이
6획 `一 丆 丌 г Ħ 耳`

720
差 chà 나쁘다, 부족하다, 다르다 [3급]

差不多 chàbuduō 비슷하다 [4급]
出差 chūchāi 출장 가다 [4급]

다를 차
9획 `丶 丷 䒑 䒑 兰 羊 差 差 差`

721

短 duǎn (시간·공간의 거리가) 짧다, 결여되다, 단점 `3급`

短信 duǎnxìn 문자 메시지 `4급`
短处 duǎnchu 결점, 단점

짧을 단
12획 ノ 上 ヒ 矢 矢 矢 短 短 短 短

722

云 ← 雲 yún 구름, 말하다 `4급`

乌云 wūyún 먹구름

구름, 말할 운
4획 一 二 云 云

how 동음 대체. '云(yún 말하다)'과 '雲(yún 구름)'은 뜻이 다른 동음자로, 필획이 적은 '云'을 복잡한 '雲'의 간체자로 사용

723

规 ← 規 guī 규범, 계획하다, 각도기

规定 guīdìng 규칙, 규정하다 `4급`

법 규
8획 一 二 于 夫 刦 规 规 规

how 초서체의 해서화. 오른쪽 편방 '見'의 초서체(见)를 해서화 한 '见'으로 간화

724

窗 chuāng 창문, 창

窗户 chuānghu 창, 창문 `4급`

창 창
12획 丶 宀 宀 宀 宀 宀 宀 窣 窣 窗 窗

725

户 hù 문, 가구, 세대, 가문, 계좌

账户 zhànghù 계좌

집 호
4획 丶 一 ㄱ 户

726

旧 ← 舊　jiù 오래다, 옛날의, 이전의 [3급]　｜　仍旧 réngjiù 여전히, 예전대로 하다

옛 구
5획 ｜ ｜｜ ｜日 旧 旧

how 생략법&이체자 차용. 윗부분 '萑'을 생략하고 남은 성방 '臼jiù'의 이체자 '旧'를 '舊'의 간체자로 사용

727

弹 ← 彈　tán 연주하다, 쏘다, 탄력 있는　｜　弹钢琴 tán gāngqín 피아노를 치다 [4급]
　　　　dàn 탄알, 둥근 알

연주할, 탄알 **탄**
11획 ー コ 弓 弓' 弓'' 弘 弘 弹 弹 弹

how 초서체의 해서화. 오른쪽 편방 윗부분 '㓁'이 부분 초서체(ソ)를 해서화 한 '丷'으로 간화

728

钢 ← 鋼　gāng 강철　｜　钢铁 gāngtiě 강철

강철 **강**
9획 ノ 上 上 乍 钅 钅 钔 钢 钢

how 초서체의 해서화&부호법. 왼쪽 편방 '金'은 초서체(钅)를 해서화 한 '钅'으로, 오른쪽 편방의 안쪽 '罒'는 간단한 부호 'X'로 간화

729

铁 ← 鐵　tiě 철, 단단하다, 강하다, 확고부동하다　｜　地铁 dìtiě 지하철 [3급]
　　　　　　　　　　　　　　　　　　　　　铁饭碗 tiěfànwǎn 철밥통, 평생 직장

쇠 **철**
10획 ノ 上 上 乍 钅 钅一 钅二 钅天 铁 铁

how 이체자 차용. '鐵'의 이체자 '銕'에서 왼쪽 편방 '金'이 '钅'으로 간화된 '铁'가 복잡한 '鐵'의 간체자로 사용

730

博　bó 풍부하다, 박식하다　｜　博士 bóshì 박사, 어떤 것에 정통한 사람 [4급]

넓을 **박**
12획 一 十 十 亠 广 甬 甫 博 博 博 博

731

压 ← **壓**

yā 내리누르다, 억누르다

压力 yālì 압력, 스트레스 **4급**

누를 압
6획 一 厂 厃 厅 压 压

how 생략법. '厭'를 생략하고, '土'에 'ヽ'을 하나 더한 '压'로 간화

732

超

chāo 초과하다, 제한을 받지 않다, 탁월하다

超市 chāoshì 슈퍼마켓 **3급**
超过 chāoguò 초과하다, 추월하다 **4급**

뛰어넘을 초
12획 一 十 土 耂 耂 耂 走 起 起 起 超 超

733

醒

xǐng 잠에서 깨다, 깨어 있다, 깨닫다, 뚜렷하다 **4급**

提醒 tíxǐng 일깨우다, 상기시키다 **4급**

깰 성
16획 一 厂 百 酉 酉 酉 酉 酊 酊 酲 酲 酲 酲 醒 醒

734

洗

xǐ 씻다, 빨다, 현상하다, 지우다 **2급**

洗手 xǐshǒu 손을 씻다, 그만 두다
干洗 gānxǐ 드라이클리닝 하다

씻을 세
9획 丶 氵 氵 氵 泸 泸 泮 洗 洗

735

澡

zǎo (몸을) 씻다

洗澡 xǐzǎo 목욕하다 **3급**

씻을 조
16획 丶 氵 氵 氵 沪 澋 澋 澋 澋 澡 澡 澡 澡 澡 澡

736

嘴 zuǐ 입, 입처럼 생긴 것, 먹을 거리 [3급]

嘴唇 zuǐchún 입술

부리 **취**
16획 丨丨丨丨丨丨丨丨丨丨丨嘴嘴嘴嘴嘴

737

毕 ← **畢** bì 완성하다, 마치다, 전부

毕业 bìyè 졸업, 졸업하다 [4급]

마칠 **필**
6획 一 トヒ比毕毕

💡 how 새 글자 만들기. '畢'는 긴 손잡이가 달린 그물을 본떠 만든 상형자이다. 일부 특징인 '十'에 소리를 나타내는 '比bǐ'를 더하여 '毕'로 간화

738

冰 bīng 얼음, 차다, 냉동시키다

冰箱 bīngxiāng 냉장고, 아이스박스 [3급]
冰激凌 bīngjīlíng 아이스크림

얼음 **빙**
6획 丶 冫 冫 冰 冰 冰

739

箱 xiāng 상자

行李箱 xínglǐxiāng 트렁크, 여행 가방 [3급]
邮箱 yóuxiāng 우체통, 우편함

상자 **상**
15획 ノ 丨 丨 丨 丨 丨 丶 丶 丶 丶 箱 箱 箱 箱 箱

740

既 jì ~할 뿐만 아니라, 이왕 ~한 바에는, 이미

既然 jìrán ~된 바에야, ~된 이상 [4급]

이미 **기**
9획 丶 丶 彐 彐 彐 彐 既 既 既

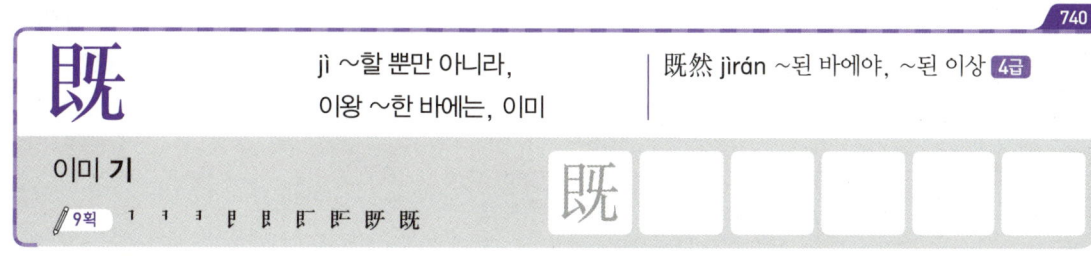

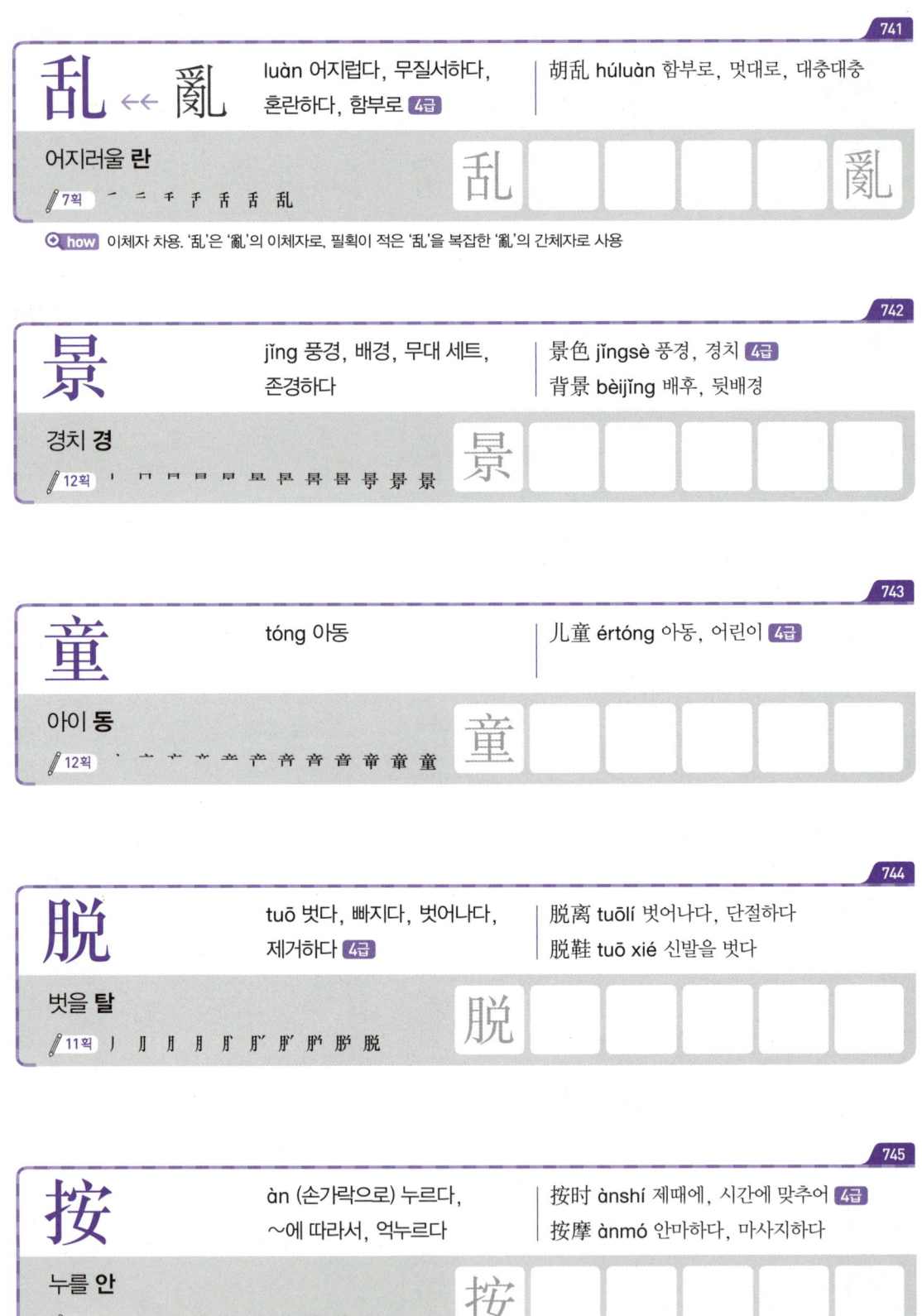

746

坏 ← 壞

huài 나쁘다, 망치다, 고장 나다, 너무 ~하다 **3급**

损坏 sǔnhuài 손상시키다, 훼손시키다

상할 **괴**
7획 一 十 扌 뉘 坏 坏 坏

坏 　 　 　 　 壞

how 이체자 차용. '坏'는 '壞'의 이체자로, 필획이 간단하여 '壞'의 간체자로 사용

747

灯 ← 燈

dēng 등, 램프, 버너 **3급**

开灯 kāidēng 전등을 켜다

등 **등**
6획 丶 丶 ナ 火 火 灯

灯 　 　 　 　 燈

how 복잡한 성방 교체. 복잡한 성방 '登dēng'을 '燈'과 발음이 비슷하고 필획이 간단한 '丁dīng'으로 대체하여 간화

748

翻

fān 뒤집다, (책을) 펼치다, 번역하다, 바꾸다

翻书 fānshū 책을 펴다, 서적을 번역하다

뒤집을 **번**
18획 一 丆 口 平 乎 乎 呑 呑 番 番 番 翻 翻 翻 翻 翻

翻 　 　 　 　 　

749

译 ← 譯

yì 번역하다, 통역하다

翻译 fānyì 번역하다, 통역하다 **4급**

통역할 **역**
7획 丶 讠 讠 沪 泽 泽 译

译 　 　 　 　 譯

how 초서체의 해서화. 좌우 편방이 각각 초서체가 해서화 된 '言(訁)→讠' '睪(睪)→泽'로 간화

750

换

huàn 교환하다, 바꾸다, 환전하다 **3급**

交换 jiāohuàn 교환하다
兑换 duìhuàn 환전하다

바꿀 **환**
10획 一 十 扌 扌 扚 护 护 挽 换 换

换 　 　 　 　 　

175

 练练词 3

1 다음 단어를 간체자로 바꾸어 쓰세요.

❶ 선택하다　選擇 xuǎnzé → ☐☐

❷ 경쟁하다　競爭 jìngzhēng → ☐☐

❸ 준비하다　準備 zhǔnbèi → ☐☐

❹ 간단하다　簡單 jiǎndān → ☐☐

❺ 호텔　賓館 bīnguǎn → ☐☐

❻ 계속하다　繼續 jìxù → ☐☐

❼ 책임지다　負責 fùzé → ☐☐

❽ 직원　職員 zhíyuán → ☐☐

答案
1 ①选择 ②竞争 ③准备 ④简单 ⑤宾馆 ⑥继续 ⑦负责 ⑧职员

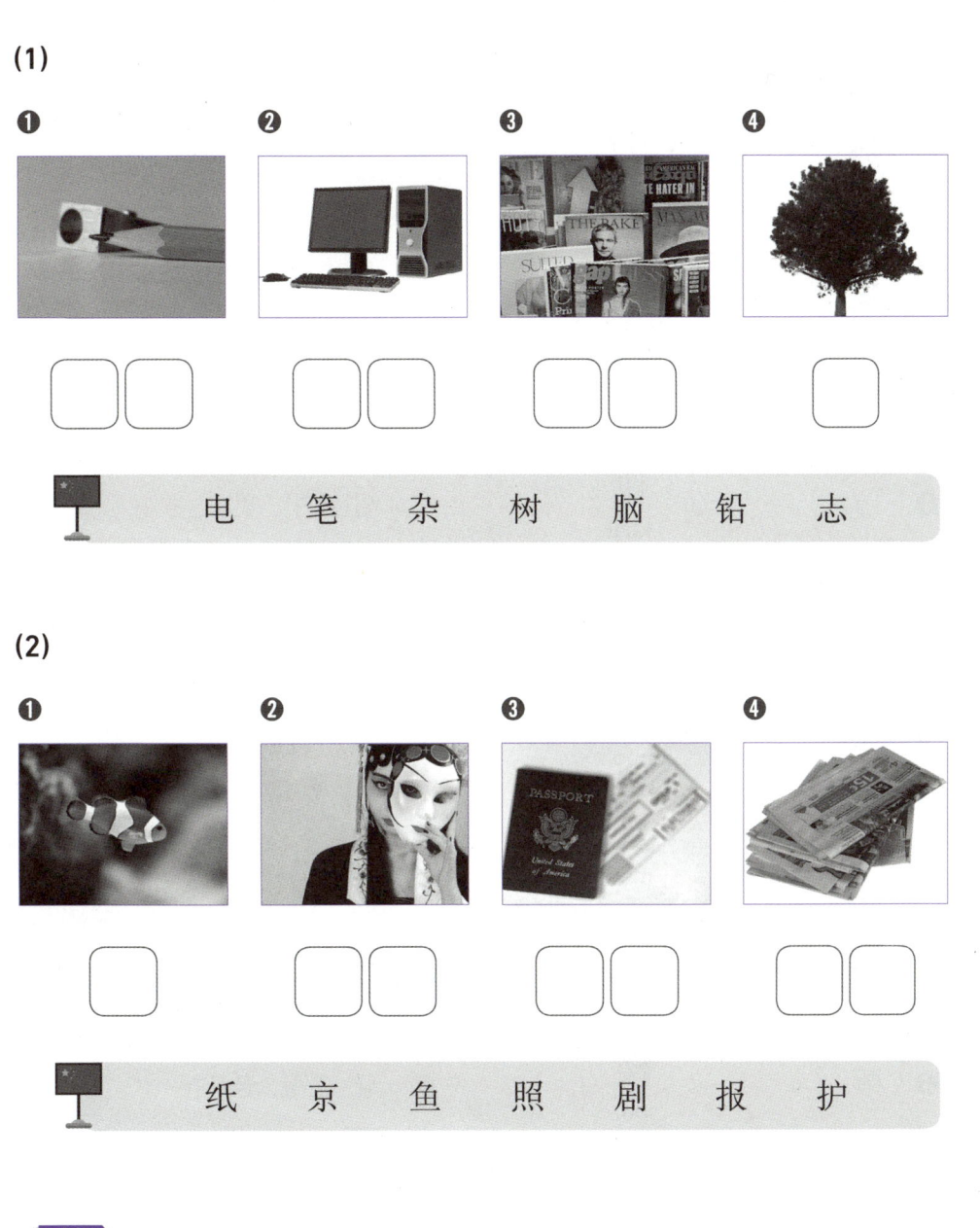

练练词 3

3 다음 글자의 간체자와 의미를 올바르게 연결하세요.

(1)

❶ 號   ⓐ 响 xiǎng   ㉠ 사다, 매수하다

❷ 響   ⓑ 买 mǎi   ㉡ 덩이, 조각, 위안

❸ 塊   ⓒ 号 hào   ㉢ 소리가 나다, 소리가 크다

❹ 買   ⓓ 块 kuài   ㉣ 일[날짜], 번호, 호수

(2)

❶ 貴   ⓐ 错 cuò   ㉠ 층집, 층, 점포

❷ 樓   ⓑ 梦 mèng   ㉡ 틀리다, 착오

❸ 錯   ⓒ 贵 guì   ㉢ 비싸다, 지위가 높다, 귀중하다

❹ 夢   ⓓ 楼 lóu   ㉣ 꿈, 환상, 꿈꾸다

答案
3 (1) ①-ⓒ-㉣ ②-ⓐ-㉢ ③-ⓓ-㉡ ④-ⓑ-㉠
   (2) ①-ⓒ-㉢ ②-ⓓ-㉠ ③-ⓐ-㉡ ④-ⓑ-㉣

4 다음 글자의 간체자를 쓰고, 뜻에 맞는 단어를 쓰세요.

❶ 習 xí   ☐
1) _____ 연습하다, 숙제
2) _____ 공부하다

❷ 細 xì   ☐
1) _____ 상세하다, 자세하다
2) _____ 세심하다, 꼼꼼하다

❸ 費 fèi   ☐
1) _____ 무료로 하다
2) _____ 낭비하다, 허비하다

❹ 檢 jiǎn   ☐
1) _____ 검사하다, 들추어 조사하다

❺ 豐 fēng   ☐
1) _____ 넉넉하다, 풍부하다

❻ 綫 xiàn   ☐
1) _____ 통화 중이다

❼ 幫 bāng   ☐
1) _____ 도움을 주다
2) _____ 돕다, 도움

❽ 嚴 yán   ☐
1) _____ 엄격하다
2) _____ 엄중하다, 매우 심하다

答案

4 ① 习, 1) 练习 2) 学习   ② 细, 1) 详细 2) 仔细
③ 费, 1) 免费 2) 浪费   ④ 检, 1) 检查
⑤ 丰, 1) 丰富   ⑥ 线, 1) 占线
⑦ 帮, 1) 帮忙 2) 帮助   ⑧ 严, 1) 严格 2) 严重

练练词 3

⑤ 다음 번체자와 간체자가 맞으면 ○, 틀리면 × 표시하고 올바르게 고쳐보세요.

❶ 堅持　　坚持 jiānchí　　☐

❷ 擔心　　担心 dānxīn　　☐

❸ 彈鋼琴　弹钢琴 tán gāngqín　☐

❹ 地鐵　　地铗 dìtiě　　☐

❺ 葉子　　茉子 yèzi　　☐

❻ 藥　　　药 yào　　☐

❼ 舊　　　萑 jiù　　☐

❽ 壞　　　坏 huài　　☐

❾ 亂　　　乱 luàn　　☐

❿ 壓　　　厌 yā　　☐

答案
5 ①○ ②○ ③○ ④×,地铁 ⑤×,叶子 ⑥○ ⑦×,旧 ⑧○ ⑨○ ⑩×,压

Ⅳ. 자주 쓰이는 간체자
TOP 751-1000

751

束 shù 묶다, 매다, 다발, 속박하다, 정리하다

- 结束 jiéshù 끝나다, 종결하다 [3급]
- 花束 huāshù 꽃다발

묶을 속
7획 一 厂 丆 市 申 束 束

752

增 zēng 늘다, 보태다, 증가하다

- 增加 zēngjiā 증가하다, 더하다 [4급]

더할 증
15획 一 十 土 圡 圤 圤 圥 圬 埣 垴 增 增 增 增 增

753

餐 cān 음식, 끼니, (음식을) 먹다

- 餐厅 cāntīng 식당 [4급]
- 餐具 cānjù 식사 도구

밥 찬
16획 丨 卜 ﾅ ﾗ ﾗ ﾗ ﾀ 夗 夗 夘 孥 孥 ヂ 餐 餐

754

厅 ← **廳** tīng 큰 방, 홀, 청

- 客厅 kètīng 거실, 응접실 [4급]

관청 관
4획 一 厂 尸 厅

🔵 how 새 글자 만들기. 형성의 원칙에 따라 필획이 많은 성방 '聽tīng'은 '丁dīng'으로 바꾸고, 형방 '广'은 '厂'로 바꾸어 간화

755

缺 quē 결핍되다, 결석하다, 모자라다, 불완전하다, 결원

- 缺点 quēdiǎn 결점 [4급]
- 缺少 quēshǎo 부족하다, 모자라다 [4급]

모자랄 결
10획 ノ ﾄ ﾄ ﾟ 缶 缶 缶 缶 缺 缺

756

忆 ← 憶 yì 회상하다, 그리워하다, 기억하다 | 回忆 huíyì 회상하다, 추억 [4급]

생각할 억
4획 ` ` 忄 忆

how 복잡한 성방 교체. 필획이 많은 성방 '意yì'를 발음이 비슷하고 간단한 '乙yǐ'로 대체

757

层 ← 層 céng 층, 겹, 중복되다, 재차 [3급] | 阶层 jiēcéng 계층, 단계, 집단

층 층
7획 一 コ 尸 尸 尸 层 层

how 부호법. 복잡한 '曾'을 간단한 부호 '云'으로 부호화. 이때 '云'은 어떤 뜻·음도 나타내지 않음

758

付 fù 교부하다, 넘겨주다, 돈을 지불하다 | 付款 fùkuǎn 돈을 지불하다 [4급]

줄 부
5획 ノ 亻 仁 付 付

759

款 kuǎn 양식, 스타일, 조항, 비용, 돈 | 款式 kuǎnshì 스타일, 양식
罚款 fákuǎn 벌금을 부과하다

항목 관
12획 一 十 土 士 吉 李 丰 耒 耒 款 款 款

760

批 pī 피드백하다, 비판하다, 거액의, 무리 | 批评 pīpíng 비판하다, 비평하다 [4급]
批发 pīfā 도매하다

비평할 비
7획 一 十 扌 扌 扎 扎 批

761

评 ← **評** píng 평하다, 논하다, 논평 | 评价 píngjià 평가, 평가하다

평할 **평**
7획 ` 讠 讠 讠 讠 评 评

how 초서체의 해서화. 왼쪽 편방 '言'의 초서체(讠)를 해서화 한 '讠'으로 간화

762

狗 gǒu 개, 앞잡이 [1급] | 热狗 règǒu 핫도그

개 **구**
8획 ノ 丁 犭 犭 犳 狗 狗 狗

763

懂 dǒng 알다, 이해하다 [2급] | 听不懂 tīngbùdǒng 못 알아듣다

알 **동**
15획 丶丶忄忄忄忄忄忄忄忄忄懂懂懂

764

呀 ya '啊'가 음이 변한 어조사[앞 음절의 발음이 a, e, i, o, u로 끝날 때] [4급] | 快来呀! kuài lái ya! 빨리 와!

입 딱 벌릴 **아**
7획 丨 ㅁ ㅁ 叮 呀 呀 呀

765

弄 nòng 하다, 장난하다, 어지럽히다 [4급] | 玩弄 wánnòng 희롱하다, 가지고 놀다

희롱할 **롱**
7획 一 二 干 王 丢 弄 弄

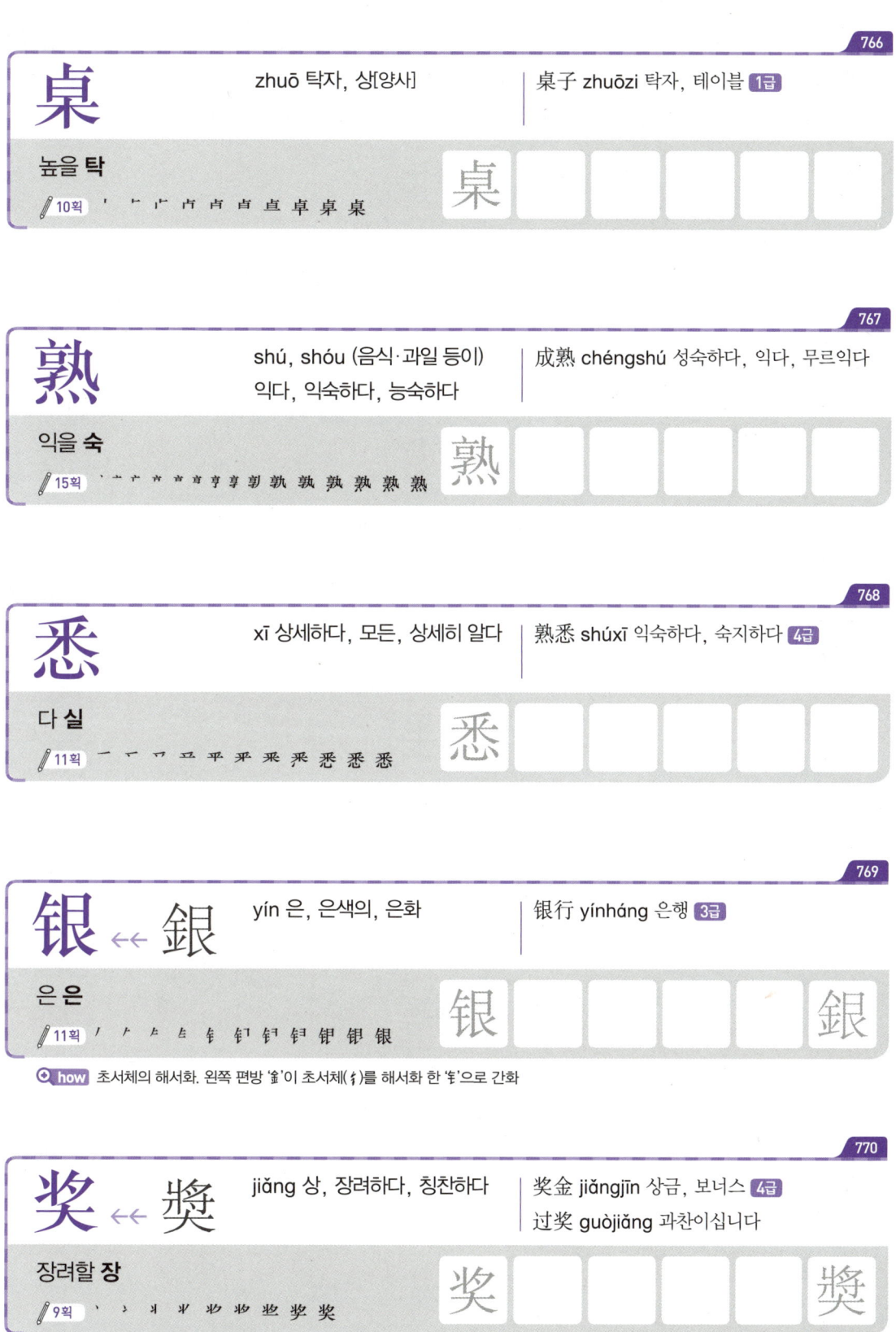

771

供 gōng 공급하다, 제공하다
gòng 바치다, 공물

提供 tígōng 제공하다, 공급하다 4급
供品 gòngpǐn 공물, 제물

이바지할 **공**
8획 ノ 亻 亻 仁 什 仕 供 供 供

772

优 ← 優 yōu 우수하다, 풍부하다, 후대하다

优秀 yōuxiù 우수하다 4급
优点 yōudiǎn 장점 4급

넉넉할, 뛰어날 **우**
6획 ノ 亻 亻 仁 尤 优 优

○ how 복잡한 성방 교체. '優'는 형성자로, 성방 '憂yōu'를 발음이 비슷한 '尤yóu'로 대체한 '优'로 간화

773

课 ← 課 kè 수업, 강의, 과목, 과 2급

上课 shàngkè 수업하다

과정 **과**
10획 ` 讠 讠 沪 沪 沪 详 评 课 课

○ how 초서체의 해서화. '言'의 초서체(讠)를 해서화 한 '讠'으로 간화

774

鸟 ← 鳥 niǎo 새 3급

鸟巢 niǎocháo 새둥지

새 **조**
5획 ´ ⺈ ⺈ 鸟 鸟

○ how 초서체의 해서화. '鳥'의 초서체(鸟)를 해서화 한 '鸟'로 간화

775

夏 xià 여름 3급

夏天 xiàtiān 여름

여름 **하**
10획 一 丆 丆 百 百 百 頁 夏 夏 夏

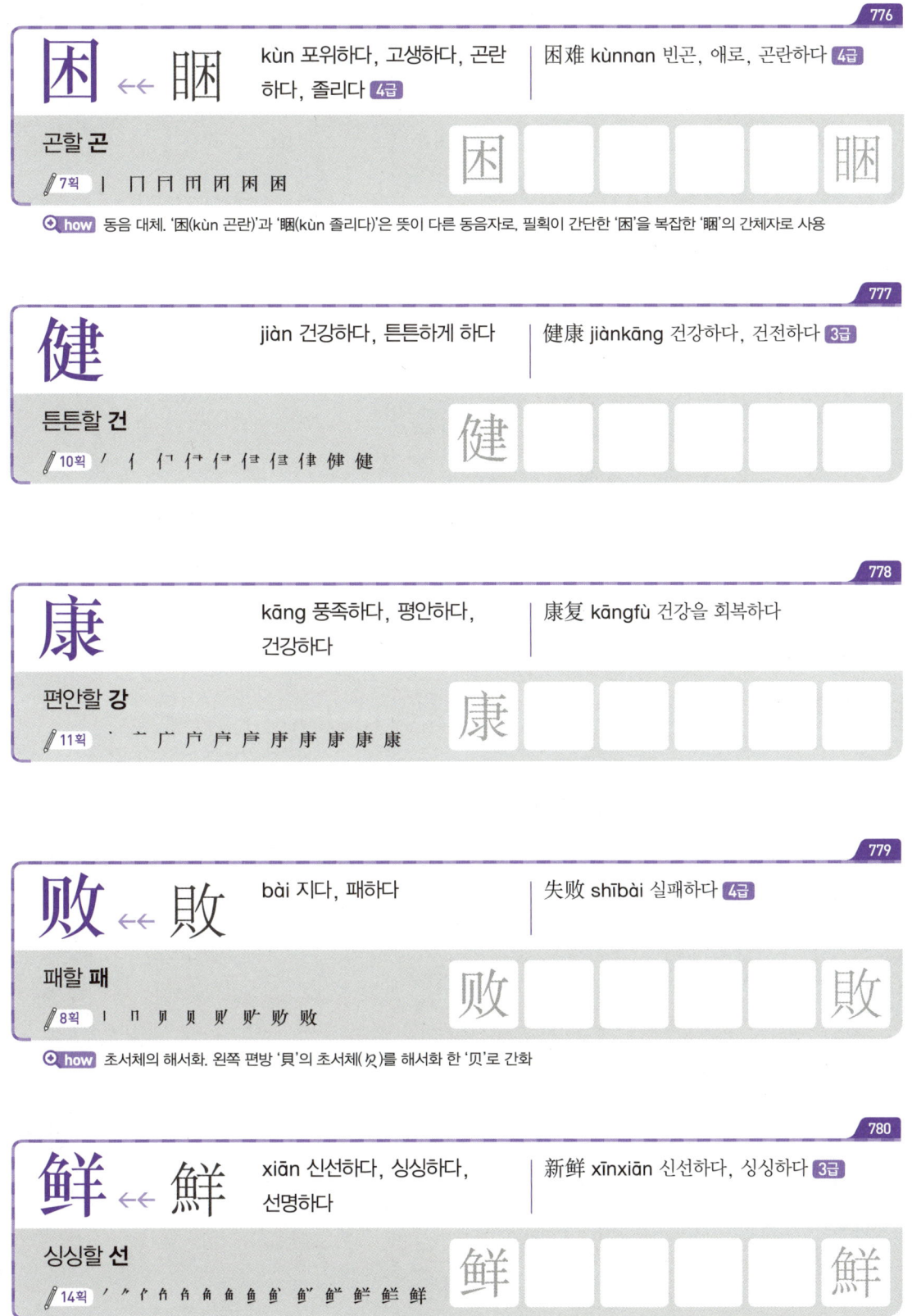

781 禁
jìn 금하다, 금지
禁止 jìnzhǐ 금지하다, 불허하다 **4급**

금할 **금**
13획 一 十 才 木 本 村 村 林 林 埜 梺 禁 禁

782 止
zhǐ 정지하다, 멈추게 하다
防止 fángzhǐ 방지하다

그칠 **지**
4획 丨 ト 止 止

783 恐
kǒng 두려워하다, 놀래주다, 아마
恐怖 kǒngbù 무섭다, 두렵다
恐怕 kǒngpà 아마 ~일 것이다 **4급**

두려울 **공**
10획 一 T 工 刀 巩 巩 巩 恐 恐 恐

784 伙 ← 夥
huǒ 동료, 패, 동아리, 무리, 어울려 하다, 공동 취사
小伙子 xiǎohuǒzi 젊은이, 청년 **4급**

동아리, 많을 **화**
6획 丿 亻 亻 仆 伙 伙

how 동음 대체. '夥(huǒ 동료, 무리, 많다)'와 '伙(huǒ 동료, 공동 취사)'는 뜻이 비슷한 동음자로, 필획이 간단한 '伙'로 복잡한 '夥'의 간체자로 사용. '夥'가 '많다'의 의미일 때는 간화하지 않음

785 妹
mèi 여동생
妹妹 mèimei 여동생 **2급**

누이 **매**
8획 ㄑ 女 女 女 妒 妹 妹 妹

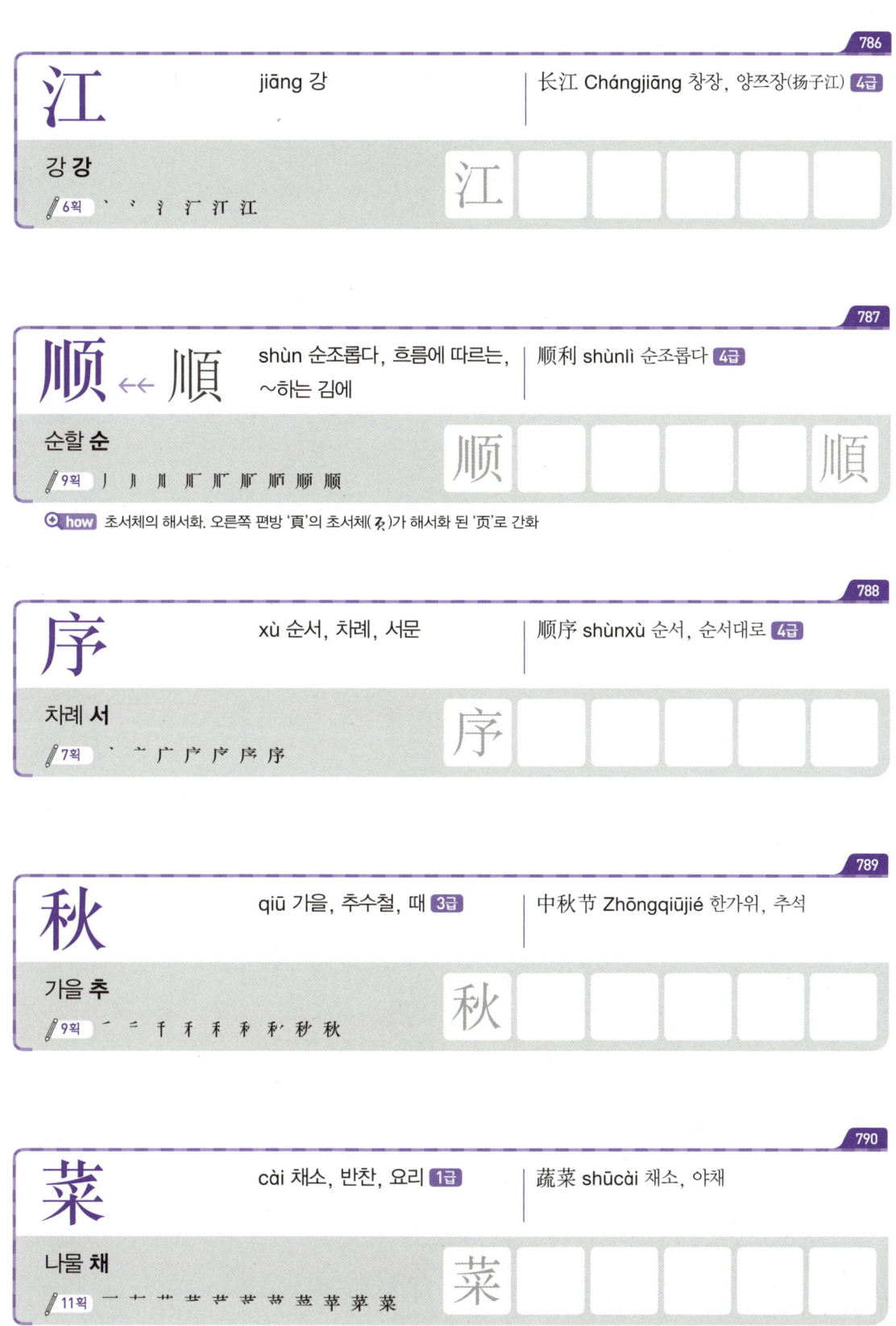

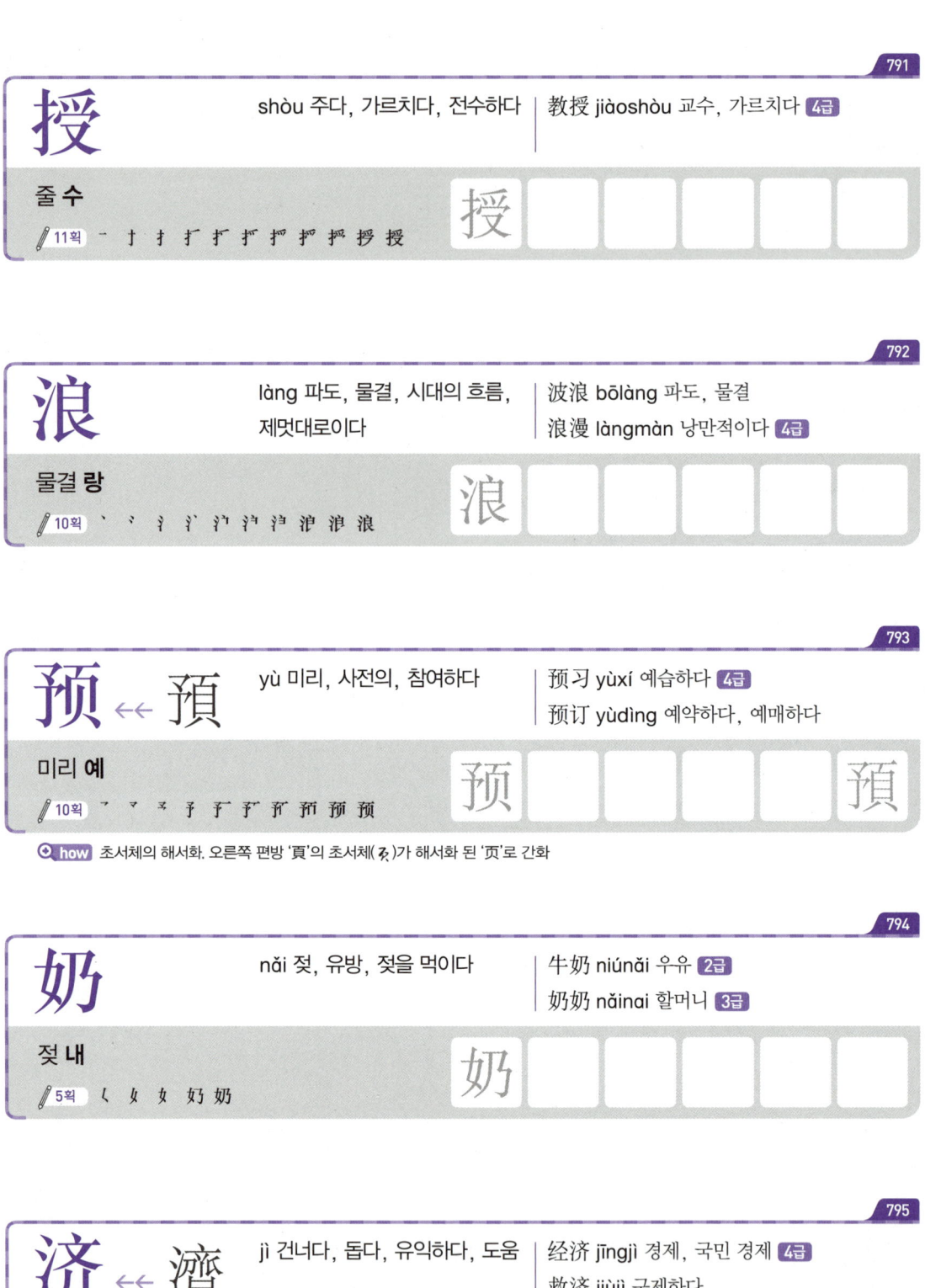

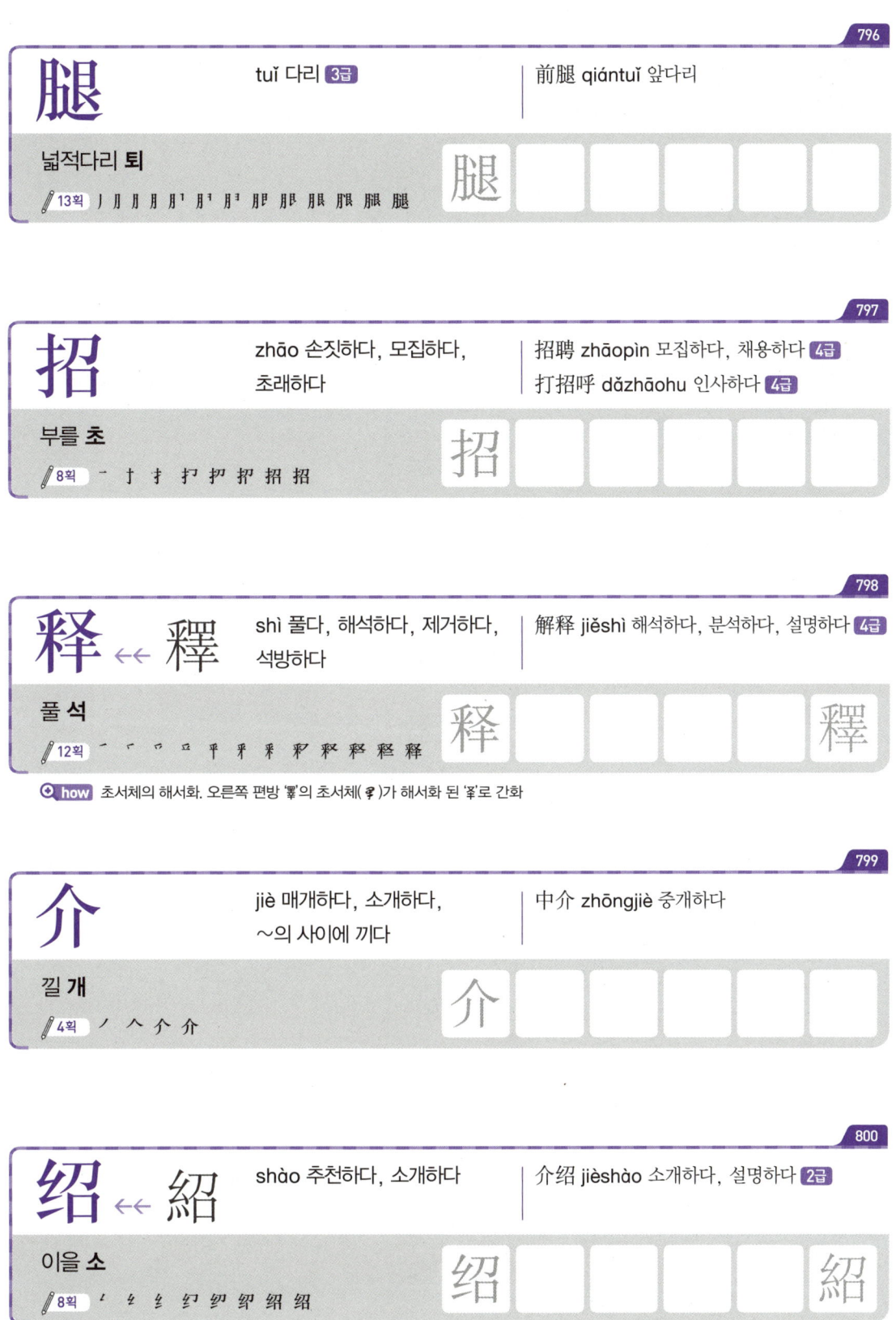

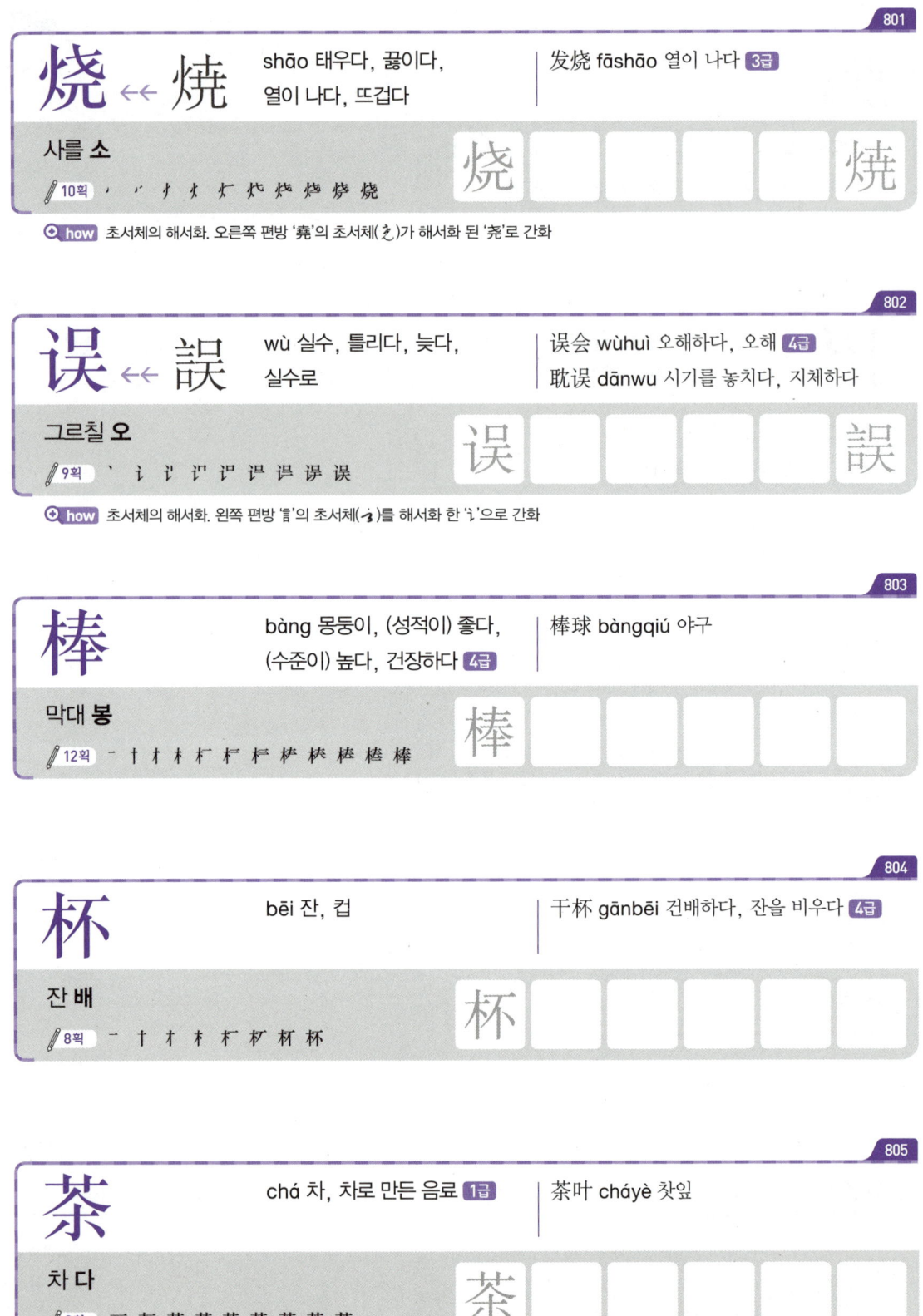

806

零 líng 영, 제로, 자질구레하다, 떨어지다 `2급` | 零钱 língqián 푼돈, 용돈 `4급`

떨어질 **령**, 영 **영**
13획 　一 ㄷ 乣 乣 乣 乣 乣 尹 尹 雯 零 零 零

807

熊 xióng 곰, 변변찮다, 무능하다, 야단치다 | 熊猫 xióngmāo 판다 `3급`

곰 **웅**
14획 　′ ′ ′ ′ ′ 白 自 自 俞 俞 能 能 能 能 熊 熊

808

猫 māo 고양이 `1급` | 养猫 yǎng māo 고양이를 기르다

고양이 **묘**
11획 　′ ′ ′ ′ ′ ′ 犭 犭 犭 犭 犲 犲 猎 猎 猫 猫

809

漂 piāo 뜨다　piǎo 헹구다
piào 헛수고가 되다 | 漂亮 piàoliang 예쁘다, (일처리·행동 등이) 멋지다 `1급`

떠다닐 **표**
14획 　` ` ` ` ` 氵 氵 氵 汩 汩 沪 浐 漂 漂 漂 漂 漂

810

苹 ← **蘋** píng '苹果(사과)'의 구성자 | 苹果 píngguǒ 사과 `1급`

개구리밥 **평**
8획 　一 十 卄 土 土 土 土 苹

🔵 how 복잡한 성방 교체. 성방 '頻pín'이 발음이 비슷한 '平píng'으로 교체되어 '苹'으로 간화

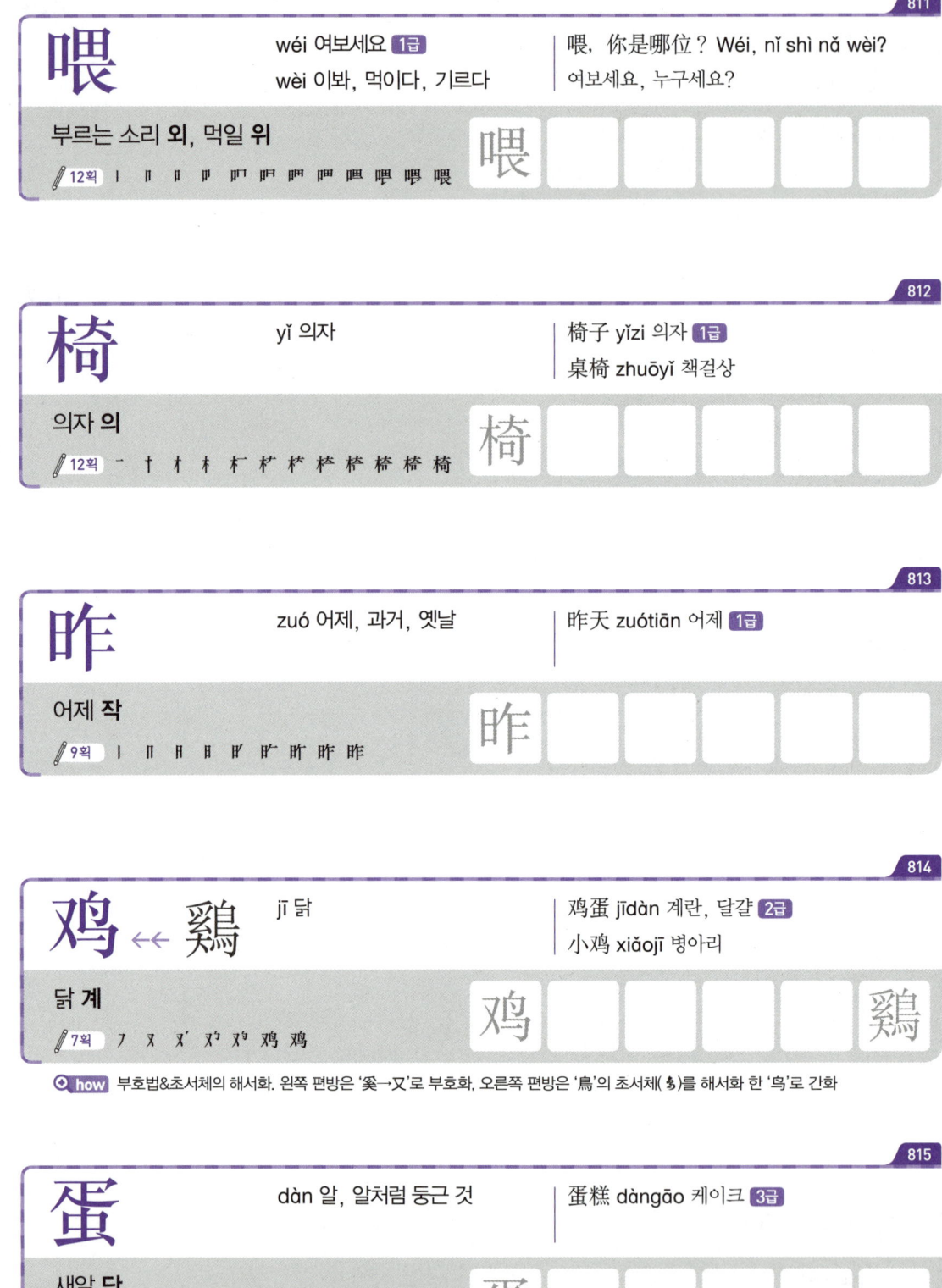

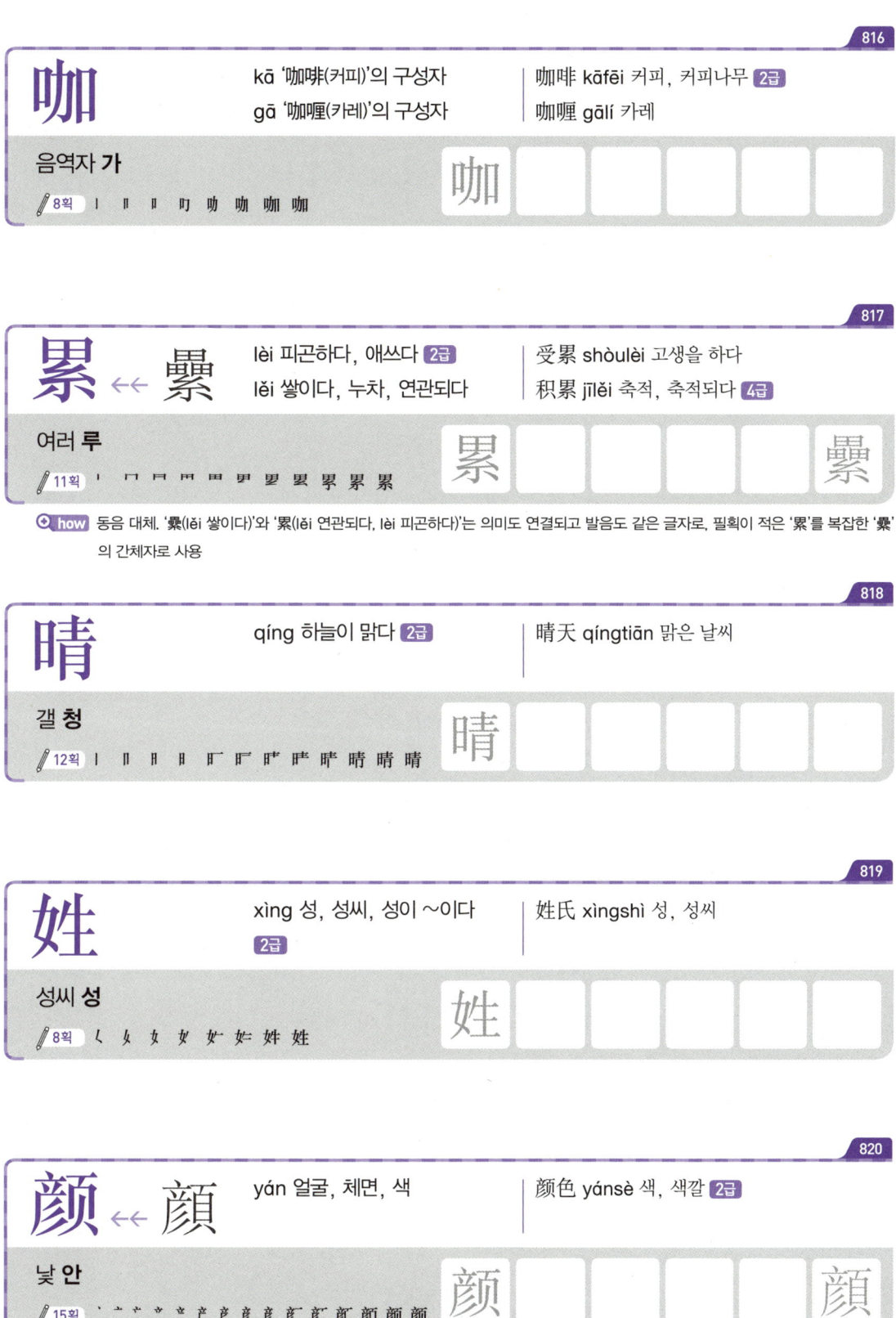

821
阴 ← 陰 yīn 흐리다, 흐림, 음지, 은밀한 [2급]

转阴 zhuǎnyīn 날씨가 흐려지다
阴谋 yīnmóu 음모, 음모를 꾸미다

그늘 음
6획 ㄱ ㄅ 阝 阴 阴 阴

how 이체자 차용. '阴'은 '陰'의 이체자로, 필획이 적은 '阴'을 복잡한 '陰'의 간체자로 사용

822
矮 ǎi 키가 작다, 낮다 [3급]

矮小 ǎixiǎo 왜소하다
高矮 gāo'ǎi 높낮이

키 작을 왜
13획 ノ 亠 ㄣ 乡 矢 矢 矢 矢 矫 矮 矮 矮

823
搬 bān 옮기다, 이사하다 [3급]

搬家 bānjiā 이사하다

옮길 반
13획 一 十 扌 扌 扌 扣 扣 扪 扪 挦 搾 搬 搬

824
饱 ← 飽 bǎo 배부르다, 족히, 속이 꽉 차다, 가득 채우다 [3급]

吃饱 chībǎo 배불리 먹다
饱暖 bǎonuǎn 의식(衣食)이 풍족하다

배부를 포
8획 ノ 스 ㄣ ㄣ 饣 饣 钐 钐 饱

how 초서체의 해서화. 왼쪽 편방 '食'의 초서체(饣)를 해서화 한 '饣'로 간화

825
鼻 bí 코

鼻子 bízi 코 [3급]
鼻涕 bítì 콧물

코 비
14획 ノ 丿 自 自 自 自 鼻 鼻 鼻 鼻 鼻 鼻 鼻 鼻

831

炼 ← **煉** liàn 정련하다, (불로) 달구다, 퇴고하다 | 提炼 tíliàn 추출하다, 다듬다

달굴 **련**

9획 ⼀ ⼁ ⼋ ⼎ ⼒ ⽕ 炻 炼 炼

how 초서체의 해서화. 오른쪽 편방 '柬'의 초서체(朿)를 해서화 한 '东'으로 간화

832

饿 ← **餓** è 배고프다, 굶주리다 [3급] | 饥饿 jī'è 배고프다, 굶주리다

주릴 **아**

10획 ⼀ ⼁ ⼎ ⼏ ⼉ ⼌ 饣 饿 饿 饿

how 초서체의 해서화. 왼쪽 편방 '食'의 초서체(飠)를 해서화 한 '饣'로 간화

833

胳 gē '胳膊(팔)'의 구성자 | 胳膊 gēbo 팔 [4급]

겨드랑이 **각**

10획 ⼁ ⼀ ⺝ ⺝ ⺝ 胈 胈 胳 胳

834

季 jì 계절, 시기, 계 | 季节 jìjié 계절, 철, 절기 [3급]
 淡季 dànjì 비성수기

계절 **계**

8획 ⼀ ⼆ ⼽ ⽲ ⽲ 季 季 季

835

借 jiè 빌리다, 빌려주다, 핑계를 대다, ~을 이용하다 [3급] | 借用 jièyòng 빌려서 쓰다
 借口 jièkǒu 구실, 핑계

빌릴 **차**

10획 ⼁ ⼈ ⺊ ⺊ 借 借 借 借 借

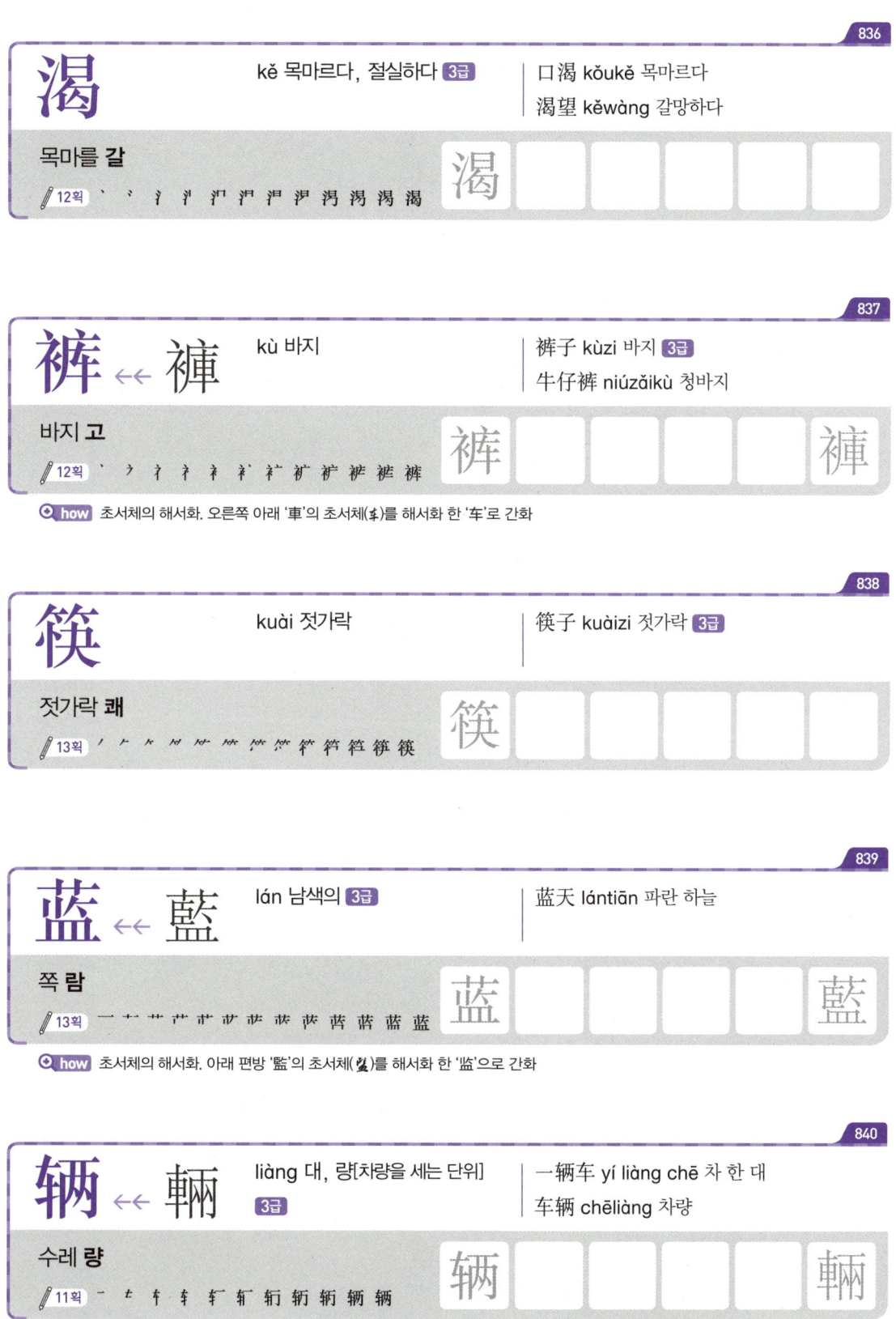

841

邻 ← **鄰**

lín 이웃, 이웃하다, 근접하다

邻居 línjū 이웃집, 이웃 사람 **3급**
邻接 línjiē 이웃하다, 붙어 있다

이웃 린
7획   ノ 八 ハ 分 邻 邻 邻

🔍 **how** 복잡한 성방 교체. '鄰'은 형성자로, 필획이 많은 성방 '粦lín'을 '鄰'과 발음이 비슷하고 필획이 적은 '令lìng'으로 간화(같은 성방의 글자 '憐lián'이 이체자 '怜'을 간체자로 사용한 것과 같은 원리로 간화된 것으로 보기도 함)

842

居

jū 살다, 머무르다, 저축하다, ~에 처하다

居住 jūzhù 거주하다
居然 jūrán 뜻밖에, 의외로

살 거
8획   ㄱ ㅋ 尸 尸 尸 居 居

843

绿 ← **綠**

lǜ 푸르다 **3급**

绿色 lǜsè 녹색, 오염되지 않다

푸를 록
11획   ㄴ ㄴ ㄴ 纟 纟 纩 纩 纾 纾 绿

🔍 **how** 초서체의 해서화. 왼쪽 편방 '糹'의 초서체(纟)를 해서화 한 '纟'로 간화

844

帽

mào 모자, (용도·색상 등이) 모자 같은 것

帽子 màozi 모자 **3급**
笔帽 bǐmào 펜뚜껑

모자 모
12획   丨 冂 冂 巾 帆 帆 帆 帽 帽 帽 帽

845

秒

miǎo 초 **4급**

分秒 fēnmiǎo 분초, 매우 짧은 시간

분초 초
9획   一 二 千 禾 禾 利 利 秒 秒

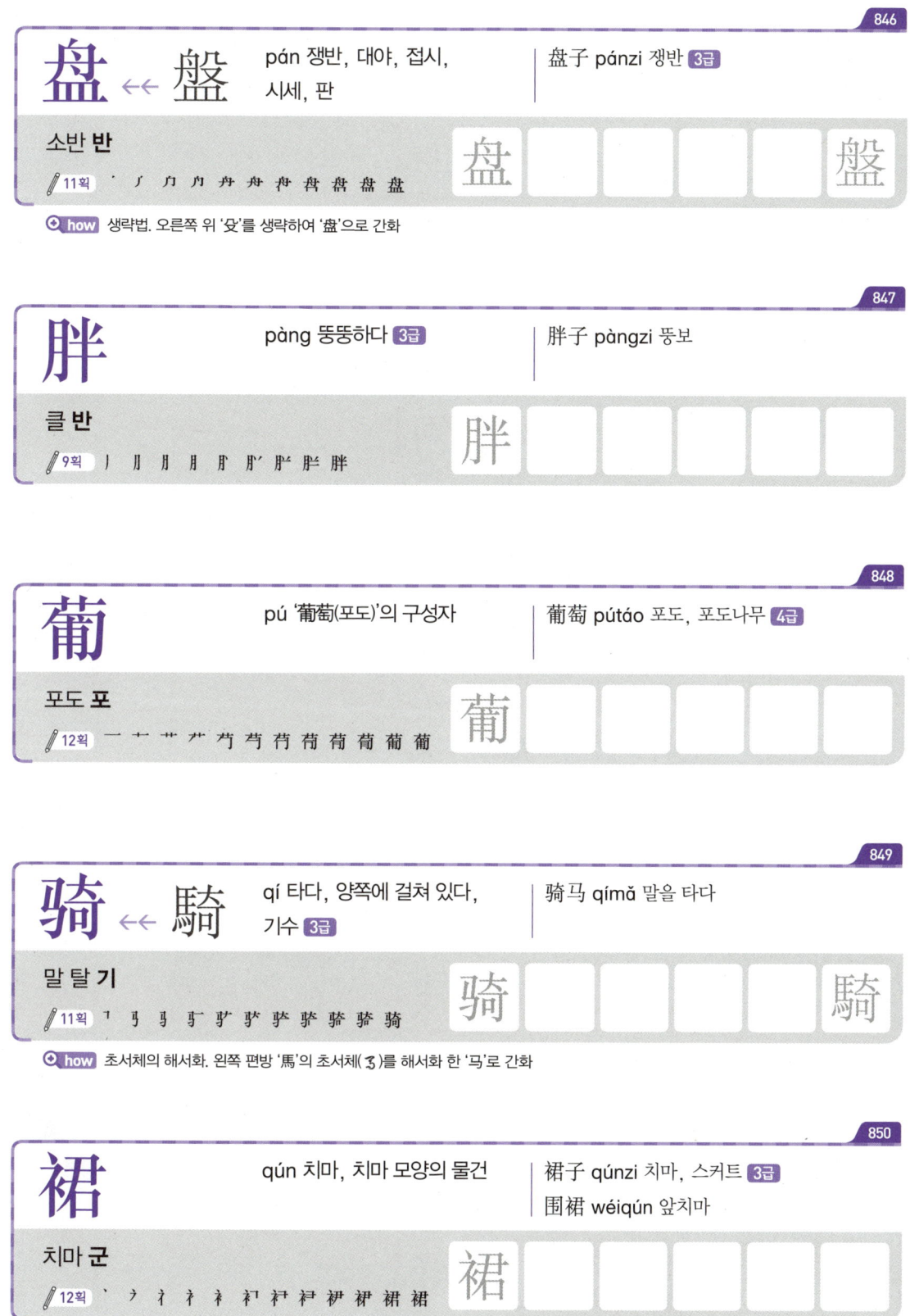

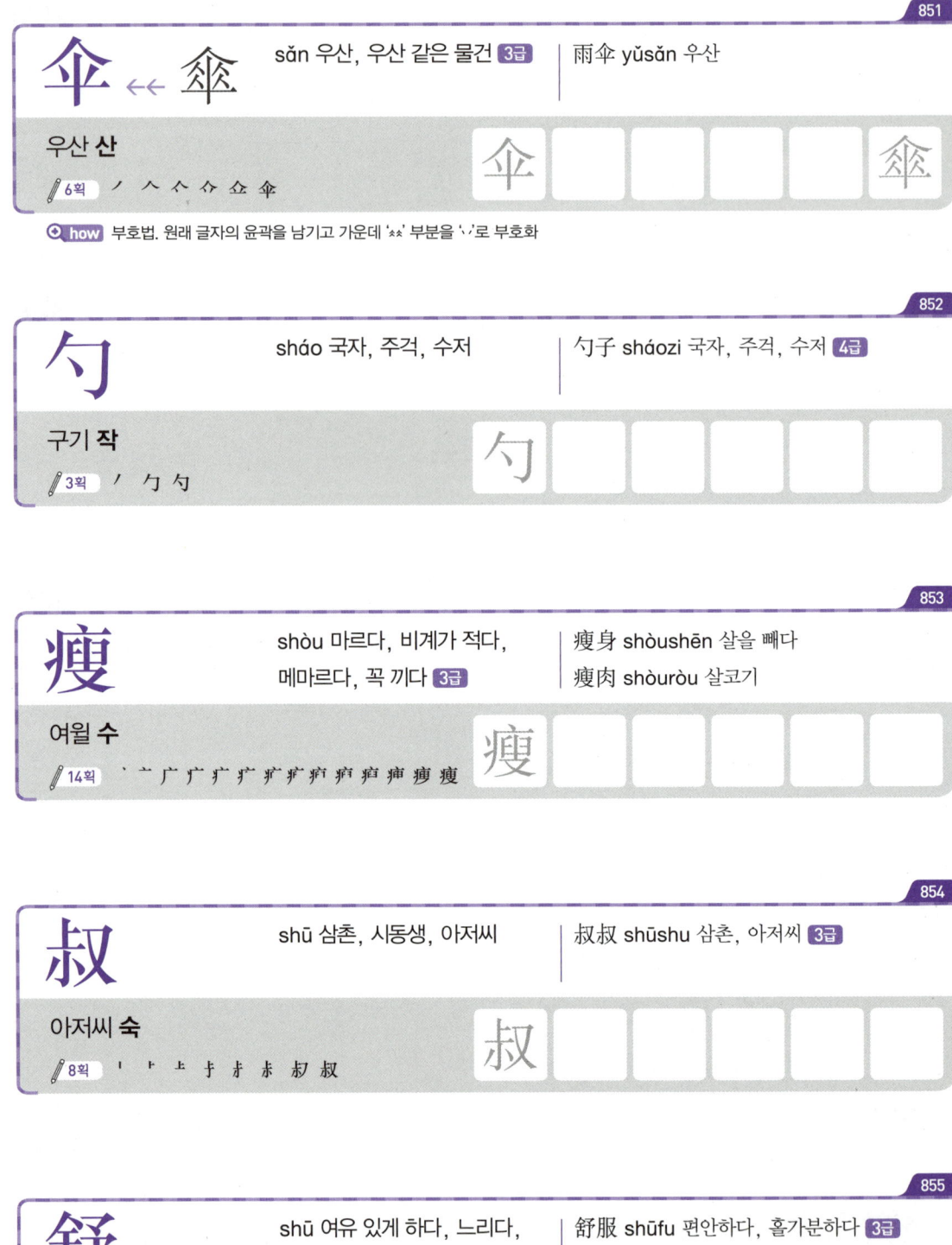

856

糖

táng 사탕, 설탕의 총칭 **4급**

白糖 báitáng 백설탕
吃糖 chītáng 사탕을 먹다, 약혼하다

엿 **당**

16획 ` ' ㅛ ㅛ ㅛ ㅛ 疒 疒 疒 疒 疒 糒 糖 糖 糖

857

疼

téng 아프다, 몹시 귀여워하다 **3급**

头疼 tóuténg 머리가 아프다, 두통, 골치 아프다

아플 **동**

10획 ` ㅗ 广 广 广 疒 疒 疼 疼 疼

858

甜

tián 달다, 달콤하다, 즐겁다 **3급**

甜点 tiándiǎn 디저트
香甜 xiāngtián 향기롭고 달다

달 **첨**

11획 一 二 千 千 舌 舌 舌 甜 甜 甜 甜

859

碗

wǎn 사발, 공기, 그릇 **3급**

饭碗 fànwǎn 밥공기
汤碗 tāngwǎn 국그릇

사발 **완**

13획 一 厂 厂 石 石 石 矿 矿 矿 碗 碗 碗 碗

860

爷 ← 爺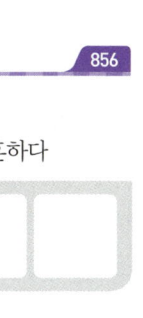

yé 아버지, 할아버지

爷爷 yéye 할아버지 **3급**

아버지 **야**

6획 ` ㅅ 八 父 爷 爷

🔄 **how** 부호법. 아래 편방 '耶'를 간단한 부호 '卩'로 간화

203

861

祝 zhù 기원하다, 빌다 | 祝福 zhùfú 축하하다, 경하하다

빌 **축**
9획 ` ⼃ ⼂ ⽰ ⽰ ⽰ ⽰ ⽰ 祝

862

贺 ← 賀 hè 축하하다 | 祝贺 zhùhè 축하하다 [4급]
贺年卡 hèniánkǎ 연하장

하례할 **하**
9획 ⼀ ⼇ ⼉ 加 加 加 加 贺 贺 贺

how 초서체의 해서화. 아래 편방 '貝(⼏)'를 해서화 한 '贝'로 간화

863

倍 bèi 배, 곱절, 곱절로 늘다 [4급] | 两倍 liǎng bèi 2배
加倍 jiābèi 배가하다, 갑절로, 특히

곱 **배**
10획 ⼃ ⼈ ⼈ ⼴ ⼴ ⼴ 伫 伫 倍 倍

864

笨 bèn 멍청하다, 어눌하다, 육중하다 [4급] | 笨拙 bènzhuō 멍청하다, 우둔하다

거칠 **분**
11획 ⼃ ⼂ ⼤ ⼤ 竹 竹 竹 竿 竿 笨 笨

865

饼 ← 餅 bǐng 둥글넓적한 밀가루 음식, 둥글넓적한 물건 | 饼干 bǐnggān 비스킷, 과자 [4급]
月饼 yuèbǐng 위에빙[중추절에 먹는 음식]

떡 **병**
9획 ⼃ ⼂ ⼂ 饣 饣 饣 饼 饼 饼

how 초서체의 해서화. 왼쪽 편방 '食'의 초서체(⻝)를 해서화 한 '饣'로 간화

866

擦 cā 닦다, 비비다, 바르다 [4급] | 擦布 cābù 행주, 걸레

문지를 찰
17획 一 亅 扌 扌 扩 扩 扩 护 护 护 护 擦 擦 擦 擦 擦 擦

867

猜 cāi 추측하다, 맞추다, 의심하다 [4급] | 猜中 cāizhòng 예상이 적중하다

추측할 시
11획 ノ ⺈ 犭 犭 犭 犭 猜 猜 猜 猜 猜

868

尝 ← 嘗 cháng 맛보다, 시험 삼아 해보다, 체험하다 [4급] | 品尝 pǐncháng 맛보다, 시식하다
尝试 chángshì 시험해 보다, 경험해 보다

맛볼 상
9획 ⺊ ⺊ ⺊ ⺊ 兯 兯 兯 尝 尝

how 부호법. 아래 편방 '름'를 간단한 부호 '云'으로 간화. 이때 '云'은 어떠한 의미·소리도 나타내지 않음

869

诚 ← 誠 chéng 진실한, 성실한, 확실히 | 诚实 chéngshí 진실하다, 참되다 [4급]

정성 성
8획 ` ⺀ ⻌ ⻌ 讠 讠 诚 诚 诚

how 초서체의 해서화. 왼쪽 편방 '言'의 초서체(ㄜ)를 해서화 한 'ㆌ'으로 간화

870

抽 chōu 빼내다, 꺼내다, 마시다, 피우다 | 抽屉 chōuti 서랍

뽑을 추
8획 一 亅 扌 扌 扣 扣 抽 抽

205

871
粗 cū 굵다, 거칠다, 촌스럽다, 소홀하다

粗心 cūxīn 소홀하다, 부주의하다 4급
粗鲁 cūlǔ 교양이 없다

거칠 조
11획 丶丷꾸꾸米米米粗粗粗粗

872
刀 dāo 칼, 칼 모양의 물건 4급

剪刀 jiǎndāo 가위

칼 도
2획 フ 刀

873
丢 diū 잃어버리다, 버리다, 방치하다 4급

丢失 diūshī 잃다, 잃어버리다
丢人 diūrén 체면을 잃다, 쪽팔리다

잃을 주
6획 一 二 千 壬 丢 丢

874
堵 dǔ 막다, 답답하다

堵车 dǔchē 교통이 꽉 막히다 4급

담 도
11획 一 十 土 圡 圡 圵 圵 堵 堵 堵

875
肚 dù 배, 복부

肚子 dùzi 배 4급

배 두
7획 丿 月 月 月 肚 肚 肚

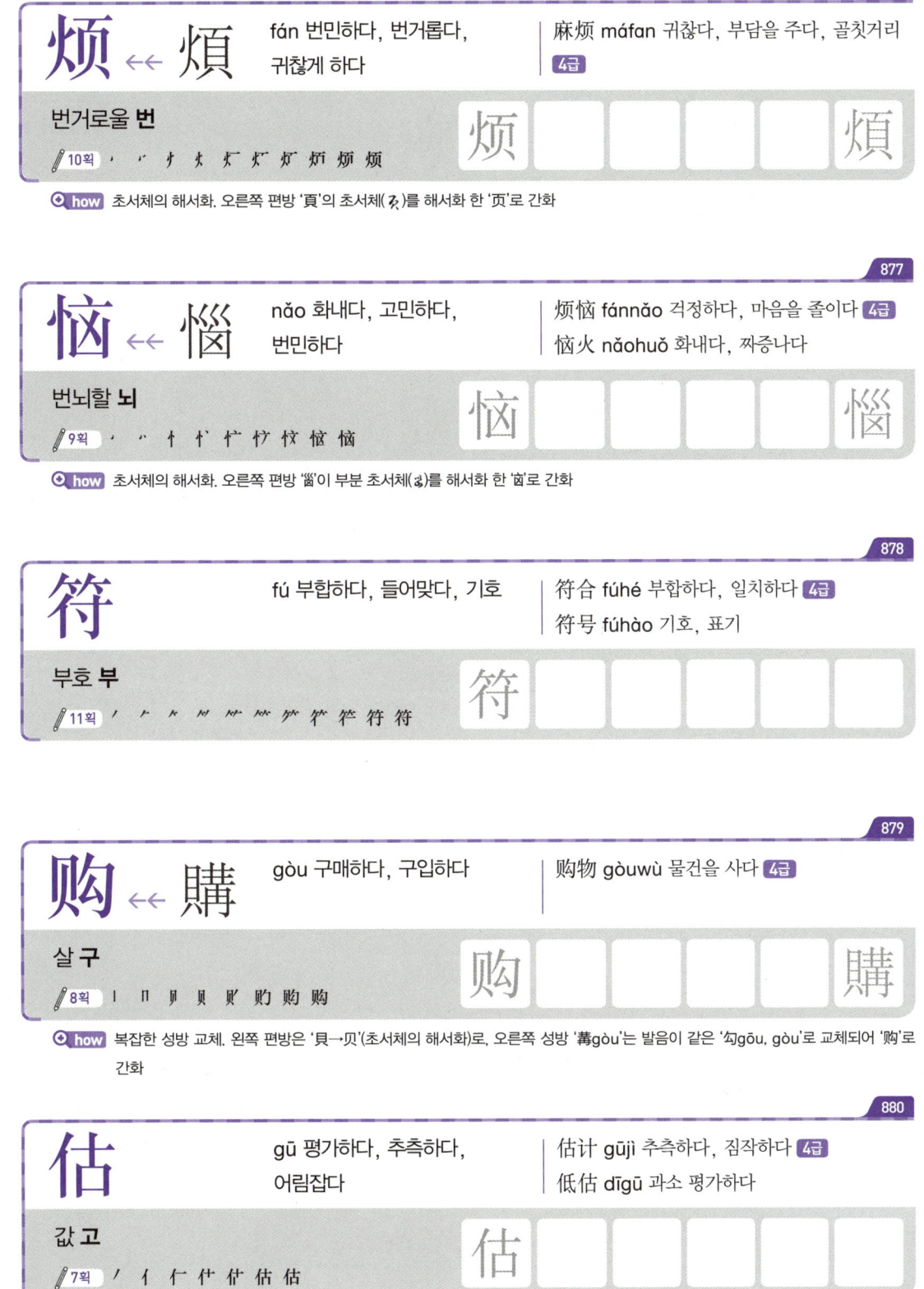

876
烦 ← **煩** fán 번민하다, 번거롭다, 귀찮게 하다 | 麻烦 máfan 귀찮다, 부담을 주다, 골칫거리 [4급]

번거로울 **번**
10획 ` ､ 丶 忄 忄 炉 炉 烦 烦 烦

🔎 how 초서체의 해서화. 오른쪽 편방 '頁'의 초서체(𮧥)를 해서화 한 '页'로 간화

877
恼 ← **惱** nǎo 화내다, 고민하다, 번민하다 | 烦恼 fánnǎo 걱정하다, 마음을 졸이다 [4급]
恼火 nǎohuǒ 화내다, 짜증나다

번뇌할 **뇌**
9획 ` ､ 丶 忄 忄 忄 忙 恼 恼

🔎 how 초서체의 해서화. 오른쪽 편방 '𢛳'이 부분 초서체(𢛳)를 해서화 한 '𢛳'로 간화

878
符 fú 부합하다, 들어맞다, 기호 | 符合 fúhé 부합하다, 일치하다 [4급]
符号 fúhào 기호, 표기

부호 **부**
11획 ` ⺈ ⺮ ⺮ ⺮ ⺮ 竹 符 符 符

879
购 ← **購** gòu 구매하다, 구입하다 | 购物 gòuwù 물건을 사다 [4급]

살 **구**
8획 ` ⺈ 冂 贝 贝 购 购 购

🔎 how 복잡한 성방 교체. 왼쪽 편방은 '貝→贝'(초서체의 해서화)로, 오른쪽 성방 '冓gòu'는 발음이 같은 '勾gōu, gòu'로 교체되어 '购'로 간화

880
估 gū 평가하다, 추측하다, 어림잡다 | 估计 gūjì 추측하다, 짐작하다 [4급]
低估 dīgū 과소 평가하다

값 **고**
7획 ` ⺈ 亻 亻 什 估 估

207

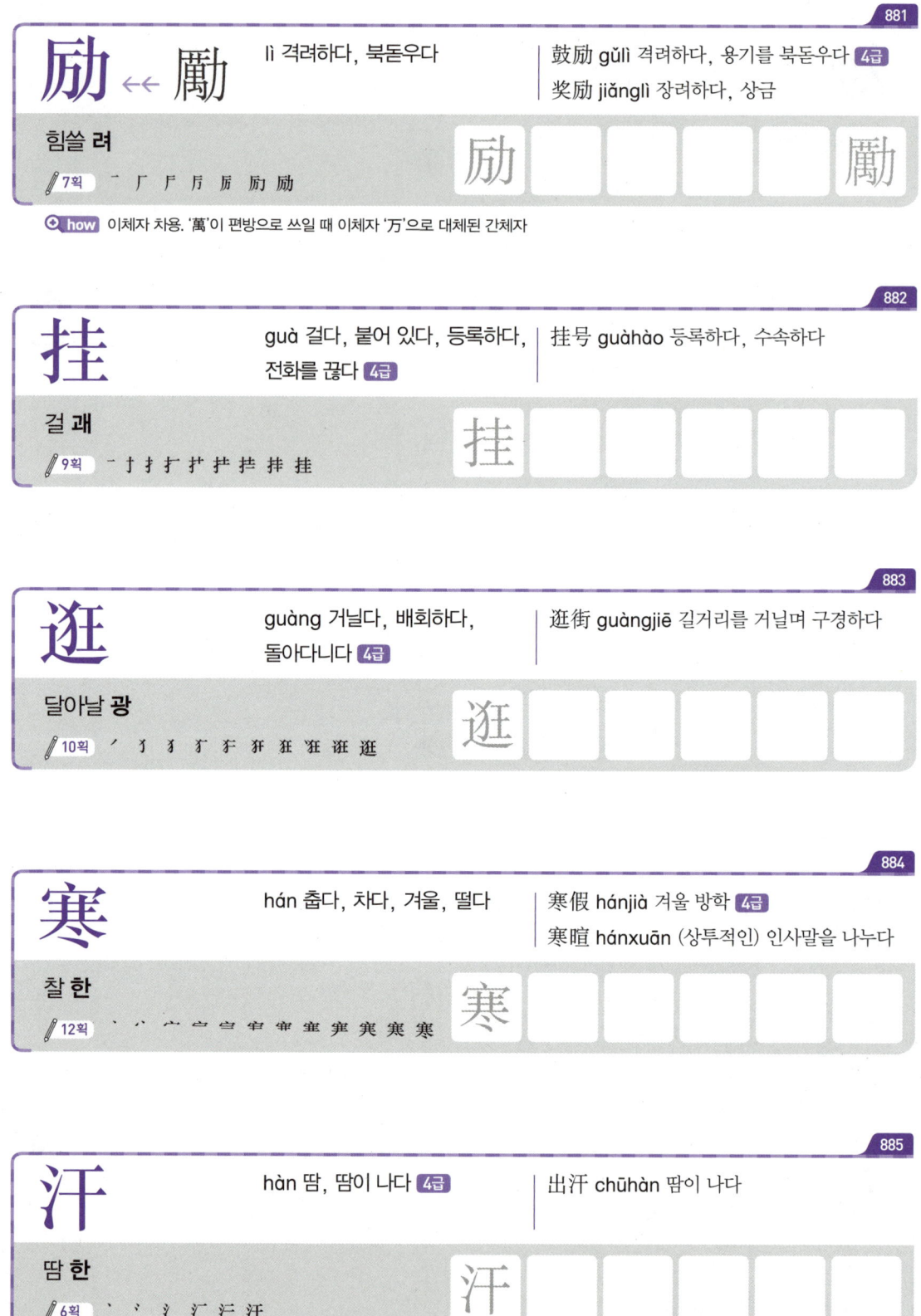

886

航

háng 배, 선박, 운항하다

航班 hángbān 운항편, 항공편, 운항 횟수 **4급**
航空 hángkōng 항공의

배 **항**

10획 ′ 亻 亣 月 月 舟 舟 舟 舫 航

887

盒

hé 통, 함, 갑

盒子 hézi 작은 상자 **4급**

합 **합**

11획 丿 人 亽 个 合 合 合 盒 盒 盒 盒

888

厚

hòu 두껍다, 두께, 깊다 **4급**

厚意 hòuyì 두터운 정, 친절
浓厚 nónghòu 짙다, 농후하다

두터울 **후**

9획 一 厂 厂 厂 厂 厚 厚 厚 厚

889

互

hù 서로

互相 hùxiāng 서로 **4급**

서로 **호**

4획 一 丆 互 互

890

寄

jì (우편으로) 부치다, 전하다, 위탁하다 **4급**

寄信 jìxìn 편지를 부치다
寄托 jìtuō 의뢰하다, 의탁하다

부칠 **기**

11획 丶 宀 宀 宀 宁 宇 宋 审 寄 寄 寄

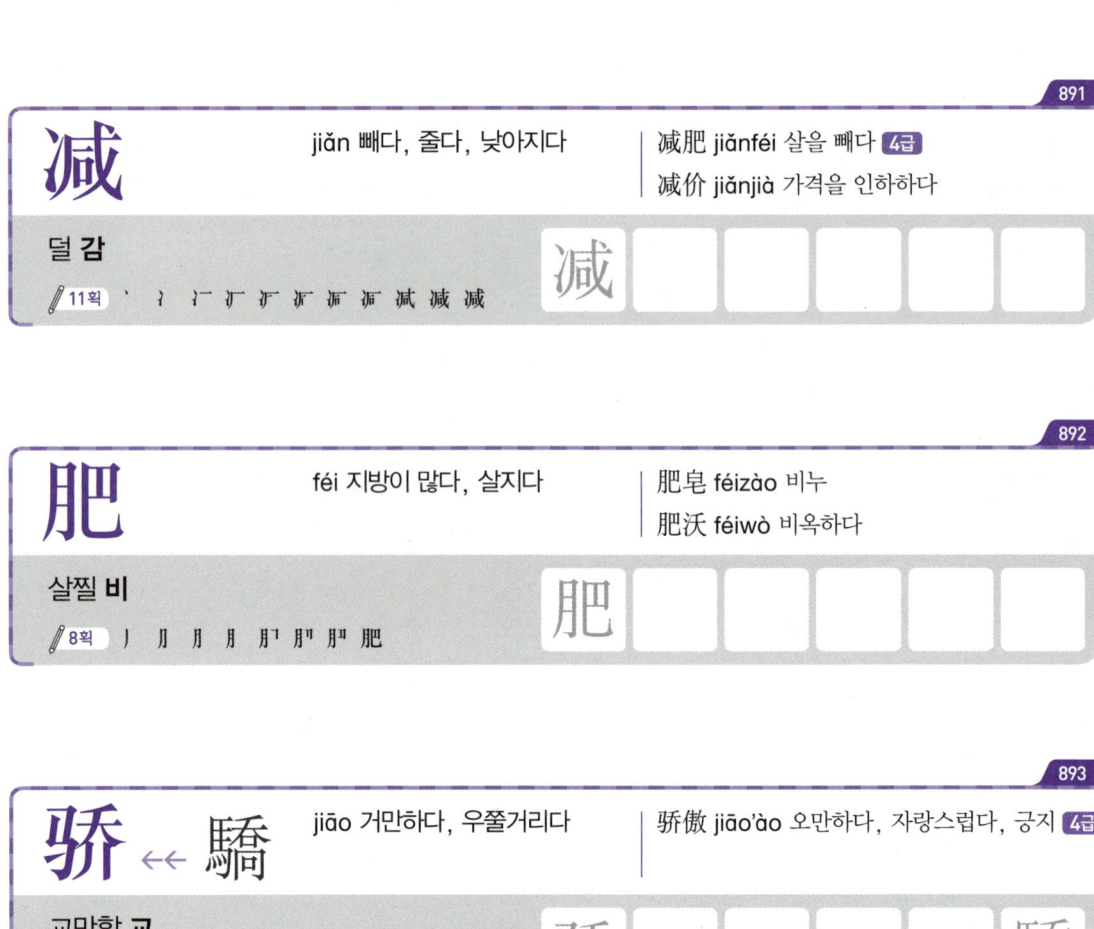

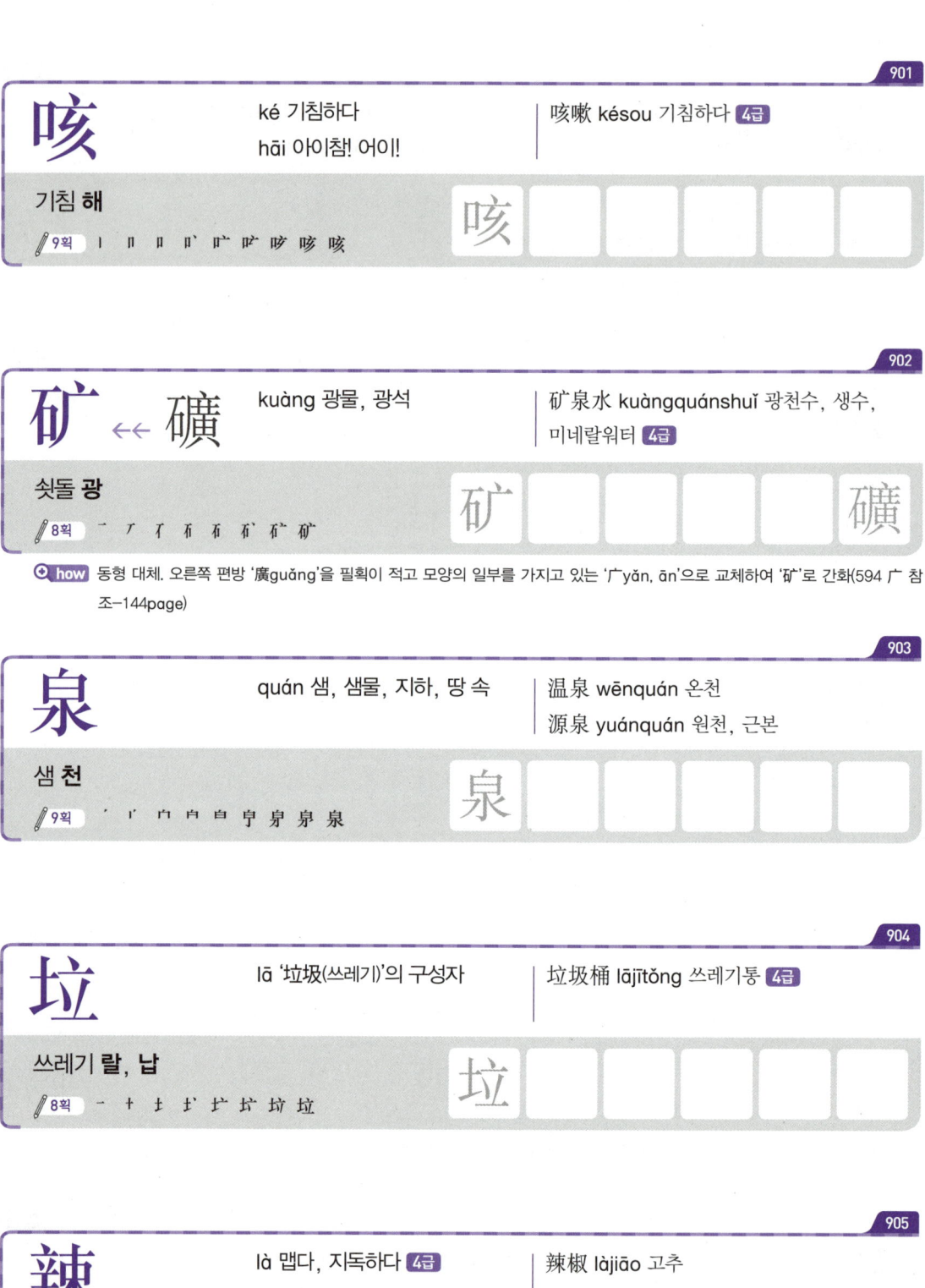

901 咳
ké 기침하다
hāi 아이참! 어이!

咳嗽 késou 기침하다 **4급**

기침 해
9획 丨 丨 口 口 叹 吖 咳 咳 咳

902 矿 ← 礦
kuàng 광물, 광석

矿泉水 kuàngquánshuǐ 광천수, 생수, 미네랄워터 **4급**

쇳돌 광
8획 一 厂 七 石 石 矿 矿 矿

◎ how 동형 대체. 오른쪽 편방 '廣guǎng'을 필획이 적고 모양의 일부를 가지고 있는 '广yǎn, ān'으로 교체하여 '矿'로 간화(594 广 참조-144page)

903 泉
quán 샘, 샘물, 지하, 땅 속

温泉 wēnquán 온천
源泉 yuánquán 원천, 근본

샘 천
9획 ' 一 厂 白 白 自 身 泉 泉

904 垃
lā '垃圾(쓰레기)'의 구성자

垃圾桶 lājītǒng 쓰레기통 **4급**

쓰레기 랄, 납
8획 一 十 土 圢 圢 圹 垃 垃

905 辣
là 맵다, 지독하다 **4급**

辣椒 làjiāo 고추

매울 랄
14획 ' 亠 立 쿄 辛 辛 辛 辛 辣 辣 辣

212

906

懒 ← 懶

lǎn 게으르다, 피곤하다, 지치다 [4급]

懒惰 lǎnduò 게으르다, 나태하다

게으를 라

16획 ｜ ｜ ｜ ｜ ｜ 忄 忄 忄 忙 快 怖 怖 怖 怖 懶 懒 懒

how 초서체의 해서화. 오른쪽 아래 '賴'의 초서체(頼)가 해서화 된 '赖'로 간화

907

厉 ← 厲

lì 엄숙하다, 격렬하다, 엄하다

厉害 lìhai 대단하다, 굉장하다, 무섭다, 엄하다 [4급]

갈 려

5획 一 厂 厂 厉 厉

how 이체자 차용. 오른쪽 아래 편방 '萬'을 필획이 적은 이체자 '万'으로 대체

908

俩 ← 倆

liǎ 두 개, 두 사람 [4급]
liǎng '伎俩(술수)'으로 쓰임

我俩 wǒ liǎ 우리 두 사람

재주, 두 사람 량

9획 ノ 亻 亻 仁 仃 佰 佰 俩 俩

how 초서체의 해서화. 오른쪽 편방 '兩'의 초서체(㒳)가 해서화 된 '两'으로 간화

909

凉

liáng 차갑다, 서늘하다, 낙담하다

凉快 liángkuai 시원하다, 서늘하다, 시원하게 하다 [4급]

서늘할 량

10획 丶 冫 冫 广 广 产 沪 沪 涼 涼

910

聊

liáo 한담하다, 잡담하다, 의지하다, 잠시, 약간

聊天 liáotiān 한담, 잡담, 채팅 [3급]

애오라지 료

11획 一 ｜ 丆 F F 耳 耳 耴 聊 聊 聊

213

911 耐
nài 참다, 버티다, 감당하다, 재주

耐心 nàixīn 참을성이 있다, 인내심 4급
忍耐 rěnnài 인내하다

견딜 내
9획 一 ブ 厂 厂 币 而 而 耐 耐

912 暖
nuǎn 따뜻하다, 데우다

暖和 nuǎnhuo 따뜻하다, 녹이다 4급
温暖 wēnnuǎn 따뜻하다, 포근하다

따뜻할 난
13획 丨 冂 日 日 日' 旷 旷 旷 旷 旷 肝 暖 暖

913 陪
péi 모시다, 동반하다, 시중들다 4급

陪同 péitóng 수행하다, 동반하다

모실 배
10획 丨 阝 阝 阝 阝 阝 阧 陪 陪

914 脾
pí 비장[척추 동물의 림프 계통 기관]

脾气 píqi 성격, 성질 4급

비장 비
12획 丿 几 月 月 月' 肝 肝 胛 胛 脾 脾

915 篇
piān 편, 장, 완결된 문장 4급

短篇 duǎnpiān 단편, 단편 소설
长篇 chángpiān 장편, 장편 소설

책 편
15획 丿 ノ ノ 个 竹 竹 竹 竿 笁 笹 篇 篇 篇

916

骗 ← 騙

piàn 속이다, 기만하다, 속여 빼앗다 **4급**

骗人 piànrén 속이다, 기만하다
欺骗 qīpiàn 속이다, 사기치다

속일 **편**

12획 ㄱ ㅋ 马 马' 马' 驴 驴 骈 骗 骗 骗

> how 초서체의 해서화. 왼쪽 편방 '馬'의 초서체(𠃌)가 해서화 된 '马'로 간화

917

乓

pīng 탁구, 탕·땅[물건이 부딪치는 소리]

乒乓球 pīngpāngqiú 탁구 **4급**

물건 부딪치는 소리 **병, 핑**

6획 ㄴ ㄷ ㄷ 丘 乓

918

瓶

píng 병

瓶子 píngzi 병 **3급**

병 **병**

10획 丶 丷 䒑 䒑 并 并 瓶 瓶 瓶

919

签 ← 簽 籤

qiān 서명하다, 점치다, 메모하다, 꼬챙이

签证 qiānzhèng 비자 **4급**

서명할, 제비 **첨**

13획 ノ 入 𠆢 𠆢 ⺮ ⺮ 笁 笁 笅 签 签 签

> how 簽(서명하다, 점치다, 메모하다, 꼬챙이)– 초서체의 해서화. 아래 편방 '僉'의 초서체()를 해서화 한 '佥'으로 간화
> 籤(점치다, 메모하다, 꼬챙이)– 동음 대체. '籤qiān'은 '簽qiān'과 동음자로, '簽'의 간체자 '签'을 간체자로 사용

920

敲

qiāo 두드리다, 속이다, 탐구하다 **4급**

敲门 qiāomén 노크하다
敲诈 qiāozhà 사기를 치다

두드릴 **고**

14획 丶 亠 亠 亠 产 㐭 高 高 高' 高' 高卜 敲 敲

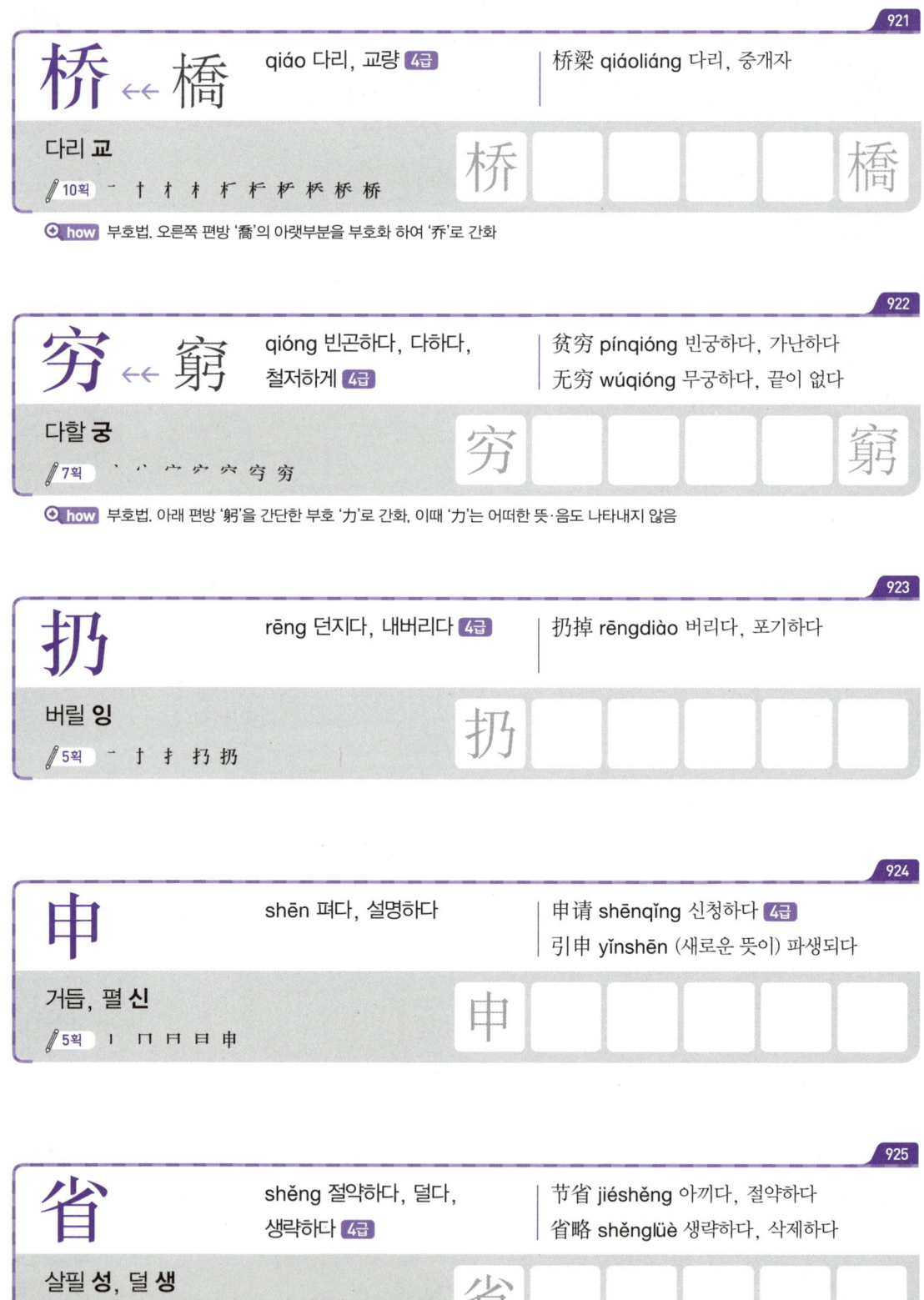

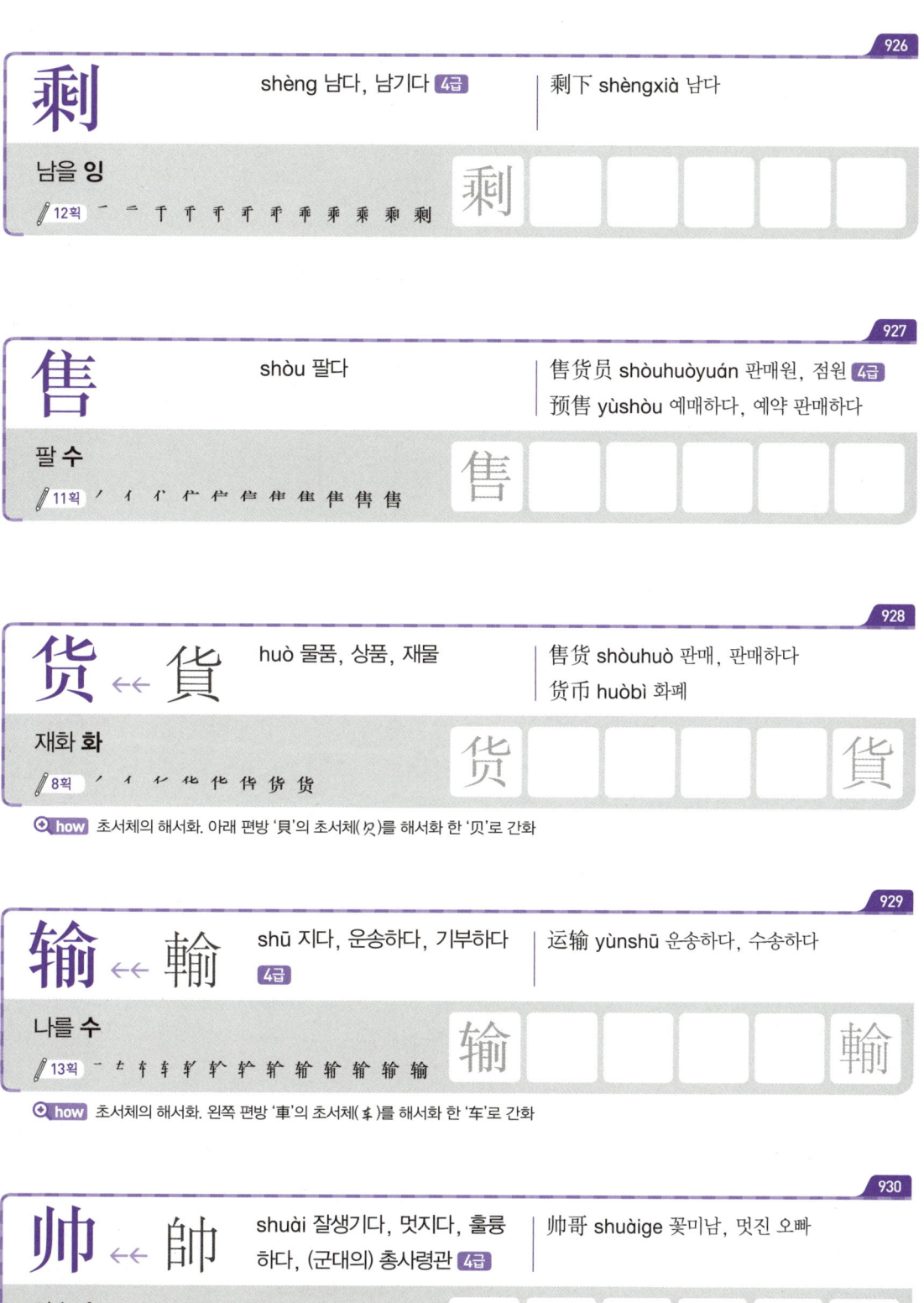

931

硕 ← 碩　shuò 크다

硕士 shuòshì 석사 [4급]
硕大 shuòdà 대단히 크다

클 석

11획　一 ア 丆 石 石 石 矿 矿 砳 硕 硕

how 초서체의 해서화. 오른쪽 편방 '頁'의 초서체(亥)를 해서화 한 '页'로 간화

932

酸　suān 시다, 비통하다, 몸이 시큰시큰하다 [4급]

酸奶 suānnǎi 요구르트
心酸 xīnsuān 마음이 쓰리다

실 산

14획　一 厂 丌 襾 襾 酉 酉 酌 酌 酌 酢 酸 酸 酸

933

孙 ← 孫　sūn 손자, 후손

孙子 sūnzi 손자 [4급]

손자 손

6획　一 了 子 孑 孙 孙

how 초서체의 해서화. 오른쪽 편방 '系'가 부분 초서체(小)를 해서화 한 '小'로 간화

934

抬　tái 맞들다, 들어올리다, 언쟁하다 [4급]

抬头 táitóu 머리를 들다

들 대, 매질할 태

8획　一 十 扌 扌 抄 抄 抬 抬

935

汤 ← 湯　tāng 국물, 탕, 뜨거운 물 [4급]

汤勺 tāngsháo 국자

끓일 탕

6획　丶 氵 氵 汚 污 汤

how 초서체의 해서화. 오른쪽 편방 '昜'의 초서체(𠃓)를 해서화 한 '汤'으로 간화

936

躺

tǎng 눕다, 드러눕다, 넘어지다 4급

躺下 tǎngxià 눕다, 늘어지다

누울 **당**

15획 ′ ｢ 亻 ń 自 自 身 身′ 身′ 身″ 躺 躺 躺 躺 躺

躺

937

趟

tàng 차례, 번, 행렬 4급
tāng (얕은 물을) 걸어서 건너다

走一趟 zǒu yí tàng 한 번 가다

뛸 **쟁·창**, 물 건널 **당**

15획 一 十 土 卡 卡 走 走 走' 走″ 走″ 走″ 趟 趟 趟 趟

趟

938

填

tián 가입하다, 써 넣다, 채우다, 보충하다

填空 tiánkòng 빈 자리를 메우다, 빈 칸에 써 넣다 4급

메울 **전**

13획 一 十 土 圹 圹 圹 圻 垆 垆 埴 埴 填 填

填

939

挺

tǐng 꼿꼿하다, 꽤, 제법, 뛰어나다 4급

挺直 tǐngzhí 쭉 펴다, 곧다

빼어날 **정**

9획 一 扌 扌 扌′ 扌= 抂 抂 挺 挺

挺

940

袜 ←← 襪

wà 양말

袜子 wàzi 양말, 스타킹 4급

버선 **말**

10획 ` 丶 礻 礻 礻 衤 衤 衤 袜 袜

袜 襪

how 이체자 차용. '袜'는 '襪'의 이체자로, 필획이 간단한 '袜'로 복잡한 '襪'를 대체

941
污 wū 더러운 것, 불결하다, 더러운 물
污染 wūrǎn 오염시키다, 오염되다 [4급]
污水 wūshuǐ 하수, 폐수
더러울 오
6획 ` ` ` 氵 氵 污 污

942
染 rǎn 물들이다, 염색하다, 전염되다
染发 rǎnfà 머리를 염색하다
传染 chuánrǎn 전염시키다
물들일 염
9획 ` ` ` 氵 氵 沈 沈 染 染 染

943
咸 ← 鹹 xián 짜다, 전부 [4급]
咸味 xiánwèi 짠 맛
咸淡 xiándàn 짜고 싱거움, 간
짤, 다 함
9획 一 厂 厂 厂 尸 咸 咸 咸

💡 how 동음 대체. '鹹(xián 짜다)'과 '咸(xián 전부)'은 뜻이 다른 동음자로, 필획이 적은 '咸'을 복잡한 '鹹'의 간체자로 사용

944
羡 xiàn 흠모하다, 탐내다
羡慕 xiànmù 흠모하다, 부러워하다 [4급]
부러워할 선
12획 ` ` ` 兰 丷 半 兰 差 差 差 差 差 羡

945
慕 mù 사모하다, 그리워하다
爱慕 àimù 좋아하고 사모하다, 추구하다
그리워할 모
14획 一 十 艹 艹 艹 节 苎 苜 莫 莫 慕 慕 慕 慕

946

效 xiào 효과, 모방하다, 힘을 다하다

효과, 본받을 **효**
10획 `丶 亠 广 六 方 亥 㐅 効 効 效`

效果 xiàoguǒ 효과 [4급]
生效 shēngxiào 효력이 발생하다

947

盐 ← **鹽** yán 소금, 염 [4급]

放盐 fàng yán 소금을 넣다

소금 **염**
10획 `一 十 土 卙 圤 圤 圤 卙 盐 盐`

🔍 **how** 부호법. 복잡한 위쪽 편방 '鹵'을 간단한 부호 '卄'로 간화, 이때 '土' 'ㅏ'는 어떤 뜻·음도 나타내지 않음

948

邀 yāo 맞다, 초청하다, 도모하다

邀请 yāoqǐng 초대하다 [4급]
应邀 yìngyāo 초대에 응하다

맞을 **요**
16획 `丶 亠 冃 冄 白 身 臭 臭 敫 敫 邀 邀`

949

页 ← **頁** yè 쪽, 면, 페이지 [4급]

网页 wǎngyè 인터넷 홈페이지

책면 **엽**
6획 `一 ア 厂 页 页 页`

🔍 **how** 초서체의 해서화. '頁'의 초서체(𠒫)를 해서화 한 '页'로 간화

950

饮 ← **飲** yǐn 마시다, 술을 마시다, 음료

饮料 yǐnliào 음료 [3급]
饮食 yǐnshí 음식, 음식을 먹고 마시다

마실 **음**
7획 `丿 𠂉 饣 饣 饣 饮 饮`

🔍 **how** 초서체의 해서화. 왼쪽 편방 '食'의 초서체(飠)를 해서화 한 '饣'로 간화

951

赢 ← 嬴

yíng 이기다, 이익을 얻다, 승리하여 획득하다 [4급]

输赢 shūyíng 승패, 승부

남을 **영**

/ 17획   亠 ㅗ 亡 产 产 产 产 产 产 产 产 产 产 产 嬴 嬴 嬴

💡 how 초서체의 해서화. 아랫부분 가운데 편방 '貝'의 초서체(贝)가 해서화 된 '贝'로 간화

952

幽

yōu 어둡다, 깊다, 은밀한, 감추어진, 조용하다

幽默 yōumò 유머러스한 [4급]
幽暗 yōu'àn 어둡다, 어두컴컴하다

그윽할 **유**

/ 9획   丨 亻 乡 乡 丝 丝 坐 幽 幽

953

默

mò 조용하다, 묵묵하다, 외워 쓰다

沉默 chénmò 침묵하다, 과묵하다
默默 mòmò 묵묵히, 소리 없이

잠잠할 **묵**

/ 16획   丨 冂 冂 曰 旦 甲 里 里 黑 黑 黑 默 默 默 默

954

尤

yóu 두드러지다, 특출나다, 원망하다, 유달리

尤其 yóuqí 더욱이, 특히 [4급]

더욱 **우**

/ 4획   一 ナ 尢 尤

955

羽

yǔ 깃털, (조류나 곤충의) 날개

羽毛球 yǔmáoqiú 배드민턴, 셔틀콕 [4급]
羽绒服 yǔróngfú 다운재킷(down jacket)

깃 **우**

/ 6획   丆 刁 习 羽 羽 羽

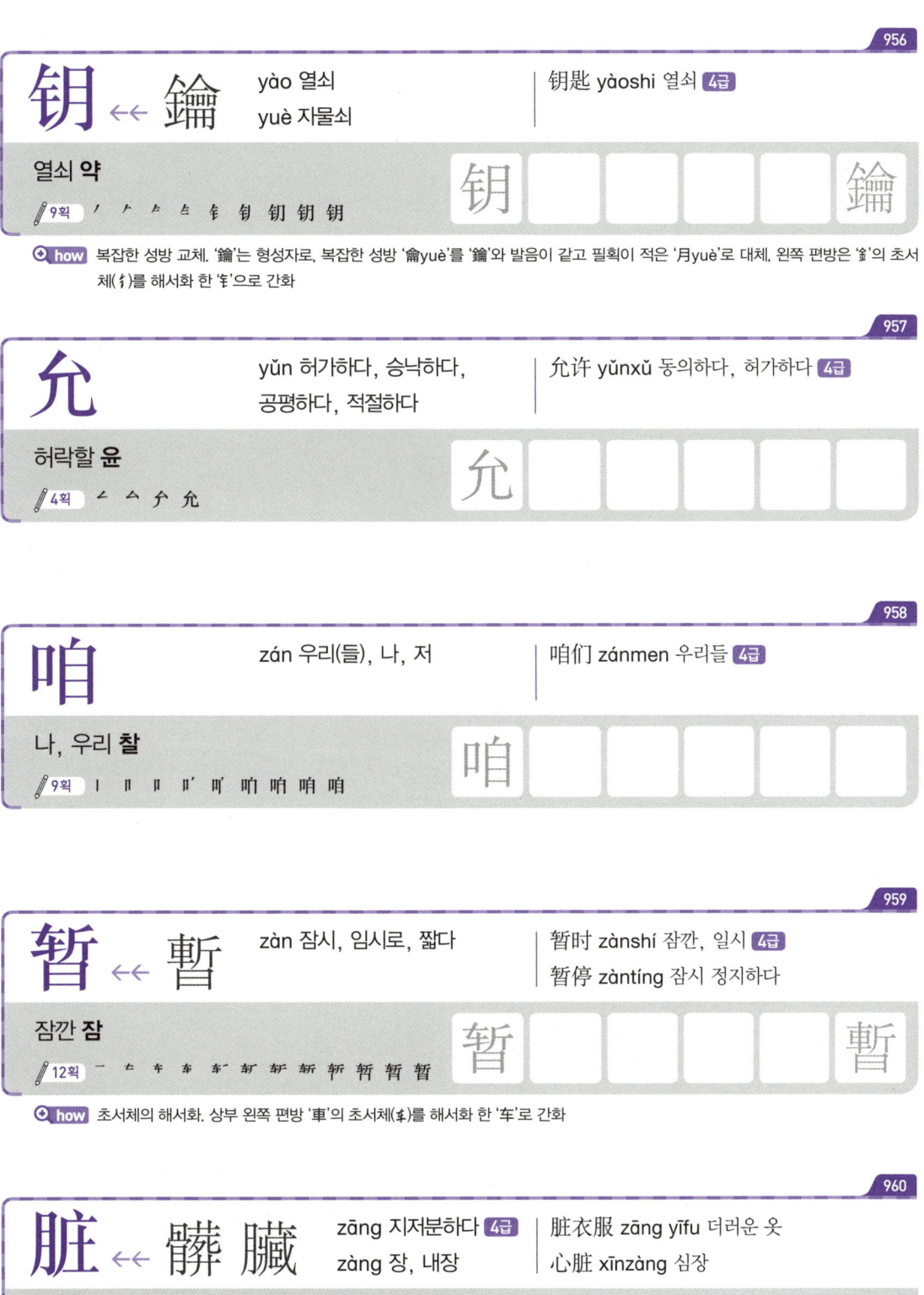

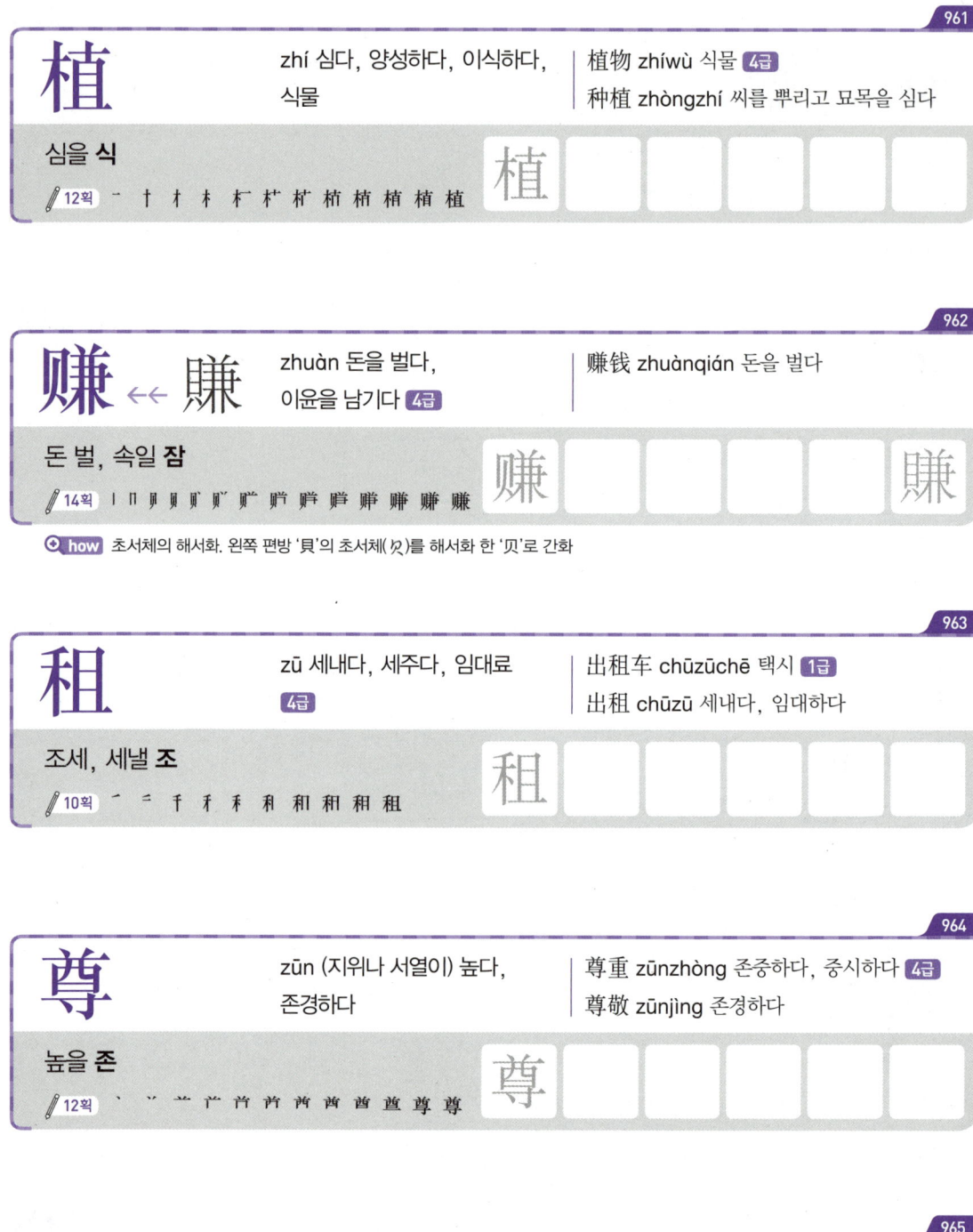

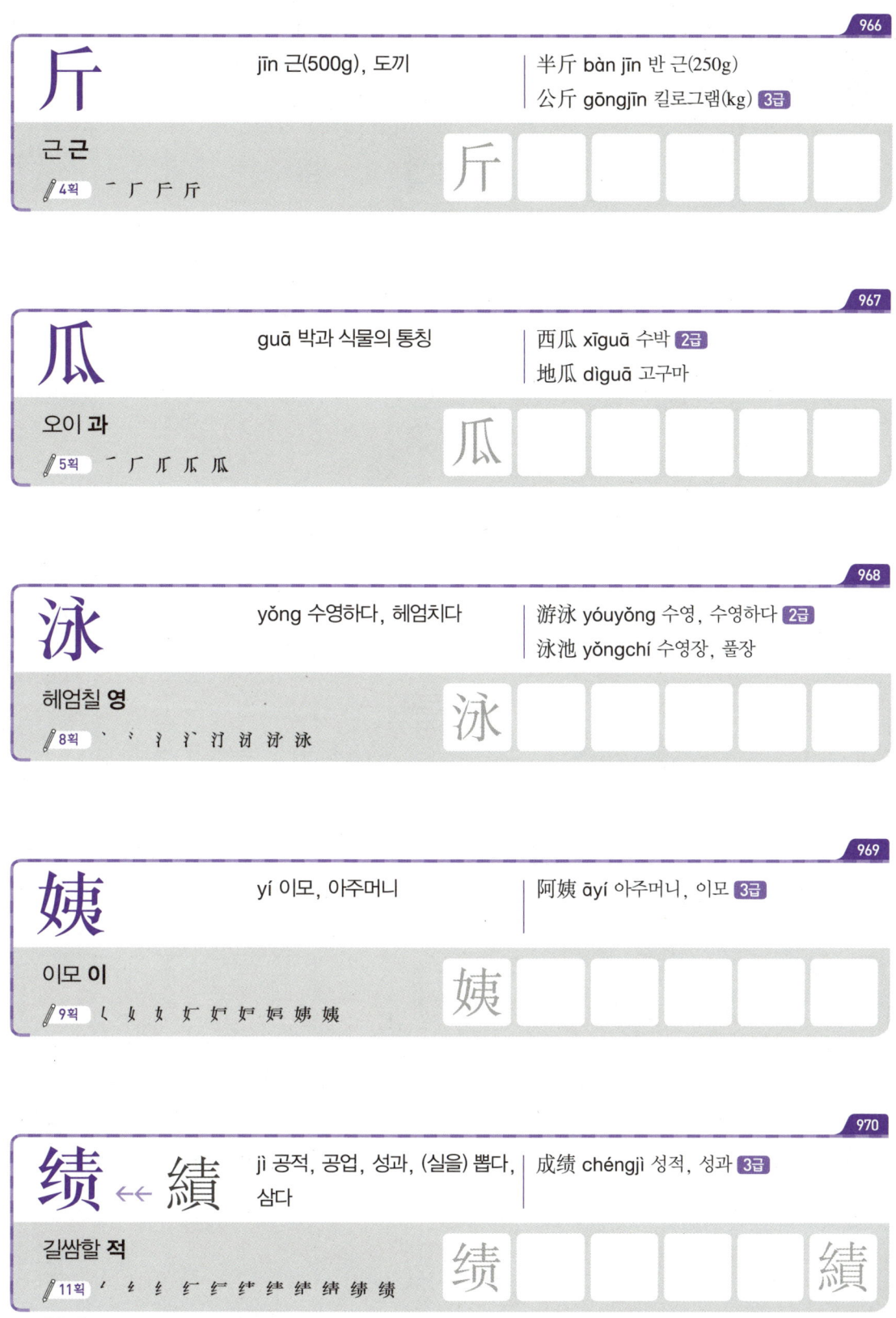

971
扫 ← 掃 sǎo 청소하다, 제거하다 | 打扫 dǎsǎo 청소하다, 깨끗이 정리하다 [3급]

쓸 소
6획 一 ㅜ 扌 打 扫 扫

🔍 how 초서체의 해서화. 오른쪽 편방 '帚'가 부분 초서체(彐)를 해서화 한 '彐'로 간화

972
梯 tī 사다리, 계단 | 电梯 diàntī 엘리베이터, 에스컬레이터 [3급]
楼梯 lóutī 계단, 층계

사다리 제
11획 一 十 才 木 木 木' 杉 杉 档 梯 梯

973
冒 mào 무릅쓰다, 터져 나오다, 속이다 | 感冒 gǎnmào 감기, 감기에 걸리다 [3급]
冒犯 màofàn 무례하다, 실례하다

무릅쓸 모
9획 丨 冂 冂 冃 冃 冒 冒 冒 冒

974
汁 zhī 즙 | 果汁 guǒzhī 과일 주스 [4급]

즙 즙
5획 丶 丶 氵 汁 汁

975
惯 ← 慣 guàn 습관이 되다, 익숙해지다 | 习惯 xíguàn 버릇, 습관, 습관이 되다, 적응하다 [3급]

익숙할 관
11획 丶 丶 忄 忄 忄 忄㠯 忄 惯 惯 惯 惯

🔍 how 초서체의 해서화. 오른쪽 아래 '貝'의 초서체(贝)를 해서화 한 '贝'로 간화

976

扬 ← **揚**

yáng 높이 들다, 휘날리다, 칭송하다, 칭찬하다

表扬 biǎoyáng 칭찬하다, 표창하다 [4급]
飘扬 piāoyáng 휘날리다, 나부끼다

날릴 양

✏️ 6획   一 十 扌 扨 扬 扬

💡 how 초서체의 해서화. 오른쪽 편방 '昜'의 초서체(㐆)를 해서화 한 '㐆'으로 간화

977

扮

bàn ~으로 분장하다, 얼굴 표정을 짓다

打扮 dǎban 화장하다, 분장하다, 치장 [4급]

꾸밀 분

✏️ 7획   一 十 扌 扌 扒 扮 扮

978

扰 ← **擾**

rǎo 혼란하다, 방해하다, 신세지다

打扰 dǎrǎo 방해하다, 지장을 주다, 폐를 끼치다 [4급]

어지러울 요, 움직일 우

✏️ 7획   一 十 扌 扌 扩 扰 扰

💡 how 복잡한 성방 교체. 오른쪽 편방 '憂yōu'의 필획이 복잡하여 발음이 비슷하고 필획이 적은 '尤yóu'로 대체한 '扰'로 간화

979

折 ← **摺**

zhē 뒤집다 zhé 깎다, 접다
shé 부러지다, 손해 보다

打折 dǎzhé 가격을 깎다, 꺾다 [4급]

꺾을 절

✏️ 7획   一 十 扌 扌 扩 折 折

💡 how 동음 대체. '折(zhē 뒤집다, zhé 깎다, shé 부러지다)'가 'zhé'로 읽힐 때 '摺(zhé 접다)'와 동음어로, 필획이 적은 '折'로 복잡한 '摺'를 대체

980

针 ← **針**

zhēn 바늘, 침, 바늘 모양의 물건

打针 dǎzhēn 주사를 놓다, 주사를 맞다 [4급]

바늘 침

✏️ 7획   丿 亠 𠂉 钅 钅 针 针

💡 how 초서체의 해서화. 왼쪽 편방 '金'의 초서체(钅)를 해서화 한 '钅'으로 간화

981
概 gài 대략, 대체적으로, 기개
大概 dàgài 아마, 대개, 대략적인 [4급]
概念 gàiniàn 개념

대개 **개** / 13획
一 十 木 木 朳 朾 柯 栶 椚 柳 槪 槪 概

982
址 zhǐ (건축물의) 위치, 지점, 소재지
地址 dìzhǐ 소재지, 주소 [4급]
网址 wǎngzhǐ 인터넷 주소

터 **지** / 7획
一 十 土 圵 圵 址 址

983
弃 qì 내버리다, 방치하다, 저버리다
放弃 fàngqì 버리다, 포기하다 [4급]
抛弃 pāoqì 버리다, 포기하다

버릴 **기** / 7획
丶 亠 ナ 云 玄 弃 弃

984
暑 shǔ 덥다, 여름, 더위
放暑假 fàng shǔjià 여름방학을 하다 [4급]

더울 **서** / 12획
丨 冂 冂 日 旦 早 者 者 者 署 暑 暑

985
键 ← **鍵** jiàn 열쇠, 건반
关键 guānjiàn 관건, 열쇠, 매우 중요한 [4급]
键盘 jiànpán 건반, 키보드

열쇠 **건** / 13획
丿 𠂉 𠂉 丰 乍 钅 钅 钅 钅 铲 铲 键 键

🔍 **how** 초서체의 해서화. 왼쪽 편방 '金'의 초서체(钅)를 해서화 한 '钅'으로 간화

991

怜 ← **憐** lián 불쌍히 여기다, 동정하다, 사랑하다, 귀여워하다

可怜 kělián 가련하다, 동정하다, 초라하다 **4급**

불쌍히 여길 련
8획 丶丶忄忄忄怜怜

how 이체자 차용. '怜'은 '憐'의 이체자로, 필획이 적은 '怜'을 복잡한 '憐'의 간체자로 사용

992

惜 xī 유감스럽다, 아끼다, 인색하게 굴다

可惜 kěxī 섭섭하다, 아쉽다, 유감스럽다 **4급**
爱惜 àixī 아끼다, 사랑하다

아낄 석
11획 丶丶忄忄忄忄借借惜惜惜

993

貌 mào 생김새, 겉모습, 외관

礼貌 lǐmào 예의, 예의 바르다 **4급**
容貌 róngmào 용모, 생김새

모양 모
14획 丶丶丶爫爫爫豸豸豸豹豹貌

994

龄 ← **齡** líng 나이, 연령, 연수, 연한

年龄 niánlíng 연령, 나이, 연세 **4급**

나이 령
13획 丨丨丨丨丨齿齿齿齿龄龄龄龄

how 생략법. 원래 글자의 윤곽은 남기고 왼쪽 편방 '齒'의 복잡한 '𠤎'을 '㇏'로 생략하여 간화

995

傅 fù 스승, 붙이다, 바르다, 보조하다

师傅 shīfu 기사님, 선생님, 스승, 아저씨 **4급**

스승, 보좌할 부
12획 丿亻亻亻㐃㐃俌俌俌傅傅

996
厌 ← 厭 yàn 싫어하다, 싫증나다, 만족하다 | 讨厌 tǎoyàn 싫어하다, 얄밉다, 번거롭다 **4급**

싫어할 **염**
6획 一 厂 厂 厌 厌

how 생략법. 원래 글자의 윤곽은 남기고 가운데 '月'를 생략

997
奋 ← 奮 fèn 분발하다, 고무하다, 흔들다 | 兴奋 xīngfèn 불러일으키다, 흥분시키다, 흥분 **4급**

떨칠 **분**
8획 一 ナ 大 ナ 卉 奋 奋 奋

how 생략법. 원래 글자의 윤곽은 남기고 가운데 '隹'를 생략하여 간화

998
谊 ← 誼 yì 우의, 우정 | 友谊 yǒuyì 우의, 우정 **4급**

정 **의**
10획 丶 讠 讠 讠 讠 泎 泏 诣 谊 谊

how 초서체의 해서화. 왼쪽 편방 '言'의 초서체(讠)를 해서화 한 '讠'으로 간화

999
谅 ← 諒 liàng 양해하다, 용서하다, 예측하다 | 原谅 yuánliàng 양해하다, 이해하다, 용서하다 **4급**

살펴 알 **량**
10획 丶 讠 讠 讠 讠 讠 诤 谅 谅 谅

how 초서체의 해서화. 왼쪽 편방 '言'의 초서체(讠)를 해서화 한 '讠'으로 간화

1000
邮 ← 郵 yóu 우편 업무, 우표, 부치다, 보내다 | 电子邮件 diànzǐ yóujiàn 이메일 **3급** / 邮局 yóujú 우체국 **4급**

우편 **우**
7획 丨 冂 月 由 由 邮 邮

how 동음 대체. '邮(yóu 부치다, 우편 업무)'와 '郵(yóu; 옛 지명)'는 의미가 다른 동음자로, 필획이 적은 '邮'로 복잡한 '郵'를 대체

练练词 4

1 다음 단어를 간체자로 바꾸어 쓰세요.

❶ 회상하다　回憶　huíyì　→ ☐☐

❷ 단련하다　鍛煉　duànliàn　→ ☐☐

❸ 걱정하다　煩惱　fánnǎo　→ ☐☐

❹ 오만하다　驕傲　jiāo'ào　→ ☐☐

❺ 이웃집　鄰居　línjū　→ ☐☐

❻ 음료　飲料　yǐnliào　→ ☐☐

❼ 잠깐　暫時　zànshí　→ ☐☐

❽ 버릇, 습관　習慣　xíguàn　→ ☐☐

答案

1 ① 回忆　② 锻炼　③ 烦恼　④ 骄傲　⑤ 邻居　⑥ 饮料　⑦ 暂时　⑧ 习惯

❷ 사진을 보고 관련 있는 간체자를 찾아 쓰고, 번체자도 써보세요.

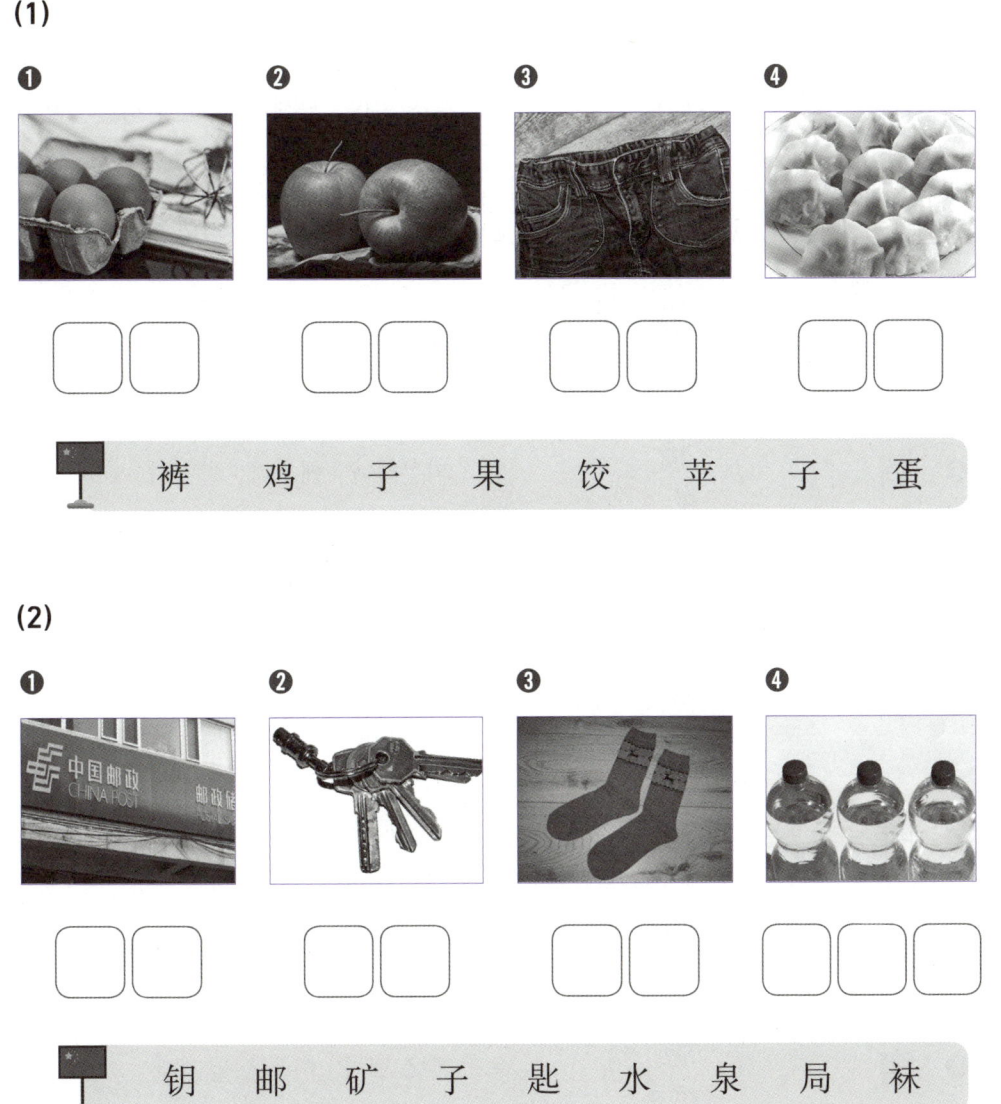

答案

2 (1) ① 鸡蛋(鷄蛋)　② 苹果(蘋果)　③ 裤子(褲子)　④ 饺子(餃子)
　(2) ① 邮局(郵局)　② 钥匙(鑰匙)　③ 袜子(襪子)　④ 矿泉水(礦泉水)

练练词 4

3 다음 글자의 간체자와 의미를 올바르게 연결하세요.

(1)

❶ 睏   ⓐ 困 kùn   ㉠ 포위하다, 고생하다, 곤란하다, 졸리다

❷ 纍   ⓑ 饱 bǎo   ㉡ 타다, 양쪽에 걸쳐 있다

❸ 飽   ⓒ 累 lèi, lěi   ㉢ 배부르다, 속이 꽉 차다

❹ 騎   ⓓ 骑 qí   ㉣ 피곤하다, 애쓰다, 쌓이다

(2)

❶ 賺   ⓐ 赚 zhuàn   ㉠ 이기다, 이익을 얻다

❷ 髒   ⓑ 赢 yíng   ㉡ 지저분하다

❸ 贏   ⓒ 穷 qióng   ㉢ 빈곤하다, 다하다, 철저하게

❹ 窮   ⓓ 脏 zāng   ㉣ 돈을 벌다, 이윤을 남기다

答案
3 (1) ①-ⓐ-㉠ ②-ⓒ-㉣ ③-ⓑ-㉢ ④-ⓓ-㉡
  (2) ①-ⓐ-㉣ ②-ⓓ-㉡ ③-ⓑ-㉠ ④-ⓒ-㉢

4 다음 글자의 간체자를 쓰고, 뜻에 맞는 단어를 쓰세요.

❶ 順 shùn　☐
1) _____ 순조롭다
2) _____ 순서, 순서대로

❷ 廳 tīng　☐
1) _____ 식당
2) _____ 거실

❸ 聰 cōng　☐
1) _____ 똑똑하다, 영리하다

❹ 爺 yé　☐
1) _____ 할아버지

❺ 勵 lì　☐
1) _____ 격려하다, 용기를 북돋우다

❻ 績 jì　☐
1) _____ 성적, 성과

❼ 礎 chǔ　☐
1) _____ 토대, 기초, 근본

❽ 厭 yàn　☐
1) _____ 싫어하다, 얄밉다, 번거롭다

答案
4 ① 顺, 1) 顺利 2) 顺序　② 厅, 1) 餐厅 2) 客厅
　③ 聪, 1) 聪明　④ 爷, 1) 爷爷
　⑤ 励, 1) 鼓励　⑥ 绩, 1) 成绩
　⑦ 础, 1) 基础　⑧ 厌, 1) 讨厌

练练词 4

5 다음 번체자와 간체자가 맞으면 ○, 틀리면 × 표시하고 올바르게 고쳐보세요.

① 嘗　　嘗 cháng　　□

② 扫　　掃 sǎo　　□

③ 購　　購 gòu　　□

④ 厲害　　厉害 lìhai　　□

⑤ 銀行　　银行 yínháng　　□

⑥ 年齡　　年龄 niánlíng　　□

⑦ 傘　　伞 sǎn　　□

⑧ 發燒　　发烧 fāshāo　　□

⑨ 可憐　　可怜 kělián　　□

⑩ 興奮　　兴奋 xīngfèn　　□

答案

5 ①×, 尝　②○　③×, 购　④○　⑤○　⑥○　⑦×, 伞　⑧○　⑨×, 可怜　⑩○

정리하기

01 간체자총표

02 표제 한자 색인

01 간체자총표

간체자총표(简化字总表)란 1964년 중국문자개혁위원회에서 발표한 중국의 간화 후 한자 총표로, 1986년 국무원 국가언어문자공작위원회에서 조정·발표하였다.

간체자총표는 총 3개의 표로 나뉜다. 첫 번째 표는 다른 글자의 편방으로 쓰이지 않는 간체자 350개, 두 번째 표는 다른 글자의 편방으로 쓰이는 간체자 132개와 간화편방 14개, 세 번째 표는 표2를 응용한 간체자와 간화편방이 쓰인 간체자 총 1,753개로 이루어져 있다.

이 책에는 간체자총표의 3개 표 중 표1, 2가 수록되었다.

표1 다른 글자의 편방으로 쓰이지 않는 간체자

A
碍〔礙〕	ài
肮〔骯〕	āng
袄〔襖〕	ǎo

B
坝〔壩〕	bà
板〔闆〕	bǎn
办〔辦〕	bàn
帮〔幫〕	bāng
宝〔寶〕	bǎo
报〔報〕	bào
币〔幣〕	bì
毙〔斃〕	bì
标〔標〕	biāo
表〔錶〕	biǎo
别〔彆〕	bié
卜〔蔔〕	bǔ
补〔補〕	bǔ

C
才〔纔〕	cái
蚕〔蠶〕	cán
灿〔燦〕	càn
层〔層〕	céng
搀〔攙〕	chān
谗〔讒〕	chán
馋〔饞〕	chán
缠〔纏〕	chán
忏〔懺〕	chàn
偿〔償〕	cháng
厂〔廠〕	chǎng
彻〔徹〕	chè
尘〔塵〕	chén
衬〔襯〕	chèn
称〔稱〕	chēng
惩〔懲〕	chéng
迟〔遲〕	chí
冲〔衝〕	chōng
丑〔醜〕	chǒu
出〔齣〕	chū
础〔礎〕	chǔ
处〔處〕	chǔ
触〔觸〕	chù
辞〔辭〕	cí
聪〔聰〕	cōng
丛〔叢〕	cóng

D
担〔擔〕	dàn
胆〔膽〕	dǎn
导〔導〕	dǎo
灯〔燈〕	dēng
邓〔鄧〕	Dèng
敌〔敵〕	dí
籴〔糴〕	dí
递〔遞〕	dì
点〔點〕	diǎn
淀〔澱〕	diàn
电〔電〕	diàn
冬〔鼕〕	dōng
斗〔鬥〕	dòu
独〔獨〕	dú
吨〔噸〕	dūn
夺〔奪〕	duó
堕〔墮〕	duò

E
儿〔兒〕	ér

F
矾〔礬〕	fán
范〔範〕	fàn
飞〔飛〕	fēi
坟〔墳〕	fén
奋〔奮〕	fèn
粪〔糞〕	fèn
凤〔鳳〕	fèng
肤〔膚〕	fū
妇〔婦〕	fù
复〔復、複〕	fù

238

G

盖〔蓋〕	gài
干〔乾[1]、幹〕	gān, gàn
赶〔趕〕	gǎn
个〔個〕	gè
巩〔鞏〕	gǒng
沟〔溝〕	gōu
构〔構〕	gòu
购〔購〕	gòu
谷〔穀〕	gǔ
顾〔顧〕	gù
刮〔颳〕	guā
关〔關〕	guān
观〔觀〕	guān
柜〔櫃〕	guì

H

还〔還〕	hái
汉〔漢〕	hàn
号〔號〕	hào
合〔閤〕	hé
轰〔轟〕	hōng
后〔後〕	hòu
胡〔鬍〕	hú
壶〔壺〕	hú
沪〔滬〕	hù
护〔護〕	hù
划〔劃〕	huà
怀〔懷〕	huái
坏〔壞〕[2]	huài
欢〔歡〕	huān
环〔環〕	huán
回〔迴〕	huí
伙〔夥〕[3]	huǒ
获〔獲、穫〕	huò

J

击〔擊〕	jī
鸡〔鷄〕	jī
积〔積〕	jī
极〔極〕	jí
际〔際〕	jì
继〔繼〕	jì
家〔傢〕	jiā
价〔價〕	jià
艰〔艱〕	jiān
歼〔殲〕	jiān
茧〔繭〕	jiǎn
拣〔揀〕	jiǎn
硷〔鹼〕	jiǎn
舰〔艦〕	jiàn
姜〔薑〕	jiāng
浆〔漿〕	jiāng
桨〔槳〕	jiǎng
奖〔獎〕	jiǎng
讲〔講〕	jiǎng
酱〔醬〕	jiàng
胶〔膠〕	jiāo
阶〔階〕	jiē
疖〔癤〕	jiē
洁〔潔〕	jié
借〔藉〕[4]	jiè
仅〔僅〕	jǐn
惊〔驚〕	jīng
竞〔競〕	jìng
旧〔舊〕	jiù
剧〔劇〕	jù
据〔據〕	jù
惧〔懼〕	jù
卷〔捲〕	juǎn

K

开〔開〕	kāi
克〔剋〕	kè
垦〔墾〕	kěn
恳〔懇〕	kěn
夸〔誇〕	kuā
块〔塊〕	kuài
亏〔虧〕	kuī
困〔睏〕	kùn

L

腊〔臘〕	là
蜡〔蠟〕	là
兰〔蘭〕	lán
拦〔攔〕	lán
栏〔欄〕	lán
烂〔爛〕	làn
垒〔壘〕	lěi
累〔纍〕	lèi
类〔類〕	lèi
里〔裏〕	lǐ
礼〔禮〕	lǐ
隶〔隸〕	lì
帘〔簾〕	lián
联〔聯〕	lián
怜〔憐〕	lián
炼〔煉〕	liàn
练〔練〕	liàn
粮〔糧〕	liáng
疗〔療〕	liáo
辽〔遼〕	liáo
了〔瞭〕[5]	liǎo
猎〔獵〕	liè
临〔臨〕	lín
邻〔鄰〕	lín
岭〔嶺〕	lǐng
庐〔廬〕	lú
芦〔蘆〕	lú
炉〔爐〕	lú
陆〔陸〕	lù
驴〔驢〕	lǘ
乱〔亂〕	luàn

M

么〔麼〕[6]	me
霉〔黴〕	méi

239

01 간체자총표

蒙〔矇、濛、懞〕 méng, mēng, měng	权〔權〕 quán	态〔態〕 tài
梦〔夢〕 mèng	劝〔勸〕 quàn	坛〔壇、罎〕 tán
面〔麵〕 miàn	确〔確〕 què	叹〔嘆〕 tàn
庙〔廟〕 miào		誊〔謄〕 téng
灭〔滅〕 miè	**R**	体〔體〕 tǐ
蔑〔衊〕 miè	让〔讓〕 ràng	粜〔糶〕 tiào
亩〔畝〕 mǔ	扰〔擾〕 rǎo	铁〔鐵〕 tiě
	热〔熱〕 rè	听〔聽〕 tīng
N	认〔認〕 rèn	厅〔廳〕 tīng
恼〔惱〕 nǎo		头〔頭〕 tóu
脑〔腦〕 nǎo	**S**	图〔圖〕 tú
拟〔擬〕 nǐ	洒〔灑〕 sǎ	涂〔塗〕 tú
酿〔釀〕 niàng	伞〔傘〕 sǎn	团〔團、糰〕 tuán
疟〔瘧〕 nüè	丧〔喪〕 sàng	椭〔橢〕 tuǒ
	扫〔掃〕 sǎo	
P	涩〔澀〕 sè	**W**
盘〔盤〕 pán	晒〔曬〕 shài	洼〔窪〕 wā
辟〔闢〕 pì	伤〔傷〕 shāng	袜〔襪〕 wà
苹〔蘋〕 píng	舍〔捨〕 shě	网〔網〕 wǎng
凭〔憑〕 píng	沈〔瀋〕 shěn	卫〔衛〕 wèi
扑〔撲〕 pū	声〔聲〕 shēng	稳〔穩〕 wěn
仆〔僕〕 [7] pú	胜〔勝〕 shèng	务〔務〕 wù
朴〔樸〕 pǔ	湿〔濕〕 shī	雾〔霧〕 wù
	实〔實〕 shí	
Q	适〔適〕 [8] shì	**X**
启〔啓〕 qǐ	势〔勢〕 shì	牺〔犧〕 xī
签〔籤〕 qiān	兽〔獸〕 shòu	习〔習〕 xí
千〔韆〕 qiān	书〔書〕 shū	系〔係、繫〕 xì, jì
牵〔牽〕 qiān	术〔術〕 [9] shù	戏〔戲〕 xì
纤〔縴、纖〕 qiàn, xiān	树〔樹〕 shù	虾〔蝦〕 xiā
窍〔竅〕 qiào	帅〔帥〕 shuài	吓〔嚇〕 xià, hè
窃〔竊〕 qiè	松〔鬆〕 sōng	咸〔鹹〕 xián
寝〔寢〕 qǐn	苏〔蘇、囌〕 sū	显〔顯〕 xiǎn
庆〔慶〕 qìng	虽〔雖〕 suī	宪〔憲〕 xiàn
琼〔瓊〕 qióng	随〔隨〕 suī	县〔縣〕 xiàn
秋〔鞦〕 qiū		响〔響〕 xiǎng
曲〔麴〕 qū	**T**	向〔嚮〕 xiàng
	台〔臺、檯、颱〕 tái	协〔協〕 xié

胁	〔脅〕	xié	踊	〔踴〕	yǒng	赵	〔趙〕	zhào
亵	〔褻〕	xiè	忧	〔憂〕	yōu	折	〔摺〕 [13]	zhé
衅	〔釁〕	xìn	优	〔優〕	yōu	这	〔這〕	zhè
兴	〔興〕	xīng, xìng	邮	〔郵〕	yóu	征	〔徵〕 [14]	zhēng
须	〔鬚〕	xū	余	〔餘〕 [11]	yú	症	〔癥〕	zhēng
悬	〔懸〕	xuán	御	〔禦〕	yù	证	〔證〕	zhèng
旋	〔鏇〕	xuán	吁	〔籲〕 [12]	yù	只	〔隻、衹、祇〕	zhī, zhǐ
选	〔選〕	xuǎn	郁	〔鬱〕	yù	致	〔緻〕	zhì
			誉	〔譽〕	yù	制	〔製〕	zhì
	Y		渊	〔淵〕	yuān	钟	〔鐘、鍾〕	zhōng
压	〔壓〕	yā	园	〔園〕	yuán	肿	〔腫〕	zhǒng
盐	〔鹽〕	yán	远	〔遠〕	yuǎn	种	〔種〕	zhǒng
阳	〔陽〕	yáng	愿	〔願〕	yuàn	众	〔衆〕	zhòng
养	〔養〕	yǎng	跃	〔躍〕	yuè	昼	〔晝〕	zhòu
痒	〔癢〕	yǎng	运	〔運〕	yùn	朱	〔硃〕	zhū
样	〔樣〕	yàng	酝	〔醖〕	yùn	烛	〔燭〕	zhú
钥	〔鑰〕	yào, yuè				筑	〔築〕	zhù
药	〔藥〕	yào		**Z**		庄	〔莊〕	zhuāng
爷	〔爺〕	yé	杂	〔雜〕	zá	桩	〔椿〕	zhuāng
叶	〔葉〕 [10]	yè	赃	〔臟〕	zāng	妆	〔妝〕	zhuāng
医	〔醫〕	yī	脏	〔髒、臟〕	zāng, zàng	装	〔裝〕	zhuāng
亿	〔億〕	yì	凿	〔鑿〕	záo	壮	〔壯〕	zhuàng
忆	〔憶〕	yì	枣	〔棗〕	zǎo	状	〔狀〕	zhuàng
应	〔應〕	yīng	灶	〔竈〕	zào	准	〔準〕	zhǔn
痈	〔癰〕	yōng	斋	〔齋〕	zhāi	浊	〔濁〕	zhuó
拥	〔擁〕	yōng	毡	〔氈〕	zhān	总	〔總〕	zǒng
佣	〔傭〕	yōng	战	〔戰〕	zhàn	钻	〔鑽〕	zuān

[1] '乾坤', '乾隆'에서 '乾'는 'qián'으로 읽으며 간화하지 않음.
[2] '坏pī'로 쓰지 않는다. '坏'와 '坏'는 다른 글자임.
[3] '많다'의 뜻일 때는 간화하지 않음.
[4] '慰藉(wèijiè 위로하다)', '狼藉(lángjí 낭자하다)' 등으로 쓰일 때 '藉'는 간화하지 않음.
[5] 'liào'로 읽을 때 '瞭'는 간화하지 않음.
[6] 'yāo'로 읽힐 때는 '幺'와 같은 뜻이며, 'mó'로 읽을 때는 간화하지 않음.
[7] '앞으로 넘어지다'라는 뜻일 때는 'pū'로 읽는다.
[8] '신속하다'의 뜻이나 인명(南宫适, 洪适)으로 쓰일 때는 'kuò'로 읽음.
[9] 중약재인 '苍术(cāngzhú 창출)', '白术(báizhú 백출)'에서는 'zhú'로 읽음.
[10] '사이가 좋다'라는 의미일 때는 'xié'로 읽음.
[11] '馀'도 '余〔餘〕'와 같은 의미로 쓰이기도 한다.(예: 馀年无多 남은 해가 많지 않다)
[12] '숨쉬다'의 의미일 때는 'xū', 가축들이 부르짖는 소리를 나타낼 때는 'yū'로 읽음.
[13] '折'와 '摺'의 의미가 헷갈릴 때, '摺'로 쓰기도 함.
[14] '궁상각치우(宫商角徵羽)'에서 '徵'는 'zhǐ'로 읽으며, 간화하지 않음.

01 간체자총표

표2 다른 글자의 편방으로 쓰이는 간체자(132개)와 간화 편방(14개)

간체자

A
爱〔愛〕	ài

B
罢〔罷〕	bà
备〔備〕	bèi
贝〔貝〕	bèi
笔〔筆〕	bǐ
毕〔畢〕	bì
边〔邊〕	biān
宾〔賓〕	bīn

C
参〔參〕	cān
仓〔倉〕	cāng
产〔產〕	chǎn
长〔長〕	cháng
尝〔嘗〕	cháng
车〔車〕	chē
齿〔齒〕	chǐ
虫〔蟲〕	chóng
刍〔芻〕	chú
从〔從〕	cóng
窜〔竄〕	cuàn

D
达〔達〕	dá
带〔帶〕	dài
单〔單〕	dān
当〔當、噹〕	dāng, dàng
党〔黨〕	dǎng
东〔東〕	dōng
动〔動〕	dòng
断〔斷〕	duàn
对〔對〕	duì
队〔隊〕	duì

E
尔〔爾〕	ěr

F
发〔發、髮〕	fā, fà
丰〔豐〕[1]	fēng
风〔風〕	fēng

G
冈〔岡〕	gāng
广〔廣〕	guǎng
归〔歸〕	guī
龟〔龜〕	guī
国〔國〕	guó
过〔過〕	guò

H
华〔華〕	huá
画〔畫〕	huà
汇〔匯、彙〕	huì
会〔會〕	huì

J
几〔幾〕	jǐ
夹〔夾〕	jiā
戋〔戔〕	jiān
监〔監〕	jiān
见〔見〕	jiàn
荐〔薦〕	jiàn
将〔將〕	jiāng
节〔節〕	jié
尽〔儘、盡〕	jǐn, jìn
进〔進〕	jìn
举〔舉〕	jǔ

K
壳〔殼〕	ké

L
来〔來〕	lái
乐〔樂〕	lè
离〔離〕	lí
历〔歷、曆〕	lì
丽〔麗〕	lì
两〔兩〕	liǎng
灵〔靈〕	líng
刘〔劉〕	Liú
龙〔龍〕	lóng
娄〔婁〕	lóu
卢〔盧〕	Lú
虏〔虜〕	lǔ
卤〔鹵、滷〕	lǔ
录〔錄〕	lù
虑〔慮〕	lǜ
仑〔侖〕	lún
罗〔羅〕	luó

M
马〔馬〕	mǎ
买〔買〕	mǎi
卖〔賣〕	mài
麦〔麥〕	mài
门〔門〕	mén
黾〔黽〕	miǎn

N
难〔難〕	nán
鸟〔鳥〕	niǎo
聂〔聶〕	Niè
宁〔寧〕[2]	níng
农〔農〕	nóng

242

Q		
齐〔齊〕	qí	
岂〔豈〕	qǐ	
气〔氣〕	qì	
迁〔遷〕	qiān	
佥〔僉〕	qiān	
乔〔喬〕	qiáo	
亲〔親〕	qīn	
穷〔窮〕	qióng	
区〔區〕	qū	
S		
啬〔嗇〕	sè	
杀〔殺〕	shā	
审〔審〕	shěn	
圣〔聖〕	shèng	
师〔師〕	shī	
时〔時〕	shí	
寿〔壽〕	shòu	
属〔屬〕	shǔ	
双〔雙〕	shuāng	
肃〔肅〕	sù	
岁〔歲〕	suì	
孙〔孫〕	sūn	
T		
条〔條〕	tiáo	
W		
万〔萬〕	wàn	
为〔為〕	wèi	
韦〔韋〕	wéi	
乌〔烏〕	wū	
无〔無〕	wú	
X		
献〔獻〕	xiàn	
乡〔鄉〕	xiāng	
写〔寫〕	xiě	
寻〔尋〕	xún	
Y		
亚〔亞〕	yà	
严〔嚴〕	yán	
厌〔厭〕	yàn	
尧〔堯〕	Yáo	
业〔業〕	yè	
页〔頁〕	yè	
义〔義〕	yì	
艺〔藝〕	yì	
阴〔陰〕	yīn	
隐〔隱〕	yǐn	
犹〔猶〕	yóu	
鱼〔魚〕	yú	
与〔與〕	yǔ	
云〔雲〕	yún	
Z		
郑〔鄭〕	Zhèng	
执〔執〕	zhí	
质〔質〕	zhì	
专〔專〕	zhuān	

간화 편방

讠〔言〕
饣〔食〕
汤〔昜〕
纟〔糸〕
𰃮〔臤〕
𫩏〔𤇾〕
临〔臨〕
只〔戠〕
钅〔金〕
兴〔興〕
𦍌〔睪〕 [3]
𡈼〔巠〕
恋〔䜌〕
呙〔咼〕

---

[1] 쓰촨성(四川省)의 '酆都县'은 이미 간화하여, '丰都县'으로 명명, 성씨 '酆'은 간화하지 않음.
[2] '궁실의 병풍 사이'라는 의미의 고어(古汉语)로 'zhù'로 읽으며, 현재는 거의 사용되지 않음. 간체자 '宁'과 의미상 혼란을 막기 위해 '宁zhù'는 '㝉'로 쓰기도 함.
[3] '睪(gāo 고환)'은 간화하지 않음.

243

02 표제 한자 색인

A

啊	a	158
安	ān	56
矮	ǎi	196
爱〔愛〕	ài	41
按	àn	174
案	àn	40
傲	ào	210

B

把	bǎ	31
爸	bà	109
吧	ba	110
白	bái	48
百	bǎi	109
败〔敗〕	bài	187
班	bān	151
般	bān	140
搬	bān	196
板〔闆〕	bǎn	118
办〔辦〕	bàn	115
半	bàn	112
扮	bàn	227
帮〔幫〕	bāng	149
棒	bàng	192
包	bāo	127
饱〔飽〕	bǎo	196
保	bǎo	102
报〔報〕	bào	43
抱	bào	162
杯	bēi	192
北	běi	107
备〔備〕	bèi	129
被	bèi	45
倍	bèi	204
本	běn	51
笨	bèn	204
鼻	bí	196
比	bǐ	60
笔〔筆〕	bǐ	142
必	bì	99
毕〔畢〕	bì	173
边〔邊〕	biān	52
遍	biàn	151
变〔變〕	biàn	90
便	biàn, pián	18
标〔標〕	biāo	156
表〔錶〕	biǎo	72
别〔彆〕	bié, biè	58
宾〔賓〕	bīn	154
冰	bīng	173
饼〔餅〕	bǐng	204
并	bìng	57
病	bìng	92
播	bō	144
博	bó	171
不	bù	15
步	bù	111
部	bù	56

C

擦	cā	205
猜	cāi	205
材	cái	143
才〔纔〕	cái	60
彩	cǎi	79
菜	cài	189
餐	cān	182
参〔參〕	cān	70
草	cǎo	153
厕〔廁〕	cè	37
层〔層〕	céng	183
察	chá	152
查	chá	145
茶	chá	192
差	chà	169
长〔長〕	cháng, zhǎng	40
常	cháng	47
尝〔嘗〕	cháng	205
场〔場〕	chǎng	81
唱	chàng	159
超	chāo	172
车〔車〕	chē	55
衬〔襯〕	chèn	197
乘	chéng	105
城	chéng	81
程	chéng	136
成	chéng	30
诚〔誠〕	chéng	205
吃	chī	89
迟〔遲〕	chí	156
持	chí	129
抽	chōu	205
出	chū	22
除	chú	147
厨	chú	104
础〔礎〕	chǔ	229
处〔處〕	chǔ, chù	79
穿	chuān	135
船	chuán	158
传〔傳〕	chuán, zhuàn	102
窗	chuāng	170
床	chuáng	164
春	chūn	150
词〔詞〕	cí	169
此	cǐ	42
次	cì	44
聪〔聰〕	cōng	197
从〔從〕	cóng	35
粗	cū	206
存	cún	141
错〔錯〕	cuò	146

D

答	dá	40
打	dǎ	58
大	dà, dài	18

带〔帶〕	dài	87
袋	dài	144
戴	dài	168
担〔擔〕	dān, dàn	167
单〔單〕	dān	133
但	dàn	36
蛋	dàn	194
当〔當〕	dāng	29
刀	dāo	206
导〔導〕	dǎo	135
倒	dào, dǎo	138
道	dào	33
到	dào	17
的	de, dì	14
地	de	18
得	de, dé, děi	23
灯〔燈〕	dēng	175
等	děng	63
低	dī	160
底	dǐ	145
弟	dì	153
第	dì	32
点〔點〕	diǎn	50
店	diàn	117
电〔電〕	diàn	70
掉	diào	148
调〔調〕	diào, tiáo	94
定	dìng	51
丢	diū	206
冬	dōng	197
东〔東〕	dōng	53
懂	dǒng	184
动〔動〕	dòng	39
都	dōu, dū	27
读〔讀〕	dú	103
堵	dǔ	206
度	dù	86
肚	dù	206
短	duǎn	170

段	duàn	153
锻〔鍛〕	duàn	197
断〔斷〕	duàn	119
队〔隊〕	duì	108
对〔對〕	duì	26
多	duō	27

E

饿〔餓〕	è	198
儿〔兒〕	ér	19
而	ér	25
耳	ěr	169
尔〔爾〕	ěr	49

F

发〔發、髮〕	fā, fà	29
法	fǎ	43
翻	fān	175
烦〔煩〕	fán	207
反	fǎn	99
饭〔飯〕	fàn	117
方	fāng	18
房	fáng	104
放	fàng	82
飞〔飛〕	fēi	28
非	fēi	95
肥	féi	210
费〔費〕	fèi	138
分	fēn	41
份	fèn	163
奋〔奮〕	fèn	231
封	fēng	53
风〔風〕	fēng	88
丰〔豐〕	fēng	146
否	fǒu	103
夫	fū	61
肤〔膚〕	fū	137
福	fú	119
符	fú	207

服	fú	73
付	fù	183
复〔復、複〕	fù	90
富	fù	146
负〔負〕	fù	164
附	fù	105
傅	fù	230
父	fù	46

G

该〔該〕	gāi	80
改	gǎi	90
概	gài	228
干〔乾、幹〕	gān, gàn	97
赶〔趕〕	gǎn	166
感	gǎn	48
敢	gǎn	168
钢〔鋼〕	gāng	171
刚〔剛〕	gāng	60
高	gāo	46
告	gào	83
胳	gē	198
歌	gē	160
哥	gē	155
格	gé	75
各	gè	98
个〔個〕	gè	16
给〔給〕	gěi, jǐ	42
跟	gēn	135
根	gēn	114
更	gēng, gèng	79
公	gōng	51
功	gōng	61
供	gōng, gòng	186
工	gōng	32
共	gòng	134
狗	gǒu	184
购〔購〕	gòu	207
够	gòu	150

245

02 표제 한자 색인

估	gū	207	黑	hēi	118	级〔級〕	jí	163
顾〔顧〕	gù	161	很	hěn	42	及	jí	103
故	gù	126	红〔紅〕	hóng	109	极〔極〕	jí	113
刮〔颳〕	guā	88	后〔後〕	hòu	23	即	jí	44
瓜	guā	225	厚	hòu	209	几〔幾〕	jǐ, jī	50
挂	guà	208	候	hòu	84	己	jǐ	35
怪	guài	106	乎	hū	108	既	jì	173
关〔關〕	guān	30	户	hù	170	际〔際〕	jì	149
观〔觀〕	guān	108	护〔護〕	hù	157	济〔濟〕	jì	190
管	guǎn	107	互	hù	209	寄	jì	209
馆〔館〕	guǎn	154	花	huā	77	计〔計〕	jì	115
惯〔慣〕	guàn	226	画〔畫〕	huà	102	季	jì	198
光	guāng	59	划〔劃〕	huà, huá	116	绩〔績〕	jì	225
广〔廣〕	guǎng	144	话〔話〕	huà	20	技	jì	111
逛	guàng	208	化	huà	50	记〔記〕	jì	38
规〔規〕	guī	170	怀〔懷〕	huái	143	纪〔紀〕	jì	44
贵〔貴〕	guì	164	坏〔壞〕	huài	175	继〔繼〕	jì	155
国〔國〕	guó	20	欢〔歡〕	huān	96	家	jiā	18
果	guǒ	31	环〔環〕	huán	156	加	jiā	70
过〔過〕	guo, guò	25	换	huàn	175	假	jiǎ, jià	100
			黄	huáng	139	价〔價〕	jià	138
H			回	huí	40	坚〔堅〕	jiān	167
孩	hái	53	悔	huǐ	229	间〔間〕	jiān	17
还〔還〕	hái, huán	32	会〔會〕	huì	24	简〔簡〕	jiǎn	133
海	hǎi	71	婚	hūn	78	检〔檢〕	jiǎn	145
害	hài	134	活	huó	39	减	jiǎn	210
寒	hán	208	伙〔夥〕	huǒ	188	件	jiàn	92
汗	hàn	208	火	huǒ	55	健	jiàn	187
汉〔漢〕	hàn	159	货〔貨〕	huò	217	键〔鍵〕	jiàn	228
航	háng	209	获〔獲、穫〕	huò	152	见〔見〕	jiàn	28
好	hǎo, hào	28	或	huò	45	江	jiāng	189
号〔號〕	hào	136				将〔將〕	jiāng	54
喝	hē	167	**J**			讲〔講〕	jiǎng	114
何	hé	86	激	jī	150	奖〔獎〕	jiǎng	185
和	hé, huò	22	机〔機〕	jī	29	降	jiàng	160
河	hé	140	基	jī	229	教	jiāo, jiào	77
合〔閤〕	hé	98	鸡〔鷄〕	jī	194	骄〔驕〕	jiāo	210
盒	hé	209	积〔積〕	jī	113	交	jiāo	90
贺〔賀〕	hè	204	急	jí	153	蕉	jiāo	148

饺〔餃〕	jiǎo	210
脚	jiǎo	140
角	jiǎo, jué	153
较〔較〕	jiào	165
叫	jiào	89
觉〔覺〕	jiào, jué	87
街	jiē	162
接	jiē	80
节〔節〕	jié	97
结〔結〕	jié	78
姐	jiě	157
解	jiě	14
介	jiè	191
借	jiè	198
今	jīn	93
斤	jīn	225
仅〔僅〕	jǐn	133
紧〔緊〕	jǐn	83
尽〔儘、盡〕	jǐn, jìn	107
禁	jìn	188
近	jìn	105
进〔進〕	jìn	38
经〔經〕	jīng	39
惊〔驚〕	jīng	89
睛	jīng	63
精	jīng	79
警	jǐng	152
景	jǐng	174
境	jìng	156
静	jìng	131
镜〔鏡〕	jìng	211
竞〔競〕	jìng	127
净	jìng	97
竟	jìng	132
究	jiū	132
酒	jiǔ	132
久	jiǔ	108
就	jiù	21
旧〔舊〕	jiù	171

居	jū	200
举〔舉〕	jǔ	115
距	jù	211
拒	jù	127
剧〔劇〕	jù	157
句	jù	135
据〔據〕	jù	114
绝〔絕〕	jué	128
决	jué	101

K

咖	kā, gā	195
卡	kǎ, qiǎ	133
开〔開〕	kāi	34
看	kàn	28
康	kāng	187
烤	kǎo	211
考	kǎo	136
科	kē	97
棵	kē	211
咳	ké, hāi	212
可	kě	24
渴	kě	199
克〔剋〕	kè	72
客	kè	15
刻	kè	119
课〔課〕	kè	186
肯	kěn	159
空	kōng, kòng	93
恐	kǒng	188
口	kǒu	74
哭	kū	161
苦	kǔ	105
裤〔褲〕	kù	199
块〔塊〕	kuài	140
快	kuài	78
筷	kuài	199
款	kuǎn	183
矿〔礦〕	kuàng	212

| 况 | kuàng | 154 |
| 困〔睏〕 | kùn | 187 |

L

垃	lā	212
拉	lā	79
辣	là	212
来〔來〕	lái	17
蓝〔藍〕	lán	199
篮〔籃〕	lán	224
懒〔懶〕	lǎn	213
浪	làng	190
老	lǎo	41
了〔瞭〕	le, liǎo	14
乐〔樂〕	lè, yuè	78
累〔纍〕	lèi, lěi	195
冷	lěng	130
离〔離〕	lí	34
里〔裏〕	lǐ	23
礼〔禮〕	lǐ	57
理	lǐ	33
励〔勵〕	lì	208
历〔歷、曆〕	lì	126
丽〔麗〕	lì	117
厉〔厲〕	lì	213
例	lì	165
利	lì	71
力	lì	49
俩〔倆〕	liǎ, liǎng	213
怜〔憐〕	lián	230
联〔聯〕	lián	130
连〔連〕	lián	106
脸〔臉〕	liǎn	126
练〔練〕	liàn	142
炼〔煉〕	liàn	198
凉	liáng	213
两〔兩〕	liǎng	44
辆〔輛〕	liàng	199
亮	liàng	54

02 표제 한자 색인

量	liàng, liáng	104
谅〔諒〕	liàng	231
聊	liáo	213
料	liào	144
列	liè	146
林	lín	169
邻〔鄰〕	lín	200
龄〔齡〕	líng	230
零	líng	193
另	lìng	127
留	liú	112
流	liú	71
楼〔樓〕	lóu	164
路	lù	87
旅	lǚ	161
虑〔慮〕	lǜ	229
律	lǜ	163
绿〔綠〕	lǜ	200
乱〔亂〕	luàn	174
论〔論〕	lùn	99

M

妈〔媽〕	mā	89
马〔馬〕	mǎ	76
码〔碼〕	mǎ	136
吗〔嗎〕	ma	96
买〔買〕	mǎi	130
卖〔賣〕	mài	166
满〔滿〕	mǎn	91
慢	màn	159
忙	máng	154
猫	māo	193
毛	máo	134
帽	mào	200
冒	mào	226
貌	mào	230
么〔麼〕	me	19
没	méi	29
每	měi	57

美	měi	117
妹	mèi	188
门〔門〕	mén	71
们〔們〕	men	15
梦〔夢〕	mèng	146
迷	mí	87
米	mǐ	117
密	mì	145
免	miǎn	138
面〔麵〕	miàn	36
秒	miǎo	200
民	mín	85
明	míng	48
名	míng	43
命	mìng	77
默	mò	222
母	mǔ	46
目	mù	92
慕	mù	220

N

拿	ná	115
哪	nǎ	138
那	nà	22
奶	nǎi	190
耐	nài	214
男	nán	88
南	nán	118
难〔難〕	nán	71
脑〔腦〕	nǎo	139
恼〔惱〕	nǎo	207
闹〔鬧〕	nào	112
呢	ne	92
内	nèi	84
能	néng	26
你	nǐ	20
年	nián	21
鸟〔鳥〕	niǎo	186
您	nín	116

弄	nòng	184
努	nǔ	49
女	nǚ	36
暖	nuǎn	214

O

偶	ǒu	49

P

爬	pá	86
怕	pà	134
排	pái	107
盘〔盤〕	pán	201
判	pàn	119
旁	páng	52
胖	pàng	201
跑	pǎo	110
陪	péi	214
朋	péng	82
批	pī	183
皮	pí	137
脾	pí	214
篇	piān	214
骗〔騙〕	piàn	215
片	piàn, piān	95
漂	piāo, piǎo, piào	193
票	piào	163
乓	pīng	215
苹〔蘋〕	píng	193
瓶	píng	215
平	píng	62
评〔評〕	píng	184
泼〔潑〕	pō	229
破	pò	141
葡	pú	201
普	pǔ	151

Q

期	qī	106

妻	qī	116
其	qí	47
骑〔騎〕	qí	201
奇	qí	106
起	qǐ	28
气〔氣〕	qì	15
弃	qì	228
汽	qì	163
签〔簽、籤〕	qiān	215
铅〔鉛〕	qiān	142
千〔韆〕	qiān	88
钱〔錢〕	qián	95
前	qián	35
歉	qiàn	162
敲	qiāo	215
桥〔橋〕	qiáo	216
切	qiē, qiè	94
且	qiě	57
亲〔親〕	qīn	46
轻〔輕〕	qīng	21
清	qīng	93
情	qíng	31
晴	qíng	195
请〔請〕	qǐng	100
穷〔窮〕	qióng	216
秋	qiū	189
球	qiú	101
求	qiú	93
区〔區〕	qū	58
取	qǔ	115
去	qù	25
趣	qù	113
泉	quán	212
全	quán	56
缺	quē	182
确〔確〕	què	132
却	què	63
裙	qún	201

R

然	rán	24
染	rǎn	220
让〔讓〕	ràng	80
扰〔擾〕	rǎo	227
热〔熱〕	rè	112
人	rén	15
认〔認〕	rèn	58
任	rèn	85
扔	rēng	216
仍	réng	141
日	rì	37
容	róng	84
肉	ròu	167
如	rú	31
入	rù	74

S

赛〔賽〕	sài	60
伞〔傘〕	sǎn	202
散	sǎn, sàn	110
扫〔掃〕	sǎo	226
森	sēn	169
沙	shā	160
山	shān	86
衫	shān	196
商	shāng	104
伤〔傷〕	shāng	128
上	shàng	17
稍	shāo	143
烧〔燒〕	shāo	192
勺	sháo	202
少	shǎo	27
绍〔紹〕	shào	191
社	shè	131
谁〔誰〕	shéi, shuí	129
深	shēn	93
身	shēn	45
申	shēn	216
什	shén	19
甚	shèn	82
生	shēng	21
声〔聲〕	shēng	55
省	shěng	216
剩	shèng	217
师〔師〕	shī	42
失	shī	76
时〔時〕	shí	17
识〔識〕	shí	110
十	shí	41
实〔實〕	shí	47
使	shǐ	44
始	shǐ	34
是	shì	14
式	shì	114
市	shì	81
视〔視〕	shì	56
示	shì	128
世	shì	43
适〔適〕	shì	98
事	shì	31
室	shì	77
释〔釋〕	shì	191
试〔試〕	shì	137
收	shōu	74
手	shǒu	38
首	shǒu	74
瘦	shòu	202
受	shòu	72
授	shòu	190
售	shòu	217
叔	shū	202
舒	shū	202
输〔輸〕	shū	217
书〔書〕	shū	62
熟	shú, shóu	185
暑	shǔ	228
树〔樹〕	shù	128

249

02 표제 한자 색인

束	shù	182
术〔術〕	shù	111
数〔數〕	shù, shǔ	81
刷	shuā	165
帅〔帥〕	shuài	217
双〔雙〕	shuāng	116
水	shuǐ	62
睡	shuì	87
顺〔順〕	shùn	189
说〔說〕	shuō	20
硕〔碩〕	shuò	218
司	sī	51
思	sī	94
死	sǐ	75
松〔鬆〕	sōng	82
送	sòng	112
诉〔訴〕	sù	83
塑	sù	144
速	sù	161
酸	suān	218
算	suàn	59
虽〔雖〕	suī	147
随〔隨〕	suí	61
岁〔歲〕	suì	85
孙〔孫〕	sūn	218
所	suǒ	37

T

他	tā	16
她	tā	22
它	tā	39
台〔臺、檯、颱〕	tái	107
抬	tái	218
太	tài	59
态〔態〕	tài	162
弹〔彈〕	tán, dàn	171
谈〔談〕	tán	113
汤〔湯〕	tāng	218
糖	táng	203
躺	tǎng	219
趟	tàng, tāng	219
讨〔討〕	tǎo	99
特	tè	50
疼	téng	203
梯	tī	226
踢	tī	101
提	tí	46
题〔題〕	tí	49
体〔體〕	tǐ	45
天	tiān	26
填	tián	219
甜	tián	203
条〔條〕	tiáo	92
跳	tiào	151
铁〔鐵〕	tiě	171
听〔聽〕	tīng	72
厅〔廳〕	tīng	182
停	tíng	148
挺	tǐng	219
通	tōng	90
童	tóng	174
同	tóng	37
头〔頭〕	tóu	29
突	tū	137
图〔圖〕	tú	62
推	tuī	155
腿	tuǐ	191
脱	tuō	174

W

袜〔襪〕	wà	219
外	wài	52
玩	wán	160
完	wán	30
碗	wǎn	171
晚	wǎn	101
万〔萬〕	wàn	88
往	wǎng	85
网〔網〕	wǎng	118
忘	wàng	150
望	wàng	76
微	wēi	143
危	wēi	158
围〔圍〕	wéi	110
喂	wéi, wèi	194
为〔爲〕	wèi, wéi	18
味	wèi	140
位	wèi	40
卫〔衛〕	wèi	168
温	wēn	86
闻〔聞〕	wén	60
文	wén	50
问〔問〕	wèn	48
我	wǒ	14
污	wū	220
无〔無〕	wú	35
午	wǔ	25
舞	wǔ	152
物	wù	57
误〔誤〕	wù	192
务〔務〕	wù	73

X

吸	xī	164
希	xī	76
悉	xī	185
西	xī	54
息	xī	131
惜	xī	230
习〔習〕	xí	142
喜	xǐ	96
洗	xǐ	172
细〔細〕	xì	139
戏〔戲〕	xì	136
系〔係、繫〕	xì, jì	30
下	xià	25
夏	xià	186

鲜〔鮮〕	xiān	187
先	xiān	74
咸〔鹹〕	xián	220
险〔險〕	xiǎn	158
线〔綫〕	xiàn	147
现〔現〕	xiàn	23
羡	xiàn	220
相	xiāng, xiàng	53
箱	xiāng	173
香	xiāng	148
详〔詳〕	xiáng	139
想	xiǎng	34
响〔響〕	xiǎng	139
向〔嚮〕	xiàng	55
像	xiàng	63
象	xiàng	91
消	xiāo	131
小	xiǎo	26
笑	xiào	84
校	xiào, jiào	142
效	xiào	221
些	xiē	36
鞋	xié	137
写〔寫〕	xiě	75
谢〔謝〕	xiè	48
心	xīn	26
新	xīn	59
信	xìn	53
星	xīng	106
行	xíng, háng	38
醒	xǐng	172
性	xìng	75
姓	xìng	195
幸	xìng	119
兴〔興〕	xìng, xīng	113
熊	xióng	193
修	xiū	167
羞	xiū	134
休	xiū	131

须〔須、鬚〕	xū	99
需	xū	133
许〔許〕	xǔ	73
序	xù	189
续〔續〕	xù	155
选〔選〕	xuǎn	126
学〔學〕	xué	20
雪	xuě	157

Y

压〔壓〕	yā	172
鸭〔鴨〕	yā	211
牙	yá	166
亚〔亞〕	yà	111
呀	ya	184
烟	yān	158
言	yán	97
盐〔鹽〕	yán	221
颜〔顏〕	yán	195
严〔嚴〕	yán	150
研	yán	132
演	yǎn	72
眼	yǎn	63
验〔驗〕	yàn	149
厌〔厭〕	yàn	231
阳〔陽〕	yáng	59
扬〔揚〕	yáng	227
养〔養〕	yǎng	148
样〔樣〕	yàng	33
邀	yāo	221
药〔藥〕	yào	168
钥〔鑰〕	yào, yuè	223
要	yào	22
爷〔爺〕	yé	203
也	yě	23
叶〔葉〕	yè	166
页〔頁〕	yè	221
业〔業〕	yè	94
衣	yī	73

医〔醫〕	yī	100
疑	yí	143
宜	yí	61
姨	yí	225
已	yǐ	39
椅	yǐ	194
以	yǐ	24
艺〔藝〕	yì	152
译〔譯〕	yì	175
易	yì	84
谊〔誼〕	yì	231
议〔議〕	yì	145
意	yì	37
忆〔憶〕	yì	183
音	yīn	55
因	yīn	42
阴〔陰〕	yīn	196
银〔銀〕	yín	185
饮〔飲〕	yǐn	221
引	yǐn	141
印	yìn	91
应〔應〕	yīng, yìng	80
迎	yíng	96
赢〔贏〕	yíng	222
影	yǐng	70
永	yǒng	91
泳	yǒng	225
勇	yǒng	168
用	yòng	32
幽	yōu	222
优〔優〕	yōu	186
尤	yóu	222
邮〔郵〕	yóu	231
由	yóu	75
游	yóu	135
有	yǒu	16
友	yǒu	82
又	yòu	38
右	yòu	52

02 표제 한자 색인

于	yú	27	站	zhàn	118	洲	zhōu	111
愉	yú	78	占	zhàn, zhān	147	周	zhōu	109
鱼〔魚〕	yú	162	张〔張〕	zhāng	83	主	zhǔ	70
与〔與〕	yǔ, yù	47	章	zhāng	166	祝	zhù	204
羽	yǔ	222	招	zhāo	191	助	zhù	149
语〔語〕	yǔ	43	找	zhǎo	95	住	zhù	76
育	yù	154	照	zhào	95	著	zhù	157
遇	yù	156	折〔摺〕	zhé, zhē, shé	227	注	zhù	141
预〔預〕	yù	190	者	zhě	45	专〔專〕	zhuān	94
园〔園〕	yuán	77	这〔這〕	zhè	16	转〔轉〕	zhuǎn, zhuàn	116
原	yuán	89	着	zhe, zháo, zhuó	21	赚〔賺〕	zhuàn	224
员〔員〕	yuán	73	针〔針〕	zhēn	227	准〔準〕	zhǔn	129
元	yuán	96	真	zhēn	58	桌	zhuō	185
远〔遠〕	yuǎn	91	争	zhēng	127	资〔資〕	zī	161
院	yuàn	100	整	zhěng	114	子	zǐ, zi	19
愿〔願〕	yuàn	128	正	zhèng	47	字	zì	81
约〔約〕	yuē	98	证〔證〕	zhèng	102	自	zì	24
越	yuè	108	之	zhī	27	总〔總〕	zǒng	35
月	yuè	54	只〔隻、祇〕	zhī, zhǐ	30	走	zǒu	54
阅〔閱〕	yuè	102	知	zhī	33	租	zū	224
云〔雲〕	yún	170	汁	zhī	226	族	zú	85
允	yǔn	223	支	zhī	129	足	zú	101
运〔運〕	yùn	103	职〔職〕	zhí	165	嘴	zuǐ	173
			值	zhí	159	最	zuì	36
Z			直	zhí	80	尊	zūn	224
杂〔雜〕	zá	130	植	zhí	224	昨	zuó	194
再	zài	62	址	zhǐ	228	左	zuǒ	52
在	zài	16	指	zhǐ	98	坐	zuò	105
咱	zán	223	止	zhǐ	188	作	zuò	32
暂〔暫〕	zàn	223	纸〔紙〕	zhǐ	149	做	zuò	51
脏〔髒、臟〕	zāng, zàng	223	志	zhì	130	座	zuò	147
澡	zǎo	172	质〔質〕	zhì	155			
早	zǎo	104	至	zhì	83			
则〔則〕	zé	103	中	zhōng	19			
择〔擇〕	zé	126	终〔終〕	zhōng	100			
责〔責〕	zé	165	钟〔鐘、鍾〕	zhōng	41			
怎	zěn	33	种〔種〕	zhǒng, zhòng	34			
增	zēng	182	众〔衆〕	zhòng	109			
展	zhǎn	151	重	zhòng, chóng	56			

동양북스 채널에서 더 많은 도서 더 많은 이야기를 만나보세요!

외국어 출판 45년의 신뢰
외국어 전문 출판 그룹
동양북스가 만드는 책은 다릅니다.

45년의 쉼 없는 노력과 도전으로 책 만들기에 최선을 다해온
동양북스는 오늘도 미래의 가치에 투자하고 있습니다.
대한민국의 내일을 생각하는 도전 정신과 믿음으로 최선을 다하겠습니다.